AF525555

MEMORANDA

DER EINHEITLICHE WILLE DES GESAMTEN SOWJETVOLKES

Herausgegeben,
aus dem Russischen übersetzt
und mit einem
Nachwort versehen
von Ivo Gloss

Illustriert von
Renate Gloss

MEMORANDA

Bibliothek der Science Fiction des Ostens
Herausgegeben von Ivo Gloss
Band 1

Kir Bulytschow, Der einheitliche Wille des gesamten Sowjetvolkes
Deutsche Erstausgabe, Januar 2020

Der Herausgeber dankt Michail Manakow (Tscheljabinsk), der auf jede Frage zu Kir Bulytschow und dessen Schaffen eine Antwort zu wissen scheint.

Gestaltung: benSwerk [www.benswerk.wordpress.com]
Umschlagabbildung unter Verwendung eines Fotos der Skulptur »Arbeiter und Kolchosbäuerin« von Vera Muchina
Karikatur auf Umschlagklappe: Kir Bulytschow (Selbstporträt, 1995)
Lektorat: Erik Simon
Korrektur: Christian Winkelmann & Hannes Riffel
Druck: Schaltungsdienst Lange, Berlin

Memoranda Verlag
Hardy Kettlitz
Ilsenhof 12 | 12053 Berlin
Kontakt: hardy@memoranda.eu
www.memoranda.eu

Gebundene Ausgabe ohne ISBN (nur über Verlag)
ISBN 978-3-948616-00-7 (Klappenbroschur)
ISBN 978-3-948616-01-4 (E-Book)

INHALT

Der einheitliche Wille des gesamten Sowjetvolkes 7

Der Tod im Stockwerk tiefer 25

Der freie Tyrann 249

Der alte Iwanow 257

Anhang

Ivo Gloss: Kir Bulytschow – Phantast 269

Deutschsprachige Veröffentlichungen von Kir Bulytschow (Igor Moshejko) 285

DER EINHEITLICHE WILLE DES GESAMTEN SOWJETVOLKES

Die hier geschilderten Ereignisse spielten sich im letzten Lebensjahr Leonid Iljitsch Breshnews* ab. Seinerzeit war eine Veröffentlichung völlig undenkbar: Das System der Grabesstille und der allumfassenden freiwilligen Amnesie funktionierte tadellos. Die halbe Krasnojarsker Oblast hätte in der Erde versinken können, und wir hätten es ignoriert, außer wenn sich zufällig ein ausländischer Tourist dort befunden hätte. Von dem Erdbeben in Aschchabad erfuhr ich zwanzig Jahre nach der Zerstörung der Stadt und von dem Krieg in Afghanistan erst mit dem Beginn des Abzugs unserer Truppen. Bis dahin war ich in dem Glauben gewesen, dass wir dort selbstlose Hilfe mit Nahrungsmitteln und Gütern des Grundbedarfs leisteten.

Ich weiß nicht, was mich dazu veranlasst hatte, die Umstände der Großen Abstimmung auf Papier festzuhalten. Möglicherweise eine Vorahnung vom Ableben des Generalsekretärs.

Ich habe die Kabine mit eigenen Augen gesehen. Ende Oktober ging sie in der Nähe von Swenigorod am Ufer der Moskwa auf dem Gelände des Gästehauses der Akademie nieder. Sie sank im Morgengrauen herab, ohne Fanfaren und Feuerwerk, zwischen Treibhäusern, in denen Rosen und Nelken für befreundete Organisationen herangezogen wurden, auf der Böschung über der Bootsanlegestelle.

---

* Breshnew starb am 10.11.1982 (hier und im Folgenden Anmerkungen des Übersetzers).

Die Kabine sah nicht sonderlich eindrucksvoll aus und hatte Ähnlichkeit mit einer Blechgarage. Ihr Dach leuchtete, während die Wände matt waren. Die Tür war geschlossen.

Als sich der vom Gärtner alarmierte Direktor des Gästehauses der Kabine näherte, dachte er zunächst, dass sich irgendjemand einen schlechten Scherz erlaubt habe. Er versuchte die Tür zu öffnen, vermochte es jedoch nicht.

Während man auf das Eintreffen der Miliz wartete, begann die Verkündung der Kabine. Sie verkündete, und wir Urlauber bildeten einen dichten Ring um sie.

Die Stimme der Kabine war tief und akzentlos.

»Bürger der Sowjetunion«, sprach die Kabine. »Wir, Psychologen der Gemeinschaft Galaktischer Zivilisationen, führen ein Experiment durch, an dem wir euch teilzunehmen bitten. Unser Ziel ist es zu ermitteln, wer von jenen, die die Welt der Lebenden verlassen haben, in eurem Lande am beliebtesten ist. In drei Tagen, um zwölf Uhr Moskauer Zeit, werden alle Bürger der Sowjetunion ein Signal vernehmen. Dann soll jeder gedanklich den Namen des von ihm meistgeliebten Menschen aussprechen. Die Person, die die meisten Wünsche auf sich vereint, wird im Inneren dieser Kabine wieder zum Leben erwachen. So, wie sie im Moment ihres Ablebens war, aber gesund und lebensfähig. Denkt nach, liebe Brüder und Schwestern.«

Die Stimme der Kabine war nicht nur auf dem Territorium des Gästehauses zu hören. Auf rätselhafte Weise erklang sie in allen Ecken und Enden des Landes, in den Ohren eines jeden meiner vielen Millionen Mitbürger.

»Eine Provokation«, sagte der Direktor des Gästehauses. Das war die erste Reaktion auf die Bekanntmachung. Die anderen Zuhörer schwiegen. In diesem Moment wusste noch niemand, dass die Kabine sich an das ganze Volk gewandt hatte. Wir dachten, die Ansprache sei nur an uns gerichtet. Und da es nicht zum guten Ton gehörte, an außerirdische Besucher zu glauben, auch wenn es einen sehr danach verlangte, gaben sich die Menschen um mich herum zweifelnd und lächelten unsicher.

Etwa eine halbe Stunde später trafen mehrere Militärlastwagen und drei schwarze »Wolga« auf dem Gelände des Gästehauses ein. Die Wiese rings um die Kabine wurde von Kräften des KGB abgesperrt, und die Bewohner des Gästehauses wurden in speziellen Bussen nach Moskau gebracht und dort jeder einzeln verhört. Der Vorfall hatte keine negativen Folgen für die Augenzeugen, wenn man davon absieht, dass man mich nicht zum Urlaub nach Bulgarien hinausließ.

Am nächsten Morgen versammelte sich das Politbüro des Zentralkomitees der KPdSU, um den Bericht von Generalleutnant Koljadkin entgegenzunehmen.

Den Vorsitz hatte Leonid Iljitsch Breshnew, der damals noch lebte.

Zunächst sprach Generalleutnant Koljadkin, der berichtete, die Kabine sei allseitig verschlossen, ein Vordringen ins Innere bislang noch nicht gelungen, aber eine Spezialistengruppe arbeite daran. Eine Probenentnahme zur Analyse sei aufgrund der extremen Härte des Materials noch nicht möglich gewesen. Es sei begonnen worden, das Objekt zu untergraben.

»Das heißt, Sie haben noch nichts getan?«, fragte Breshnew an Andropow* gewandt, der bereits nicht mehr beim KGB arbeitete, aber Leonid Iljitsch hatte das vergessen.

»Übereile kann nur schaden«, sagte Andropow. »Wir haben noch drei Tage.«

»Was wird aus den Vereinigten Staaten von Amerika gemeldet?«, fragte Breshnew.

»Dobrynin** hat telefonisch mitgeteilt, dass es in den USA zu einem ebensolchen Phänomen gekommen ist«, berichtete Außenminister Gromyko. »In New Jersey. Es herrsche eine Massenhysterie.«

---

* Andropow, Juri Wladimirowitsch: 15.6.1914–9.2.1984. Bis 1982 KGB-Chef, ab Mai 1982 Sekretär des Zentralkomitees, nach Breshnews Tod dessen Nachfolger als Staats- und Parteichef.

** Dobrynin, Anatoli F.: Botschafter in den USA.

»Es ist nicht auszuschließen, dass es sich um eine Provokation handelt«, gab Tschernenko* zu bedenken. »Die können das – rufen ›Haltet den Dieb!‹, dabei sind sie selber die Diebe.«

»Eine wichtige Bemerkung von Konstantin Ustinowitsch«, sagte Breshnew nachdenklich. »Wer möchte noch etwas sagen?«

»Es gibt Informationen aus Peking«, sagte Gromyko nach einer kurzen Pause.

»Bei denen etwa auch?«, wunderte sich Pelsche.**

»Offizielle Verlautbarungen gibt es nicht, aber der Text wurde von den Dolmetschern unserer Botschaft aufgefangen. Der Inhalt ist derselbe.«

»Nicht ausgeschlossen, dass das eine Provokation ist«, sagte Ustinow.*** »Ich schlage eine Mobilmachung im Westen und im Fernen Osten vor.«

»Und was sagen unsere Wissenschaftler?«, fragte Breshnew.

Wissenschaftler waren zur Sitzung des Politbüros nicht geladen worden. Für sie antwortete Andropow: »Ich habe die Akademie der Wissenschaften um Informationen gebeten. Die sind skeptisch. Sie versichern, dass es im Weltall kein Leben gibt.«

»Setzen Sie die Untersuchungen fort«, sagte Breshnew. »Kommen wir jetzt zu anderen Angelegenheiten. Ich möchte Sie, Genossen, über meine Unterredungen mit dem Genossen Machel unterrichten, der, wie Sie wissen, der Führer der Republik Moçambique ist.«

Das Politbüro ging somit zu wesentlicheren Dingen über, vermochte sich aber nicht in sie zu vertiefen, weil eine halbe Stunde später jedes seiner Mitglieder wie auch jeder andere Bürger der UdSSR die Wiederholung der Bekanntmachung der Kabine vernahm.

---

* Tschernenko, Konstantin Ustinowitsch: 24.9.1911 – 10.03.1985. Andropows Nachfolger als Staats- und Parteichef.

** Pelsche, Arwid J.: 26.1.1899 – 1.6.1983. Leiter des Parteikontrollkomitees. Mitglied des Politbüros.

*** Ustinow, Dmitri Fjodorowitsch: 30.10.1908 – 20.12.1984. Verteidigungsminister.

Schweigend hörten sich die Politbüromitglieder die Bekanntmachung an. Dann sagte Breshnew: »Eine Schallisolierung scheint ja in diesem Raum so gut wie gar nicht vorhanden zu sein.«

»Wir werden Maßnahmen ergreifen«, sagte Tschernenko.

»Reichlich spät«, sagte Breshnew. »Wenn wir hier drinnen etwas von draußen hören können, dann hat uns auch jemand von draußen belauschen können.«

»Eine sehr richtige Feststellung«, sagte Tschernenko.

Daraufhin sagte eine Zeit lang niemand mehr etwas, bis Dolgich* sich schließlich erkühnte, das Schweigen zu brechen: »Es gibt eine Mitteilung aus Nowosibirsk. Dort war es auch zu hören.«

»Was aber, wenn es keine Provokation ist?« Breshnew ließ den Blick langsam über seine Kampfgenossen gleiten.

»Möglicherweise sollten wir darauf reagieren«, unterstützte Andropow als Erster den Generalsekretär.

Es wurde eine Unterbrechung zur Einnahme des Mittagessens und zur Durchführung medizinischer Maßnahmen beschlossen. Danach wollte man sich erneut versammeln.

Zu dieser Zeit fuhr ich in einem Bus, dessen Fenster mit Vorhängen verdunkelt waren, in Richtung Moskau. Neben mir saß Professor Jewstignejew vom Institut für Ichthyologie.

»Was halten Sie davon?«, fragte ich.

Der Professor wirkte nachdenklich, die Brille war auf die Nasenspitze gerutscht und schien sich zum Sprung in die Brusttasche des Jacketts anzuschicken. Der Professor roch nach Staub und Zwiebel. Er sah so sehr wie ein Professor aus, dass völlig klar war: In der Wissenschaft war er eine Null. Die Wissenschaft bringen nur solche voran, die nicht wie Professoren aussehen.

»Meine Frau ist gestorben«, sagte der Professor und versuchte, mit dem Finger den Vorhang am Fenster ein kleines Stück beiseitezuschieben, als zweifelte er daran, dass man uns tatsächlich nach Moskau brachte.

---

* Dolgich, Wladimir I.: damals Kandidat des Politbüros, geb. 1924.

»Bürger«, sprach ihn von hinten ein Leutnant an, »es ist nicht gestattet hinauszuschauen.«

»Das tut mir leid«, sagte ich zum Professor.

»Aber vielleicht ist das ja eine Chance, sie zurückzuholen?«

Ich blickte ihn verwundert an. Der Professor glaubte also an die Macht der Kabine.

»Ich verstehe«, sagte der Professor. »Jeder hat seinen eigenen Wunsch.«

»Dann stehen Ihre Chancen schlecht«, konstatierte ich lächelnd.

»Aber vielleicht gibt es doch eine Chance«, sagte der Professor. »Jeder Mensch, auch wenn er nicht daran glaubt, wird sich die Auferstehung einer ihm nahen Person wünschen. Jeder hat einen anderen Wunsch. Aber ich habe einige Ersparnisse.«

»Und?«

»Sie zum Beispiel, haben Sie schon darüber nachgedacht, wen Sie wiederbeleben möchten?«

Mir wurde bewusst, dass ich das noch nicht getan hatte.

»Puschkin vielleicht?«, sagte ich unsicher.

»Sie sind nicht verheiratet? Nun, Sie sind ja auch noch jung.«

»Nein, ich bin nicht verheiratet.«

»Und wenn ich Ihnen nun …« Der Professor fing die Brille auf, die sich zum Sprung entschlossen hatte. »Wenn ich Ihnen, sagen wir, fünfzig Rubel böte und Ihnen den Namen meiner Frau mitteilte? Sie können das Geld doch gebrauchen?«

»Ich würde das auch umsonst tun«, sagte ich. »Nur sind Ihre Chancen gleich null.«

»Ich habe viertausenddreihundert Rubel auf dem Sparbuch«, flüsterte der Professor mir ins Ohr.

»Sparen Sie sich Ihr Gequatsche für später auf!«, befahl der Leutnant von hinten.

»Und wenn ich zwanzig Leute engagiere?«, fragte der Professor hastig und bewegte seinen Kopf eilig von meinem Ohr weg. Sein Blick war leer und wirkte wie der eines Vogels.

»Ich muss nachdenken«, sagte ich.

»Sechzig Rubel?«, fragte der Professor. »Mehr kann ich nicht.«

»Und wenn ich nun das Geld nehme und dann zufällig an jemand anderen denke?«

»So naiv bin ich nicht«, antwortete der Professor. »Sie werden mir dafür unterschreiben, dass Sie sich verpflichten, nur an meine verstorbene Frau zu denken.«

Die Idee des Professors war wirklich naiv. Er wusste nicht, dass im Puschkin-Museum in der Kropotkinstraße bereits eine Kommission tagte, die einstimmig die Resolution annahm, Alexander Sergejewitsch Puschkin wiederauferstehen zu lassen.

Zur gleichen Zeit tanzte eine lärmende Menge um das Stalin-Museum in Gori. Viele waren davon überzeugt, dass bald der wahre Führer ins Leben zurückkehren und Ordnung in dieses verkommene Land bringen werde.

Das Politbüro hatte sich nach dem Essen erneut versammelt. Die Lenker des Staates waren satt, aber aufgeregt. Historische Entscheidungen standen bevor.

»Zunächst«, sagte Leonid Iljitsch, »wollen wir uns die Informationen aus dem Ausland anhören. Bitte sehr, Andrej Andrejewitsch.«

Gromyko kaute auf den Lippen, bevor er begann: »Ich will mich kurzfassen. In den USA herrscht Anarchie. Das Fernsehen führt Meinungsumfragen durch. Stürmische Demonstrationen haben begonnen.«

»Einen Augenblick.« Mit einer Geste unterbrach Breshnew den Redner und wandte sich an Schtschelokow*, der zu dieser Politbürotagung mit eingeladen worden war.

»Verstärken Sie die Moskauer Miliz«, sagte Breshnew. »Aktivieren Sie die Offiziersakademie und die Milizschulen. Aber Sie wissen ja Bescheid, ich brauche Ihnen das ja nicht alles zu sagen. In der Hauptstadt muss Ordnung herrschen.«

»Bereits veranlasst.« Schtschelokow erlaubte sich ein Lächeln.

---

* Schtschelokow, Nikolai A.: 26.11.1910 – 13.12.1984. Innenminister 1966–1982.

»Was wollen die reaktionären Kreise?«, fragte Breshnew Gromyko. »Und wofür tritt die progressive Öffentlichkeit ein?«

»Wie immer bietet sich ein widersprüchliches Bild«, sagte Gromyko. »Die progressive Öffentlichkeit im Süden des Landes tritt für die Wiederbelebung des Schwarzenführers Martin Luther King ein.«

Breshnew dachte nach. Dann sagte er: »Ich erinnere mich an den Genossen Martin Luther. Er hat viel für den Frieden getan. Was verlangt das Monopolkapital?«

»Hier gehen die Meinungen völlig auseinander«, berichtete Gromyko. »Ich habe eine Aufstellung nach Prozenten. Nach dem Stand von dreizehn Uhr. Auf dem ersten Platz liegt Lincoln.«

»Natürlich«, sagte Breshnew. »Ich kenne den Genossen Lincoln. Ein progressiver Staatsführer. Wie sieht es in der Volksrepublik China aus? Das kann uns nicht gleichgültig sein.«

»Radio Peking verkündete die bevorstehende Wiederauferstehung Mao Tse-tungs. Diese Wiederauferstehung sei durch den weisen Genossen Mao selbst vorhergesagt worden.«

»Das wohl kaum«, bemerkte Breshnew.

»Ich halte das für eine absichtlich gelegte falsche Fährte«, mischte sich Kusnezow* ein. »Einflussreiche Kräfte in der Volksrepublik China werden das nicht zulassen.«

»Warum?« Breshnew tippte Kusnezow mit dem Bleistift in die Brust. Das interessierte ihn.

»Da würden Köpfe rollen. Das wäre so, wie wenn wir Stalin wiedererwecken würden.« Kusnezow erinnerte an die Zeiten des Personenkultes.

Er stockte, weil er plötzlich das Gefühl hatte, sich in einem luftleeren Raum zu befinden. Es herrschte eine solche Stille in dem Zimmer, als ob alle aufgehört hätten zu atmen.

Sie schwiegen eine ganze Minute lang. Und blickten auf Breshnew. Endlich sagte Breshnew: »Das war taktlos, Genosse Kusnezow.

---

* Kusnezow, Wassili Wassiljewitsch: 13.02.1901 – 5.6.1990. Erster Stellvertreter des Vorsitzenden des Präsidiums des Obersten Sowjets.

Das hätten wir von Ihnen, einem bejahrten Mann, nicht erwartet. Keine Minute darf ein Kommunist vergessen, dass wir den großen verstorbenen Führer Wladimir Iljitsch Lenin haben.«

»Das war ja auch gar kein Vorschlag«, beeilte sich Kusnezow zu sagen. Rote Flecken liefen über seine Wangen. »Ich wollte ja auch Iljitsch vorschlagen.«

»Wenn«, warf Tschernenko ein, »das alles nicht doch eine Provokation ist.«

»Genau«, unterstützte ihn Breshnew. »Aber eine Provokation von wem? Haben Sie das ermitteln können?«

»Ich fürchte, es ist keine«, sagte Andropow. »Obwohl ich es in der gegebenen Situation vorziehen würde, dass es eine wäre.«

»Wieso?«, fragte Breshnew und stieß seufzend Luft aus.

»Wenn es eine Provokation ist, dann wird sie zu nichts führen. Wenn es keine ist oder aber, sagen wir, eine Provokation in galaktischem Maßstab, dann sind wir verpflichtet, das Ereignis unter Kontrolle zu bringen und sicherzustellen, dass sich das Volk einstimmig genau den Kandidaten wünscht, den das Politbüro auswählen wird. Und wir müssen eine entsprechende Entscheidung fällen.« Andropows Stimme war leise, aber fest und bedrohlich. Er war Berija* ähnlich geworden, und obwohl diese Ähnlichkeit nur äußerlich war, erschauerte Breshnew doch innerlich.

»Was für eine Entscheidung?«, vernahm Breshnew die eigene dumpfe, stockende Stimme und begriff, dass diese Stimme ihm verriet: Sie hatte keine Fragen zu stellen. Sie hatte eine Entscheidung zu verkünden.

»Sie haben es doch selbst gesagt!«, wunderte sich Andropow.

»Die Menschheit hat nur ein Genie hervorgebracht«, sagte Tschernenko. »Und wir brauchen Wladimir Iljitsch doch, nicht wahr, Leonid Iljitsch?«

Doch Breshnew reagierte nicht. Weder mit einem Wort noch mit einer Geste. Denn nun hatte er verstanden … Das war eine

---

* Berija, Lawrenti Pawlowitsch: 29.3.1899 – 23.12.1953 (hingerichtet). Früherer Innenminister und Geheimdienstchef.

Provokation. Das war eine gigantische, kosmische, vielleicht sogar galaktische Provokation, die gegen ihn persönlich, den Generalsekretär, gerichtet war, wie auch gegen die Sowjetmacht als Ganzes.

Ustinow, der den Gedankengang des Generalsekretärs noch nicht nachvollzogen hatte, goss auch noch Öl ins Feuer.

»In Basiskollektiven und einigen Militäreinheiten finden spontane Versammlungen unter der Losung ›Lenin ist mit uns! Lenin ist niemals gestorben!‹ statt«, sagte er. »Ich schlage unter den gegebenen Umständen vor, das Begehren der Massen zu unterstützen.«

Es wurde Beifall geklatscht.

Breshnew stand schweigend auf und ging zum Ausgang.

Von der Tür eilten ihm Leibwächter und Arzt entgegen. Sie nahmen an, der Generalsekretär bedürfe ärztlicher Hilfe. Doch der ging an ihnen vorbei.

Man entließ mich in aller Herrgottsfrühe. Ich wandte ein, dass die Metro zu dieser Zeit noch nicht fahre.

»Für ein Taxi reicht es bei Ihnen schon noch«, entgegnete mir der Major, der das letzte Verhör durchgeführt hatte. Er kannte offenbar den Inhalt meiner Brieftasche.

Ich bekam kein Taxi und musste zu Fuß gehen. Es war ein klares, aber kaltes Morgengrauen. Die letzten Blätter lagen auf der Straße.

Die Stadt führte ein seltsames Leben. Wie während der Olympischen Spiele. An jeder Ecke standen Milizionäre. Mal zu zweit, mal zu dritt.

Vor dem Kreiskomitee der Partei standen einige frierende, von einem Fuß auf den anderen tretende Rentner, deren Gesichter gleichermaßen Schwermut wie Entschlossenheit ausdrückten. Eine Kette von Milizionären trennte sie von der Tür des Kreiskomitees.

Als ich vorbeiging, hob einer der Rentner, der eine schwarze, mit Abzeichen von Divisions- und Armeejubiläen behängte Jacke trug, die knöcherne Faust und rief halblaut: »Lenin ist niemals gestorben!« Die Milizionäre schwiegen.

Natürlich, begriff ich: Wir werden Iljitsch wiedererwecken.

Am Puschkin-Denkmal auf dem Puschkinplatz legten einige alte Frauen ungeachtet der frühen Stunde einen Kranz aus Astern nieder.

In diesem Moment erklang, einem jeden ins Bewusstsein dringend, erneut die Stimme der Kabine. Der Text war derselbe. Die Alten richteten sich auf, und eine von ihnen rief laut: »Bis bald, unser Genie!«

Ein Milizionär begann die alten Frauen höflich in Richtung Metro-Eingang abzudrängen.

Eigentlich hätte ich die fünfzig Rubel von dem Professor ruhig nehmen können, dachte ich. Er hat sowieso keine Chance.

Das Politbüro tagte seit dem Morgen.

Schtschelokow erstattete Rapport über die innere Lage. Dann folgte der Bericht des Komitees für Staatssicherheit. Die Situation im Lande war im Wesentlichen ruhig, vor Ort wartete man die Entscheidungen der Zentrale ab. Ja, man forderte sogar diese Entscheidungen, befürchtete, die Initiative aus der Hand zu geben. In einigen Gebieten wurden, die Entscheidung des Politbüros vorwegnehmend, Resolutionen »Geben wir Iljitsch dem Volk zurück« verabschiedet. Breshnew schwieg. Dann verlas Gromyko ein Telegramm des linken Flügels der liechtensteinischen Partei der Arbeit, in dem es unter anderem hieß: »Wir hoffen, lieber Leonid Iljitsch, Sie bei der Parade zu Ehren des Jahrestages der Großen Sozialistischen Oktoberrevolution auf der Tribüne des Mausoleums an der Seite Wladimir Iljitsch Lenins zu sehen, dessen Werk Sie fortgeführt haben.«

Breshnew öffnete den Mund. Alle warteten gespannt, was er sagen würde. Breshnew fragte: »Ist ›Sie‹ dort groß geschrieben?«

»Hier ist alles groß geschrieben, Leonid Iljitsch«, antwortete Tschernenko Gromyko zuvorkommend.

Wieder schwiegen alle. Es musste etwas unternommen werden. Die Situation war wesentlich komplizierter, als es auf den ersten Blick den Anschein hatte. Der erste Beschluss, der gestern noch einstimmig unterstützt worden war, erwies sich nach nächtlichem Grübeln als keineswegs ideal.

»Diese Genossen aus Luxemburg«, begann Breshnew.

»Aus Liechtenstein«, berichtigte Gromyko ihn respektlos, und Breshnew ging durch den Kopf, dass Gromyko sich allzu offensichtlich als sein Nachfolger fühlte. Aber Andropow würde das nicht zulassen. Nein, das wird er nicht. Breshnew stellte diese Überlegung an, ohne dabei seinen eigenen Tod im Blick zu haben – der war außerhalb des Denkbaren. Was ihn aber nicht daran hinderte, über die Nachfolge nachzudenken.

»Diese Genossen aus Luxemburg«, fuhr Breshnew fort, »stellen mich gemeinsam mit Lenin auf das Mausoleum. Das ist taktlos.«

Andropow bemühte sich, nicht zu schmunzeln. Zu deutlich sah er dieses Bild vor sich – die beiden nebeneinander. Der eine mit Schirmmütze, der andere mit Hut. Nein, das musste unbedingt verhindert werden.

»Aber wer wird denn dann im Mausoleum liegen?«, fragte auf einmal Kunajew.* Diese Frage war derart unsinnig, dass sie wirklich nur vom Vertreter einer mittelasiatischen Republik stammen konnte.

»Im Mausoleum«, sagte Andropow, der inzwischen alles durchdacht hatte, leise und bestimmt, »wird Wladimir Iljitsch Lenin liegen.«

»Und auf der Tribüne?« Kunajew begriff nicht.

»Auf der Tribüne wird Leonid Iljitsch stehen, und wenn sich die Umstände nicht verändern, dann sind auch Sie da.«

Zustimmendes Geraune war zu vernehmen. Alle hatten begriffen, dass es nicht die richtige Zeit war, Iljitsch wiederzuerwecken. Tschernenko hub zu einer kleinen Rede zu diesem Thema an, doch Kusnezow stoppte ihn, indem er ihm sanft seine Hand auf den Ellenbogen legte. In dieser Situation konnte jedes Wort zu viel schlimme Folgen haben.

»Es muss eine Alternativlosung ausgebracht werden«, sagte Andropow. »Über meine Kanäle wurde mir mitgeteilt, dass die

---

* Kunajew, Dinmuhamed A.: 12.1.1912 – 22.8.1993. Parteichef der KP Kasachstans. Nach der Auflösung der Sowjetunion erster Präsident des unabhängigen Kasachstan.

chinesische Führung sich darum bemühen wird, Sun Yat-sen wiederauferstehen zu lassen.«

»Ich kenne den Genossen Sun Yat-sen«, sagte Breshnew friedlich. Das Schlimmste war überstanden. Er war wieder unter Gleichgesinnten, Helfern und Kampfgenossen. »Er hat viel für die chinesische Revolution getan. Ein Klassiker der chinesischen Revolution.«

»Klassiker?«, überlegte Dolgich laut. »Genau, ein Klassiker!«

»Nur nicht Stalin!«, rief Ustinow. »Ich habe mit ihm gearbeitet.«

»Sorgen Sie bitte dafür«, wandte Breshnew sich an ihn, »dass in Georgien alles ruhig bleibt.«

»Die Genossen werden ihre Pflicht erfüllen«, sagte Ustinow.

Am Abend verkündete ein Sprecher noch vor den Hauptnachrichten mit feierlicher, bebender Stimme die Entscheidung des Politbüros und des Ministerrates: »Morgen um zwölf Uhr Moskauer Zeit wird ein jeder Bürger der Sowjetunion seiner Pflicht vor der Partei und der Menschheit gerecht werden. Ein jeder wird wünschen, dass nach langer Grabesruhe der führende Klassiker des Marxismus-Leninismus erwache und sich der Erfüllung seiner Verpflichtung der progressiven Menschheit gegenüber widme – Karl Marx.«

Während diese Mitteilung erfolgte, saß ich bei Eleonora.

Ella machte Kaffee. Die roten Höschen umspannten ihr Gesäß derart unverschämt eng, dass mir mit einem Schlag klar wurde, warum sie sich in einem solch permanenten Zustand sexueller Erregtheit befand.

»Hast du gehört?«, rief ich. »Sie haben Marx ausgewählt.«

»Ich hab's gehört«, antwortete Ella ruhig. »Ich bin ja nicht taub.«

»Aber warum nicht Lenin? Warum? Das Volk wird das nicht verstehen.«

»Wozu brauchen die Lenin?«, wunderte Ella sich aufrichtig. »Was sollen sie mit ihm? Ihm Rechenschaft darüber ablegen, wie sie seine hehren Ideen in die Tat umgesetzt haben?«

»Ella, hör auf!«, sagte ich. »Du hast keine Ahnung von Politik.«

»Und du keine vom Leben. An ihrer Stelle hätte ich ihn so tief verbuddelt, dass kein Außerirdischer ihn jemals mehr erreichen kann.«

»Und Marx?«

»Muss ich dir das erklären? Marx spricht ja nicht einmal Russisch. Sie werden ihm das Institut für Marxismus-Leninismus geben und eine Datsche in Barwicha. Wie alt war er, als er starb?«

»Alt.«

»Dann kann er sich doch noch ein paar schöne Jährchen mit seiner Sonderrente machen. Oder noch besser – man gibt ihn in die DDR. Sollen die ihn doch feiern.«

Ella hatte recht, aber ein drückendes Gefühl der Ungerechtigkeit wollte mich nicht verlassen. Irgendetwas stimmte nicht, war nicht in Ordnung.

»Das heißt, die Amerikaner holen sich Lincoln, die Chinesen Mao und wir uns einen deutschen Klassiker?«

»Du hast dir wieder zu viele feindliche Stimmen angehört«, sagte Ella. »Und die hetzen natürlich, wie immer. Wir werden noch sehen, wer bei ihnen wiederaufersteht. Vielleicht ja überhaupt niemand. Wenn das ein Bluff ist.«

»Wie, ein Bluff?«

»Ein kosmischer Bluff. Ein ganz gewöhnlicher Bluff. Trink den Kaffee und zieh dich aus. Ich muss heute noch zur Nachtschicht, hast du das vergessen?«

Ella ist Krankenschwester in der Psychiatrie. Sie hat einen starken Charakter.

Ich war an jenem Abend ein miserabler Liebhaber. Ella war unzufrieden mit mir. Völlig zur Unzeit fragte ich: »Und was, wenn sie, das heißt wir, uns Lenin wünschen? Oder Lermontow?«

»Würdest du dich wohl endlich mal konzentrieren?«, zischte Ella verärgert.

Später, während sie sich anzog, sagte sie: »Jeder wünscht sich, wen er will? Wo denkst du hin?! Morgen werden wir einheitliche Beschlüsse fassen. Und sogar noch Proben durchführen.«

Sie hatte recht. Den ganzen folgenden Tag brodelte das gesamte Land. Unter der Losung »Marx ist niemals gestorben!« wurden in jeder Fabrik und jedem Kolchos spontane Meetings organisiert. Im

Radio sangen Pioniere ein von dem Komponisten Schainski über Nacht geschriebenes munteres Lied:

> Immer weiter, Band für Band,
> wächst's ›Kapital‹ aus Marxens Hand.

Und der Refrain lautete:

> Es kommt Band neun, es kommt Band zehn,
> lasst uns studieren und verstehn!

Auch wir wurden zusammengerufen.

Kuprijanow sagte, die schöpferische Entwicklung des Marxismus erhalte einen gewaltigen Impuls, der es uns erlauben werde, die philosophischen Systeme des Westens weit hinter uns zu lassen. Neue Strömungen, die die Sorge widerspiegeln … und so weiter. Dann trug ein Vertreter der Kreisleitung vom Blatt eine nicht zur Weiterverbreitung bestimmte Ausarbeitung vor, die das Wesentliche enthielt: Hier wurde offen darüber berichtet, dass das Politbüro und die Regierung die Frage ausgiebig beraten haben. Es sei der Vorschlag geäußert worden, den von uns allen heiß geliebten Wladimir Iljitsch Lenin wieder zum Leben zu erwecken. Jedoch habe eine über galaktische Kanäle erhaltene Nachricht die Partei und ihren Generalsekretär persönlich davon überzeugt, dass im Falle eines erfolgreichen Ausganges der ersten Wiedererweckung der Sowjetunion das exklusive Recht auf eine Wiederholung des Experimentes eingeräumt werden werde. Unter diesen Umständen und in der tiefen Überzeugung, dass die Partei nicht das Recht habe, auch nur das kleinste Risiko im Zusammenhang mit der Wiedererweckung unseres Iljitsch zuzulassen, sei beschlossen worden, den Führer des Proletariats erst dann wiederzuerwecken, wenn die Wissenschaft mit absoluter Sicherheit garantieren könne, dass seine geistigen Fähigkeiten dadurch keinen Schaden erleiden werden.

Ich kann nicht behaupten, dass ich dem Glauben schenkte, aber viele taten es. Es wurde nicht direkt gesagt, aber zu verstehen gegeben, dass alles Neue risikobehaftet ist. Ein Misserfolg mit Marx, das wäre ein Unglück, ein Misserfolg mit Lenin aber eine Katastrophe.

Als ich von der Arbeit kam, war das Puschkin-Denkmal von einer Kette aus Ordnungskräften abgesperrt. Blumen lagen keine mehr da. Das Puschkin-Museum war wegen Inventur geschlossen. Gerüchten zufolge hatte es in Gori Verhaftungen gegeben. Die Straßen waren voller Menschen, wie an einem Feiertag. Viele, insbesondere Jugendliche, lärmten und ignorierten die Miliz. Eine lange Panzerkolonne rollte die Straße der Metroerbauer entlang.

Die Lichter in den Gebäuden des KGB an der Lubjanka brannten bis in den Morgen hinein. Oft kamen schwarze »Wolga« herausgeschossen, die mit quietschenden Reifen das Denkmal des Ersten Tschekisten umrundeten und dann zum Alten Platz jagten. Dann kehrten sie zurück.

Auf Drängen der Ärzte verbrachte Breshnew die Nacht im Reanimationsraum. Nur Andropow wurde zu ihm gelassen. Sie tranken ein paar Tassen Tee und erinnerten sich an Episoden aus dem Krieg. Über den bevorstehenden Tag wurde nicht gesprochen. Andropow hatte dem Generalsekretär versichert, dass alles vorbereitet sei.

Am folgenden Tag versammelte sich die Bevölkerung im ganzen Land in den Fest- und Konferenzsälen.

Dröhnende Musik. Die Rentner und die Pioniere wurden in den Kindergärten und in den Roten Ecken der Hausverwaltungen zusammengerufen. Auf den Straßen blieben nur Milizionäre und ehrenamtliche Ordnungskräfte zurück.

Zehn Minuten vor zwölf wiederholte die Kabine ein letztes Mal ihre Bekanntmachung. Fünf vor zwölf heulten die Sirenen der Betriebe und Fabriken auf. Der Countdown begann.

Ausländische Korrespondenten wurden nicht nach Swenigorod gelassen. Die Stadt selbst und die umliegenden Wälder waren von Panzern umschlossen.

Das Politbüro und die Generalität befanden sich in einem bombensicheren Bunker, der an einer Stelle, an der früher ein Treibhaus stand, erbaut worden war. Breshnew blickte durch ein starkes Periskop auf die geschlossene Kabinentür.

Eine Minute vor zwölf brach Grabesstille im Land an. Nur das Metronom tickte.

Dann sechs kurze Zeitzeichen.

Und nun ertönte es gleichzeitig aus allen Lautsprechern der Sowjetunion: »Wir möchten, dass der Begründer des Marxismus, Karl Marx, wieder zum Leben erwacht!«

»Wir möchten … dass der Begründer …«

»Wir möchten …«

›Ich möchte‹, dachte Breshnew. Und er konnte nichts dagegen tun. In seinem von den Versammlungen und dem Mangel an Schlaf ermüdeten Gehirn erstand das Bild seiner verstorbenen Mutter.

»Mutti!«, flüsterte er.

Die Kabinentür begann langsam zur Seite zu gleiten.

Andropow nahm einem Offizier das tragbare Pult mit dem Knopf aus den Händen. Natürlich vertraute er auf den einheitlichen Willen seines Volkes, aber er trug die Verantwortung.

Andropows Finger erstarrte über dem Knopf. In der Kabinentür erschien ein Mensch …

Andropow drückte den Knopf.

Die Explosion zerfetzte die Kabine, und ihre niederstürzenden Trümmer begruben den Sänger Wladimir Wyssozki* unter sich. Seine Gitarre flog weit zur Seite und landete fast unbeschädigt auf dem trockenen Herbstgras. Mit dem vorausschauend von den Pionieren des Komitees ausgehobenen und mit Dynamit gefüllten Graben unter der Kabine war der Fehler korrigiert worden. Die Asche Wladimir Wyssozkis wurde in einer Gefängniszelle des KGB beigesetzt.

---

* Wyssozki, Wladimir: 25.1.1938 – 25.7.1980. Populärer Liedermacher, Sänger und Schauspieler. Wurde bei einer Umfrage 2018 hinter Juri Gagarin zur zweitwichtigsten Persönlichkeit Russlands des 20. Jahrhunderts gewählt.

Das Politbüro sprach diese Frage nicht weiter an. Es wurde lediglich bekannt gegeben, dass das Experiment aus technischen Gründen, deren Ursachen außerhalb der Grenzen der Sowjetunion lägen, fehlgeschlagen sei.

Aus der chinesischen Kabine war Konfuzius hervorgetreten. Einen Monat später verstarb er aufgrund des ständigen Verdrusses. In den USA schenkte die Kabine dem Land den Filmstar Marilyn Monroe. Sie lebt bis auf den heutigen Tag.

Wir aber haben alles vergessen.

»Der einheitliche Wille des gesamten Sowjetvolkes«
(Единая воля советского народа);
verfasst 1986, erstveröffentlicht 1991;
Übersetzung nach der Ausgabe:
К. Булычев: Встреча тиранов (1992)

DER TOD IM STOCKWERK TIEFER

VORWORT DES AUTORS

Dieser Roman wurde 1987 geschrieben und 1989 gedruckt, also ganz kurz vor dem Beginn der großen Veränderungen in der Sowjetunion. Doch selbst in jenen Monaten übte die Partei nach wie vor die Kontrolle über das Land aus, obwohl ihre Macht ins Wanken geriet.

Daher ist es nicht verwunderlich, dass mein Held im letzten und entscheidenden Moment in einem Land, das fest im Griff der Korruption ist, all seine Hoffnungen auf das Politbüro setzt. Zu dessen erlauchten Ohren will er die Nachricht von der Tragödie tragen.

Es versteht sich von selbst, dass das gesamte Finale des Romans heute anders geschrieben worden wäre, abgestimmt auf das Wertesystem im heutigen Russland. Ich wollte den Schluss ändern, damit er der Gegenwart mehr entspräche, ließ es dann aber doch bleiben.

Ich erinnerte mich an eine sehr schöne Erzählung der Schriftstellerin Teffi, die sie noch vor der Revolution geschrieben hatte. In dieser Geschichte kauft sich eine bescheidene und geradezu puritanische Gymnasiallehrerin einen englischen Kragen. Als sie ihn anlegt, stellt sie fest, dass sie zu diesem Kragen auch eine passende Bluse kaufen muss. Nach der Bluse kommt der Rock, dann die Schuhe und so weiter. Wenn ich mich recht entsinne, endet die Erzählung mit dem Satz: »Und dann trat sie auf die Straße hinaus und war glücklich.«

Ebendiese Geschichte ließ mich von meinem Vorhaben dann doch wieder Abstand nehmen. Ich habe kein einziges Wort an diesem Roman geändert. Es ist ein Roman über die Wirklichkeit des Jahres 1987, über die letzten Jahre oder gar Monate der Herrschaft des Kommunismus. Wenn ich den Schluss ändere, dann muss ich auch einige der Helden ändern oder zumindest ihr Verhalten. Dann muss ich die Helden auch anders denken lassen …

Also, ich lade Sie ein in das Jahr 1987!

In jenem Jahr war ich in Swerdlowsk zu einem Vortrag im Auftrag der Gesellschaft »Wissen«. Man hatte mich in einem dieser überall gleichen fünfgeschossigen Bahnhofshotels untergebracht. Die Fenster gingen auf den Bahnhofsplatz hinaus. Die Swerdlowsker Luft trug Beimengungen chemischer Substanzen und Rauch heran. Ich begann den Roman noch in jenem Hotel.

ERSTER TEIL

Vor Mitternacht

Das Flugzeug landete bei Tagesanbruch. Die Passagiere sammelten sich am unteren Ende der Gangway und traten von einem Fuß auf den anderen. Bläulicher Schnee, bläulicher Himmel, gelb die Lichter des Flughafens. Dann ging es im Gänsemarsch zur Empfangshalle. Der bläuliche Schnee endete an der Überdachung, wo viele in Erwartung ihres Gepäckes verharrten. Dort lag von den Schuhen der Reisenden abgefallener schmutziger Matsch. Nur wenige wurden erwartet. Doch Schubin gehörte zu den wenigen. Der Vorsitzende der Stadtorganisation der Gesellschaft »Wissen«, als welcher sich Fjodor Semjonowitsch Nikolaitschik vorstellte, schickte sich sofort an, Schubin die Verspätung der Maschine vorzuhalten. »Vierzig Minuten!«, sagte er in einem Ton, als ob Schubin das Flugzeug in der Luft abgebremst hätte. Neben ihm stand eine dunkeläugige junge Frau mit Schirmmütze und Kunstlederjacke. Sie war die Fahrerin und hieß Elja.

Der graue Moskwitsch der Gesellschaft »Wissen« stand auf einem verlassenen bläulichen Platz. Die Tür war festgefroren und ließ sich nur mit Mühe öffnen. Nikolaitschik teilte mit, dass sie einen kleinen Abstecher in das neue Viertel machten, wo er eine Zweizimmerwohnung erhalten habe. Nachdem sie in den völlig ausgekühlten Wagen gestiegen waren, kramte Nikolaitschik einen zerknitterten Zettel hervor und machte sich, ohne einen Blick auf das Papier zu werfen – denn was hätte er in der Finsternis auch schon erkennen können –, daran, Schubin zu informieren, wo und wann der auftreten werde. Besonders hob er hervor, dass er zwei öffentliche Vorlesungen organisiert habe.

»Wir können Sie natürlich nicht wie einen Pop-Star bezahlen, aber die Leute hier sind interessiert.«

Nikolaitschik hatte das Profil eines Maya, jedoch wurde dieser Eindruck durch einen blaugrauen herabhängenden Schnurrbart gestört, der bei den Indianern nicht üblich war. Der Wagen fuhr über eine vereiste Chaussee zwischen düsteren zackigen Fichtenmauern. Schubin fielen die Augen zu, und er lehnte die Wange an das Seitenfenster. Die Scheibe stand einen Spalt offen, sodass es von dorther zog. Die hereinströmende Luft war unrein, es schien eine Müllkippe in der Nähe zu sein.

»Waren Sie das diese Woche im Fernsehen?«, fragte Elja. »Ich habe mir Ihren Namen gemerkt.«

»Dieser Umstand wird den Besuch der Veranstaltungen positiv beeinflussen«, sagte Nikolaitschik. »Denn eigentlich interessiert man sich bei uns zurzeit mehr für die inneren Probleme. Ökologie, Preisreform, na Sie wissen ja selber.«

Der Wald war zu Ende. Hinter einem Stückchen Ödland, auf dem ein paar Speicher verstreut waren, begann eine lange Werkmauer aus Betonplatten. Schornsteine, die sich wie Säulen eines im Laufe der Jahrhunderte verfallenen antiken Tempels in den Himmel reckten, stießen Rauchschwaden unterschiedlicher Färbungen aus.

Hinter dem Betrieb kam ein Wohnviertel, fünfgeschossig und schwermütig. Die gleichmäßig zwischen die Fünfgeschosser gestellten neungeschossigen Türme verstärkten den Eindruck der Schwermut nur noch. An einer Bushaltestelle schmachteten dunkle Gestalten.

»Hier verabschiede ich mich von Ihnen«, sagte Nikolaitschik.

»Zehn Uhr zwanzig werde ich Sie im Hotel anrufen. Ruhen Sie sich bis dahin aus.«

»Danke, dass Sie mich abgeholt haben.«

»Das ist unsere Pflicht. Wir holen jeden ab«, sagte Nikolaitschik, während er die Wagentür öffnete. »Gleich welchen Ranges und welcher Bedeutung.«

Schubin hegte den Verdacht, dass in seinem Falle beide Faktoren nur ungenügend ausgeprägt waren.

»Und wann soll ich Sie abholen?«, fragte Elja.

АЭРОФЛОТ

»Wie immer«, antwortete Nikolaitschik. Sie fuhren weiter. Elja sagte: »Wie immer – das sagt noch gar nichts.«

Die Standardbauten endeten. Der Wagen fuhr eine lange Straße eingeschossiger Häuser entlang. Früher einmal, als die Stadt noch klein war, hatten diese Häuser das aus Stein errichtete zweigeschossige Zentrum umringt. An einer Kreuzung standen sie lange an einer roten Ampel.

»Kennen Sie Sergijenko?«, fragte Elja. »Er war diesen Monat hier.«

»Was macht der?«

»Er ist Chemiker«, sagte Elja. »Beschäftigt sich mit Ökologie. Sie können sich gar nicht vorstellen, wie viele Fragen es da gab, erst gegen eins hat man ihn gehen lassen. Silantjew hat daraufhin unseren Nikolaitschik zu sich bestellt. Solche soll er in Zukunft nicht mehr einladen.«

»Wodurch hat er Silantjew denn so verärgert?«

»Es gibt bei uns so ein Komitee«, sagte Elja. »Für Umweltschutz. Die liegen mit dem Futtermittelkombinat im Clinch, und mit dem Chemiewerk. Und sie treten überall auf.«

»Ich verstehe«, sagte Schubin.

»Ich wollte mal zu einem Meeting gehen, aber Nikolaitschik hat davon erfahren und es mir verboten. Man hatte ihm damals gerade die Wohnung versprochen, und da wollte er keine Dissidenten in seinem Kollektiv haben.«

»Hier geht es ja ganz schön streng zu.«

»Gronski, Nikolajew und Silantjew – das sind die großen Drei«, sagte Elja. »Was soll Silantjew machen? Durch die beiden großen Betriebe fließen der Stadt beträchtliche Mittel zu. Eine Hand wäscht die andere. Das ist doch klar.«

Sie waren im Stadtzentrum angelangt. Die frühere langweilige, aber logische Linie der zweigeschossigen Steinhäuser, die auf einen Platz mit einer großen Kirche und einem säulenverzierten eindrucksvollen Amtsgebäude führte, wurde durch sich dazwischenzwängende hohe Plattenbauten und die gläserne Hässlichkeit eines neuen Kaufhauses zerstört.

»Dient die Kirche als Lager?«, fragte Schubin.

»Nein, wo denken Sie hin?! Dort ist ein Kino, das aber bald der Philharmonie Platz machen muss. Die Akustik ist einfach umwerfend.«

Als sie auf den Bahnhofsplatz fuhren, an dem sich das Hotel »Sowjetskaja« befand, war es endgültig hell geworden, und es herrschte reger Betrieb.

»Sie sollten uns im Sommer besuchen, wir haben viel Grün hier«, sagte Elja.

Bahnhofsplätze sind selten schön, aber der frostige Novembermorgen, die schwarzen Baumskelette auf dem Bahnhofsvorplatz, der Bahnhof selbst, erbaut offenbar nach dem Krieg in dem Versuch, die Ideale des Klassizismus mit dem Optimismus der Epoche zu vereinen, aber schon lange nicht mehr gestrichen, die Seitenflügel, die den schmutzig-schneeigen Raum im rechten Winkel zur lang gestreckten Bahnhofsfassade begrenzten, und schließlich die Krönung des Platzes, das Hotel, ein fünfgeschossiger Typenbau – dieser gesamte Komplex provinzieller Gewöhnlichkeit versetzte Schubin in jenen Gemütszustand, der Selbstvorwürfe generiert. Was hat mich hierhergetrieben? Die drei Hunderter, die mir die Vorlesungen einbringen, oder die Scheu davor, mich mit der Moskauer »Wissen« zu streiten, zumal diese in Person der geschäftstüchtigen Ninotschka Georgijewna als Dank für die planmäßige Visite hier für den Herbst eine attraktive Reise durch das Baltikum in Aussicht gestellt hat?

Elja sagte: »Ich stelle den Wagen ab und komme dann nach.«

»Riecht es hier immer so?«, fragte Schubin.

»Wir haben uns daran gewöhnt. Die Chemieindustrie.«

Schubin stieg die fünf rutschigen Stufen zu den Glastüren empor und prallte erfolglos zunächst gegen die rechte und dann gegen die mittlere, bevor die linke schließlich nachgab. Im Vestibül, auf einem Stuhl am Eingang, dämmerte ein alter Mann mit einer roten Armbinde. Er wachte nicht auf, als Schubin vorbeiging. Auf hölzernen Bänken schliefen diejenigen, welche keine Zimmer bekommen hatten. Die Rezeption war verwaist, doch da kam Elja, die sich nicht scheute, das ganze Hotel aus dem Schlaf zu reißen, und lautstark fragte: »He, ist hier jemand wach? Hier ist ein Gast.«

Jemand auf den Holzbänken erwachte und sagte: »Nichts frei.«

Die Empfangsdame tauchte von irgendwoher seitlich auf. Sie war derart verärgert über Schubins Erscheinen, dass sie ihn keines Wortes würdigte. Sie hielt fordernd die Hand über den Tresen, und Elja übersetzte: »Haben Sie Ihren Ausweis dabei?«

Schubin holte den Ausweis hervor, und die Dame begann die Reservierung zu suchen. Schubin fühlte sich unwohl vor jenen, die inzwischen auf den Bänken erwacht waren und ihm unfreundliche Blicke in den Rücken bohrten, hatte aber auch Angst, dass die Empfangsdame seine Reservierung nicht finden könnte und ihm nichts anderes übrig bliebe, als in dieser Halle am Rande einer der Bänke Platz zu nehmen und auszuharren, bis Nikolaitschik bei Beginn des Arbeitstages die Gerechtigkeit und die Autorität der Gesellschaft »Wissen« wiederherstellen würde. Doch die Reservierung fand sich an.

Während Schubin das Anmeldeformular ausfüllte, erwachte das Hotel zum Leben. Jemand trat an den Tresen heran, um der Empfangsdame möglichst nahe zu sein und sich ihr in Erinnerung zu bringen, und am Eingang stritt sich ein schmächtiger Offizier in Begleitung seiner voluminösen Gattin und zweier Kinder mit dem Pförtner, der nur immer wieder monoton wiederholte: »Es ist nichts frei, es ist nichts frei, es ist nichts frei.«

Die Treppe herunter kamen drei Kaukasier in Ledermänteln und Bisammützen. Sie unterhielten sich in kurzen Repliken.

Elja sagte: »So, nun sind Sie also untergebracht. Ich werde Ihre Vorlesung heute auf jeden Fall besuchen.«

Erst hier, im erleuchteten Vestibül, sah Schubin, wie jung sie war. Die Augen kastanienbraun, die Lippen intensiv rosa. Wenn sie sprach, war eine goldene Krone zu sehen. Elja reichte Schubin die Hand. Sie hatte lange Finger, die Handfläche war trocken und glatt, die Rückseite jedoch rau wie bei einem Menschen, der mit bloßen Händen in der Kälte arbeiten muss.

»Ruhen Sie sich aus«, sagte sie. »Er wird nicht gegen zehn anrufen. Er wird bis zwölf durchschlafen. Und früher bekommt er den Wagen auch nicht von mir. Auch ich habe Schlaf nötig. Ich bin Ihretwegen nicht dazu gekommen, mich hinzulegen.«

Sie sagte das ohne Vorwurf, und Schubin fühlte keine Schuld.

»Danke«, sagte er. »Das heißt, ich habe fünf Stunden.«

»Mindestens.« Elja lächelte.

Dann fiel ihr etwas ein. Sie lief zum Tresen und fragte: »Ist warmes Wasser da? Unser Gast ist schließlich aus Moskau.«

»Jaja«, sagte die Empfangsdame. »Waschen Sie sich.«

Schubin stieg in den zweiten Stock hinauf. Die Etagendiensthabende schlief mit einem Mantel zugedeckt auf einem Sofa. Er kam nicht umhin, sie zu wecken, da sie den Schlüssel hatte. Die Diensthabende sagte: »Keine Ursache, Sie brauchen sich nicht zu entschuldigen. Es ist ohnehin Zeit aufzustehen. Bleiben Sie länger?«

»Drei Tage.«

Das Zimmer war klein. Schubin hatte den Eindruck, schon in ihm gewohnt zu haben. Und in der Tat, er war schon in vielen völlig identischen Zimmern anderer Normhotels gewesen. Nachdem er abgelegt und sein neues Heim begutachtet hatte, kehrte Schubin noch einmal zur Etagendiensthabenden zurück. Die unterhielt sich mit dem Stubenmädchen darüber, dass im Geschäft Nr. 2 Leber angeliefert worden sei. Schubin sagte: »Verzeihen Sie, aber Sie haben vergessen, mir Seife und Toilettenpapier zu geben.«

»Was wollen Sie?« Die Diensthabende war geradezu beleidigt. »Das gibt es bei uns schon seit zwei Jahren nicht mehr.«

»Wie kann denn das sein? Selbst in den Hotels der Kreisstädte …«

»Wir kriegen nichts.«

»Aber vielleicht gegen Bezahlung?«

»Ich habe nichts.«

»Soll ich Ihnen ein Stückchen geben?«, fragte das Stubenmädchen. »Bei mir hat jemand etwas auf dem Zimmer zurückgelassen. Wenn Sie das nehmen wollen?«

»Danke.«

Schubin ließ Wasser in die Wanne laufen. Das Wasser war warm und stank stark nach Schwefelwasserstoff. Oder vielleicht auch nicht nach Schwefelwasserstoff, aber etwas Ähnlichem.

Nachdem er gebadet hatte, ging Schubin zu Bett. Der Schlaf währte nicht sehr lange. Die stickige Luft ließ Schubin bald wieder aufwachen. Er öffnete den oberen Fensterteil, woraufhin sich das Zimmer mit dem Lärm des Bahnhofsplatzes füllte. Es wurde kalt. Schubin zog die Decke über den Kopf. Ihm schien, dass er nie einschlafen würde, er tat es dann aber doch noch. Er erwachte vom Klingeln des Telefons. Schubin schreckte auf, langte schlaftrunken neben den Hörer und riss dann den Apparat an sich. Die Schnur war zu kurz, das Telefon wurde ihm aus den Händen gerissen und fiel zu Boden. Es ging jedoch nicht kaputt.

Auf den Fersen hockend hob Schubin den Hörer ans Ohr.

»Guten Morgen«, hörte er Nikolaitschik sagen. »Wie geht es Ihnen, haben Sie sich gut erholt?«

»Danke«, entgegnete Schubin. »Ich habe geschlafen.«

»Das können Sie auch weiterhin tun«, sagte Nikolaitschik. »Um zwei werden Sie mit dem Wagen abgeholt. Der graue ›Moskwitsch‹, den Sie schon kennen. Auch der Fahrer ist derselbe.«

»Haben Sie viele Autos?«

»Eines«, antwortete Nikolaitschik ernsthaft.

»Das heißt, Sie haben mich angerufen, um mir mitzuteilen, dass ich weiterschlafen kann?«

»Ich ging davon aus, dass Sie entsprechend unserer gestrigen Vereinbarung auf meinen Anruf gewartet haben«, sagte Nikolaitschik.

»Nun gut, danke«, sagte Schubin.

Er kroch zurück unter die Decke, doch es wollte ihm nicht mehr warm werden. Und auch der Schlaf war vertrieben. Er beschloss, aufzustehen und sich die Stadt anzusehen. Und hungrig war er auch.

Wasser war nur kaltes da, es stank jedoch trotzdem. Das Buffet im Hotel war geschlossen. Es blieb nichts anderes übrig, als zum Bahnhof zu gehen und sich dort in die lange Warteschlange einzureihen. Daneben lärmten Halbwüchsige an Spielautomaten. Schubin wurde vom Gestank verfolgt. Es war ein anderer als der des Wassers, aber er war deutlich wahrnehmbar, durchdringend und widerlich. Als läge irgendwo in der Nähe eine verendete Maus. Der Bahnhof war so belebt, wie es sich für einen Bahnhof gehörte, auf dem die Menschen mehrere Tage verbrachten. Über Lautsprecher wurde zweimal bekannt gegeben, dass Interessenten die Gelegenheit hätten, sich im Videosalon den französischen Kriminalfilm ›Polizisten und Diebe‹ anzuschauen. Danach wurde mitgeteilt, dass der Zug Swerdlowsk–Perm am Bahnsteig 1 Einfahrt hatte, was Bewegung in die Menschen ringsumher brachte.

Um dem unangenehmen Geruch zu entkommen, trat Schubin auf den Bahnsteig hinaus. An den platzkartenfreien Wagen des haltenden Zuges drängte sich die Menge. Es war auffällig, dass alle Passagiere, die den Zug bestiegen, Kinder bei sich hatten. Der Gestank war hier noch ekelhafter. Es begann Schubin sogar übel zu werden. Oder sollte das von dem kalten Huhn herrühren, das er im Buffet gegessen hatte? Das fehlte noch.

Schubin kehrte auf den Platz zurück. An den Kiosken der Privathändler wurden Aufkleber, Damenstrickjäckchen und Glasperlen feilgeboten. Schubin beschloss, sich irgendwelche Lebensmittel zu kaufen, bei der Diensthabenden Tee zu holen und auf diese Weise Unabhängigkeit von der öffentlichen Speisung zu erlangen. Doch er bekam nur Brot und Kekse. Im Lebensmittelladen hing ein schamhaftes Schild:

Wurst und Butter
auf Vorbestellung der Bevölkerung

Die Stadt gefiel Schubin mit jeder Minute weniger. Daran vermochten auch die schönen kleinen Stadtvillen, die in der Nähe des Zentrums erhalten geblieben waren, und der Stadtpark mit Springbrunnen, in dessen Mitte ein badebehoster Neptun stand, nichts zu ändern. Aber der Buchladen, der gefiel ihm. Dort war es warm. Der Gestank, der die gesamte Stadt durchdrang, machte widerwillig den Gerüchen von Druckerschwärze und Bücherstaub Platz. Das Geschäft war nicht sonderlich groß, es erstreckte sich in die Tiefe eines alten Hauses. Im hinteren Ende entdeckte er sogar eine kleine An- und Verkaufsabteilung, wo sich in den Regalen die zahlreichen Bände der ›Bibliothek der Weltliteratur‹ drängten und auf einem Tisch, mit den Rücken nach oben, relativ neue, aber ihren Besitzern über gewordene und im Wesentlichen wenig interessante Bücher. Ein Regal war alten Büchern vorbehalten. Schubin trat mit Erlaubnis einer schmächtigen, lockenhaarigen jungen Frau mit modischer Brille näher an dieses heran. Die junge Frau fragte: »Suchen Sie etwas Bestimmtes?«

»Nein, ich suche nichts Bestimmtes.«

»Sie lieben Bücher?«

»Wer tut das nicht?«

»Wir haben hier selten etwas Interessantes«, sagte die junge Frau. »Aber es gibt da einige wirkliche Bücherliebhaber. Wenn Sie länger hier sind, dann empfehle ich Ihnen, einmal die Gesellschaft der Bücherfreunde aufzusuchen.«

»Ich bleibe nicht lange. Bei Ihnen riecht es schlecht.«

Schubin hatte nichts Böses im Sinn gehabt, aber sofort, nachdem er den Satz ausgesprochen hatte, war ihm klar, dass er die junge Frau beleidigt haben musste.

»Ich meine, auf der Straße«, fügte er eilig hinzu.

»Daran kann man sich einfach nicht gewöhnen«, sagte die junge Frau. »Ich verstehe, was Sie meinen. In der ›Sozialistischen Industrie‹ war ein Artikel über uns, gerade jetzt erst. Doch danach hatte der Autor einige Unannehmlichkeiten. Unsere Obrigkeit hat Maßnahmen ergriffen.«

»So weit reicht deren Arm?«

»In Moskau sitzt schließlich das Ministerium! Die stecken doch alle unter einer Decke.«

»Man sagte mir, dass bei Ihnen in der Stadt eine Gesellschaft für Umweltschutz gegründet worden sei?«

»Wir wollten ein Meeting veranstalten«, sagte die junge Frau.

»Ich selbst war beim Stadtexekutivkomitee. Sie haben es nicht erlaubt. Sie sagten, dass Maßnahmen ergriffen würden.«

Ein Mann mit schwarzem Bart und langen ungekämmten Haaren trat ganz dicht heran und sagte mit hoher, unangenehmer Stimme: »Nataschachen, du solltest den Gast am besten zu einem Spaziergang am Fluss entlang einladen.«

»Boris! Ich habe dich gar nicht bemerkt.«

»Es ist schwer, mich nicht zu bemerken«, entgegnete der Langhaarige. »Ich werde häufiger bemerkt, als mir das lieb ist.«

Er lachte laut auf.

Boris war ständig aggressiv. Selbst wenn er schwieg und wahrscheinlich sogar, wenn er schlief. Solche Leute erregen prompt das Missfallen einer jeden Obrigkeit, was ihren Drang, mit der Obrigkeit in Konflikt zu treten, aber nicht zu stoppen vermag.

»Danach zu urteilen, dass Sie eine Buchhandlung aufgesucht haben, sind Sie ein Leningrader«, fuhr Boris fort. »Sie sind ein angesehener Mann, der schon im Ausland war. Ich würde sagen: ein leitender wissenschaftlicher Mitarbeiter, ein Chemiker, der in unserem Chemiewerk die Produktion eines neuen Stoffes vorbereiten will. Und deshalb werden Sie auf Ihrem Standpunkt beharren, obwohl Sie die Besorgnis der Stadtbewohner teilen, und werden sogar selbst bei deren weiterer Vergiftung mitwirken, sich dabei freilich außerhalb der Grenzen des Gestankes aufhalten. Nun, Sie schweigen? Habe ich es erraten? Ja natürlich habe ich es erraten! Solche Typen durchschaue ich auf den ersten Blick!«

Boris grinste noch immer, und Schubin spürte geradezu körperlich, wie unsympathisch ihm dieser Mann mit dem fettigen, ungekämmten Haar, dem schlecht rasierten hageren Gesicht, der hängenden roten Nase und den schwächlichen gelben Händen mit Schmutzrändern unter den Fingernägeln war.

»Nein, Sie haben falsch geraten«, sagte Schubin und wandte sich zum Regal um.

»Wenn Sie nicht wollen, dann eben nicht«, entgegnete Boris. »Wir sind nicht stolz.«

»Borja, du versuchst, einen dir völlig fremden Menschen zu beleidigen«, sagte Natascha mit geröteten Wangen.

»Das mache ich immer«, antwortete Boris. »Zwischen uns gibt es zu viele Schranken: klassenmäßige, soziale, nationale und sogar sanitäre. Billige Seife gibt es bei uns nicht, und Kosmetik, die mehrere Rubel kostet, kann ich mir nicht leisten.«

»Danke«, sagte Schubin zu Natascha und trat von der Bücherwand weg. Unter anderen Umständen hätte er den Menschenkenner korrigiert, der ihn mithilfe seiner untauglichen deduktiven Methode nach Leningrad umgesiedelt und zum Chemiker gemacht hatte. Doch Boris zu berichtigen, hieße, sich vor ihm zu rechtfertigen. Hinter seinem Rücken flüsterte Natascha irgendetwas, und Boris rief Schubin hinterher: »Diese Mörder! Die sind doch alle vom gleichen Schlag …«

In der Stadt gab es nichts weiter zu sehen. Sollte er vielleicht das Museum aufsuchen?

Aber es war ja schon vorher klar, was es im Museum zu sehen gäbe. Die Ausstellungsobjekte waren vom Kulturministerium bestätigt worden.

Schubin ging auf einem anderen Weg zum Hotel zurück. Verlaufen konnte man sich kaum – die Stadt war im 19. Jahrhundert auf dem Reißbrett entworfen worden. Es war wärmer geworden, und nur in den Höfen lag noch Schnee. Die Dächer waren nass und die Gehwege und Straßen mit Matsch bedeckt, der unter den Rädern der vollgestopften Busse aufspritzte. Über einer Schlange, die nach Pampelmusen anstand, war ein in ungleichmäßigen Buchstaben geschriebener Aufruf an die Wand geklebt:

Schützen wir die saubere Luft!

Der Kampf für die Reinhaltung der Umwelt, der sich in dem Plakat widerspiegelte, das zu hoch hing, als dass man es im Vorbeigehen hätte abreißen können, rief Verdruss bei Schubin hervor. Er musste an Boris denken und empfand Sympathie für das Chemiewerk.

Die Sonne lugte für einen Augenblick durch die graublauen Wolken hindurch und verschwand sofort wieder. Es ging ein kalter Regen nieder. Die Warteschlange überdachte sich mit Schirmen und harrte geduldig aus. Schubin schien, dass der Regen stank, und er bereute es, keinen Schirm mitgenommen zu haben.

Nikolaitschik kam um zwei. Umständlich legte er den Mantel ab und den Schirm zusammen.

»Haben Sie sich ausgeschlafen?«, fragte er.

»Danke.«

»Ich vergaß, mit Ihnen die Frage der Verpflegung zu besprechen«, sagte er. »In der Lunatscharskistraße gibt es eine recht ordentliche Speisehalle. Allerdings sollte man sie vor eins oder nach drei aufsuchen, weil es sonst sehr voll ist.«

Er war ein sehr schwermütiger Mensch und insofern passend zum Wetter. Er trat ins Zimmer, setzte sich an den Schreibtisch und entfaltete darauf einen knittrigen Zettel. Es war derselbe, den er am Morgen im Auto vorzulesen versucht hatte.

»Wir fahren jetzt zu einem Empfang beim Genossen Silantjew. Es gibt Tee.«

»Mit Wurst auf Marken?«, fragte Schubin. Ein starker Schmerz hatte sich in seinem Kopf breitgemacht. Er war die hiesigen Giftschwaden halt nicht gewohnt.

»Ich schätze den hauptstädtischen Humor«, sagte Nikolaitschik. »Jedoch hat die Versorgung auf Markenbasis für uns Provinzler ihre Vorteile, da sie soziale Gerechtigkeit schafft. Durch sie wurden die Warteschlangen nach Mangelwaren beseitigt. Ich würde Ihnen allerdings von diesbezüglichen Scherzen dem Genossen Silantjew gegenüber abraten, da er diese Art Humor nicht mag. Die Versorgung unserer Stadt ist eine sehr komplizierte Aufgabe, und der Genosse Silantjew hat in seinem Amt schon so manches für die Verbesserung des Lebens unserer Bürger getan.«

Nachdem er diesen Monolog beendet hatte, stieß Nikolaitschik lautstark Luft aus und starrte aus dem Fenster. Er wirkte, als wäre er abgeschaltet worden.

Ohne zu klopfen trat Elja ein. Sie trug wieder die bereits bekannte Mütze und die Lederjacke.

»Fjodor Semjonytsch«, wandte sie sich an Nikolaitschik. »Sie müssen noch zur ›Französischen Kommune‹. Haben Sie das etwa vergessen?«

»Ja«, erwachte Nikolaitschik. »Das habe ich tatsächlich vergessen.«

Er lächelte verlegen, und Schubin kam zu der Erkenntnis, dass dieser Mann auch ganz gewöhnlich und sogar sympathisch sein konnte. Nikolaitschik zog sich umständlich an, spannte dann in dem winzigen Flur aus irgendeinem Grunde den Regenschirm auf, kam mit ihm nicht zur Tür hinaus und schloss ihn wieder.

Elja stand mitten im Zimmer und betrachtete es neugierig, so als hätte sie Schubin zu Hause aufgesucht und wollte erkunden, wie der berühmte Auslandskorrespondent lebt.

»Nehmen Sie die Schreibmaschine immer mit?«, fragte sie.

»Immer.«

»Damit Sie, wenn Sie einen Einfall haben, ihn sofort festhalten können, nicht wahr?«

»So in etwa.«

Nikolaitschik schlug die Tür hinter sich zu und stampfte lautstark durch den Korridor.

»Ich muss los«, teilte Elja mit, ohne sich vom Fleck zu rühren.

»Sagen Sie, Elja, ist er immer so, oder kann er auch anders sein?«

»Er ist ganz in Ordnung«, sagte Elja. »Nur etwas verschreckt. Sie haben ihn aus der städtischen Abteilung für Volksbildung vertrieben – wegen seiner fortschrittlichen Einstellung. Seitdem hat er Angst. Ich hatte gedacht, er würde aufhören, sich zu fürchten, sobald er seine Wohnung hat. Aber er hat sich schon daran gewöhnt.«

Elja lachte.

Die Tür ging auf, Nikolaitschik steckte den Kopf herein.

Der Hut streifte den Türrahmen und fiel zu Boden. Nikolaitschik hockte sich nieder und fragte: »Kommen wir auch nicht zu spät, Elvira?«

»Ich werde mich beeilen«, sagte die junge Frau. »Wir haben gerade von Ihnen gesprochen.«

»Ich weiß.« Nikolaitschik erhob sich und setzte den Hut wieder auf. »Ich habe es gehört.«

Die beiden gingen hinaus, doch eine Minute später schaute Elja erneut herein.

»Ich bringe ihn weg und hole Sie dann gleich danach ab. Ziehen Sie sich derweil an.«

Das Stadtexekutivkomitee war in einem stattlichen säulengeschmückten dreigeschossigen Gebäude untergebracht, das früher wohl einmal ein Gymnasium gewesen sein mochte. Als sie durch den breiten Gang schritten, blickte Schubin durch eine offene Tür und sah, dass der Raum dahinter mit Sperrholzplatten, die nicht bis zur Decke reichten, abgeteilt war. Von hinter den Wänden waren Schreibmaschinengeklapper und Stimmengewirr zu hören. Auf dem Flur gingen Besucher auf und ab. Einige standen, den Rücken an die Wand gelehnt, andere saßen auf den Fensterbrettern. Die letzte Tür im Gang war mit Kunstleder beschlagen. Rechts und links von ihr waren schwarze verglaste Schilder angebracht.

W. G. Myschetschkina	W. G. SILANTJEW

Im Vorzimmer, wo beiderseits eines hohen, schmalen Fensters Tische standen, an denen zwei ältere Sekretärinnen saßen, nahm Elja die Mütze ab.

»Da sind wir«, sagte sie.

»Der Genosse muss sich noch gedulden«, entgegnete die rechte Sekretärin. »Wassili Grigorjewitsch hat eine Besprechung.«

»Setzen Sie sich hin«, sagte Elja. »Ich gehe Nikolaitschik entgegen. Er verläuft sich hier immer. Wie oft war er schon hier, aber er verirrt sich immer wieder.«

Schubin setzte sich auf einen gepolsterten Stuhl neben der Tür zum Chefzimmer. Die Tür war ebenso beschlagen wie die äußere, und neben ihr hing ein ebensolches Schild.

Die Sekretärinnen beachteten Schubin nicht weiter. Aus dem Arbeitszimmer drangen Satzfetzen. Die Unterhaltung verlief emotionsgeladen.

»Die Leute bringen ihre Kinder aus der Stadt weg«, dröhnte eine tiefe Chefstimme. »Und morgen werden sie in Swerdlowsk dumme Gerüchte verbreiten.«

»Aber du weißt doch Bescheid, Wassili Grigorjewitsch«, entgegnete eine höhere, ebenfalls befehlsgewohnte Stimme. »Das sind doch alles Ammenmärchen. Kirill, sag ihm das.«

»Die Gefahr ist stark übertrieben, Wassili Grigorjewitsch. Wir führen laufend Messungen durch. Die Verschmutzung nimmt nicht zu.«

Die dritte Stimme hatte nun überhaupt nichts Vorgesetztenmäßiges an sich. Ein Tenor.

»Kirill ist der Fachmann. Er wird dafür bezahlt.«

»Wer zahlt? Wer?«, brüllte Wassili Grigorjewitsch. »Weißt du, dass sie für morgen ein Meeting anberaumt haben?«

»Das muss natürlich unterbunden werden«, sagte die zweite Stimme lehrerhaft. »Du verstehst doch, mit welchen Zielen das gemacht wird und wem das nützt?«

Es trat eine Pause ein. Dann sagte Wassili Grigorjewitsch, noch einen Ton tiefer: »Wenn ihr wenigstens den Gestank abstellen könntet. Ich erwarte jetzt jemanden aus Moskau …«

»Von wo?«

»Aus Moskau.«

»Ich meine: Wer hat ihn geschickt?«

»Nein, nicht was du denkst. Über die ›Wissen‹. Ein Auslandskorrespondent.«

»Na und? Die kennen wir, diese Auslandskorrespondenten.«

»Der schnuppert unsere Düfte, kehrt zurück, und ab ins ZK.«

»Ist es hundertprozentig ein Auslandskorrespondent?«

»Nun mach dir mal nicht in die Hose. Hundertprozentig. Er war vorgestern im Fernsehen.«

»Wann komme ich dazu fernzusehen? Hast du Kirijenko benachrichtigt?«

»Die Miliz weiß das auch ohne mich. Aber ich denke … Verbieten ist immer besser als Auseinanderjagen.«

»Es muss da ja Rädelsführer geben. Die müssen unschädlich gemacht werden.«

»Und die Perestroika?«

»Wir haben uns hier nicht versammelt, um Witze zu reißen.«

»Ich meine das ganz ernst. Ich will hier noch weiterarbeiten. Du hast deine Rückendeckung aus Moskau. Und wer hilft mir? Du?«

Pause. Es folgte undeutliches Gegrummel sich von der Tür entfernender Stimmen. Und dann, wieder verständlicher: »Schick sie irgendwohin weg. Das liegt in unserem gemeinsamen Interesse.«

»Unser gemeinsames Interesse ist der Dienst am Volk.«

»Na hör mal einer an. Hast wohl Angst um deinen Posten?«

»Bis zur Rente ist es für mich noch ein ganzes Stück. Auf deiner Liste steht eine Sinjawskaja – der Name kommt mir bekannt vor.«

»Aus dem Pädagogischen Institut.«

»Für die ist es längst Zeit, in Rente zu gehen. Und dieser Jude, der auf dem Platz gehockt und gehungert hat? Erinnerst du dich? Kirijenko hat ihn fünfzehn Tage eingebuchtet.«

»Boris Melkonjan. Der ist auf der Liste.«

»Ein Armenier?«

»Kann sein, jedenfalls auch Jude.«

Es trat eine erneute Pause ein. Dann: »Nimm das wieder mit. Ich werde nichts unternehmen. Sollen sie doch ihr Meeting abhalten.«

»So wirst du deinen Posten nicht retten. Wenn du ihnen erst einmal den kleinen Finger gereicht hast …«

»Du solltest dich lieber um die Filter kümmern. Hast die neue Produktionslinie in Betrieb genommen, die Filteranlagen aber wieder vergessen.«

»Was kann ich denn tun? Ich schreibe Briefe, ich führe Telefonate und bekomme nur immer wieder zu hören: Sorge dafür, dass der Plan erfüllt wird!«

»Man bringt die Kinder aus der Stadt.«

»Die Lage normalisiert sich. Im November gab es keinen Havarieaustritt.«

»Ich kann bestätigen, dass die ergriffenen Maßnahmen Wirkung zeitigen sollten«, sagte der Tenor, der lange geschwiegen hatte.

»Und ich habe einen Brief des Dozenten Bruni. Er warnt mich davor, der Gesundheitsinspektion Glauben zu schenken, weil ihr von Gronski geschmiert werdet.«

»Wassili Grigorjewitsch, wer glaubt denn diesem Bruni?«

Nikolaitschik trat eiligen Schrittes ins Vorzimmer. In der Hand walkte er den nassen Hut.

»Sie sind hier? Das ist gut! Ich bin aufgehalten worden«, sagte er. »Sie sind noch nicht empfangen worden?«

Schubin antwortete nicht. Er ärgerte sich über den Lärm, den Nikolaitschik verursachte und der die Stimmen aus dem Chefzimmer übertönte.

»Was ist denn? Ist er beschäftigt?« Nikolaitschik hängte den Hut an den Garderobenständer, der sich in der Zimmerecke befand. Dann machte er sich daran, sich des Mantels zu entledigen. »Ist jemand bei ihm?«

»Gronski ist bei ihm, und die Gesundheitsinspektion«, sagte eine der Sekretärinnen misslaunig. Schubin begriff, dass sie ebenfalls dem Gespräch hinter der Tür gelauscht hatte und sich wie er über die durch Nikolaitschik verursachte Störung ärgerte.

»Dann warten wir eben«, sagte Nikolaitschik und setzte sich neben Schubin. »Da werden wichtige Probleme diskutiert.«

Er beugte sich etwas zu Schubin und senkte die Stimme: »In der Stadt herrscht eine angespannte ökologische Situation. Wassili Grigorjewitsch persönlich hat Kontakt zu Vertretern der Öffentlichkeit aufgenommen und ergreift energische Maßnahmen. Ich gehe davon aus, dass der Genosse Gronski über die Situation im Chemiewerk berichtet. Wir warten, ja? Wir haben noch Zeit.«

Die Sekretärin räusperte sich geräuschvoll, und Schubin verstand, dass das an ihn gerichtet war, der er die wahre Lage der Dinge kannte und die Verlogenheit Nikolaitschiks einzuschätzen vermochte. Die andere aber sagte: »Sie hätten sich auch ruhig unten ausziehen können, Fjodor Semjonowitsch, so wie alle Leute. Ihr Mantel ist ja klitschnass.«

»Selbstverständlich!« Nikolaitschik sprang auf, eilte zum Kleiderständer, griff nach dem Mantel und erstarrte. »Nein«, sagte er festen Tones. »Wir können jeden Moment hineingebeten werden. Ich werde beim nächsten Mal daran denken.«

Die Tür des Chefzimmers ging auf, und einer nach dem andern traten die drei Männer heraus. Alle drei waren respektabel gekleidet, alle trugen sie feine Importanzüge, weiße Hemden und Krawatten. Derartige Bürokraten konnte Schubin sich auch gut in ein Moskauer Arbeitszimmer versetzt vorstellen, ohne dass sie dort die hauptstädtische Etikette verletzt hätten. Der Erste war ein schöner, wohlgebauter, grauhaariger und roswangiger Mann. Schubin beobachtete, wie er ohne weitere Beachtung verabschiedet wurde. Das also war die Gesundheitsinspektion. Der Weiche, Verschmitzte würde wohl der Direktor des Chemiewerkes, Gronski, sein, und der ganz offenkundig vor Gesundheit nur so strotzende Besitzer eines geometrisch exakten Scheitels, das war Silantjew.

Silantjew schüttelte Gronski die Hand und sagte: »Wir haben da eine märchenhafte Luft – Taiga.«

Da erblickte er Schubin, der sich erhoben hatte, und den vornübergebeugten Nikolaitschik. Er zog die Brauen ein wenig nach oben und warf einen Blick auf die große Wanduhr, so als hielte er das Erscheinen der Besucher für vorzeitig. Die Konsultation der Uhr überzeugte Silantjew, dass nicht die Besucher zu früh gekommen waren, sondern er sie über den wichtigen Besprechungen vergessen hatte, und ohne Gronskis Hand loszulassen, trat er auf Schubin zu und zog Gronski dabei hinter sich her.

»Entschuldigen Sie, wir haben uns verplaudert«, sagte er und legte Gronskis Hand gebieterisch in die Schubins. »Danke, dass Sie gekommen sind, danke! Vögel Ihres Schlages verfliegen sich nur selten zu uns.«

Fest drückte Gronski Schubins Hand und ließ sofort wieder los, so als hätte er sich verbrannt.

»Ja, ich habe gehört, Sie waren vorgestern im Fernsehen?«, sagte er.

»So ist es«, freute sich Silantjew und wandte sich an Gronski: »Willst du nicht zur Vorlesung bleiben? Der Genosse Schubin hat sich bereit erklärt, vor dem Apparat aufzutreten. In einer halben Stunde.«

»Du weißt doch«, Gronski lächelte verlegen, »Monatsende. Ich kann mich schon nicht mehr daran erinnern, wann ich das letzte Mal frei hatte.«

»Nun gut, wir beide haben alles besprochen, dann geh du an deine Arbeit. Gib dem Vaterland die Chemieprodukte, die es braucht! Und Sie, Genosse Schubin, Sie kommen in mein Zimmer. Vera Ossipowna, würden Sie so gut sein und uns Tee machen? Draußen ist ja so ein ekelhaftes, kaltes Wetter. Aber so ist das Klima nun mal, da kann man nichts machen. Ich hätte ja gern eine Landschaft wie in Sotschi hier, aber das liegt leider noch in ferner Zukunft. Komm auch du herein, Fjodor Semjonowitsch, komm rein. Immer unterwegs, immer zu tun?«

Der ohne Unterlass redende Silantjew hatte jetzt eine ganz andere Stimme als jene, die durch die Tür geklungen war. Feiner, lebhafter und eine ganze Oktave höher. Indem er Schubin leicht in den Rücken drückte, führte er ihn in das Arbeitszimmer, wo der obligatorische Tisch in T-Form für die Besucher stand und an der Seite ein weiterer, langer, mit zehn Stühlen an jeder Seite und einem grünen Tischtuch, der für Besprechungen diente. Über dem Tisch hing ein retuschiertes Porträt M. S. Gorbatschows, und im Schrank, der die gesamte Wand einnahm, standen die Gesammelten Werke W. I. Lenins. Ferner hatten dort Medaillen, Skulpturen und Wimpel Platz gefunden.

Silantjew demonstrierte Bürgernähe: Er platzierte Schubin am langen Tisch, setzte sich daneben und zeigte Nikolaitschik mit einer Geste, wo dieser Platz nehmen sollte.

»Tee«, sagte er, »ist ein edles Getränk. Ihr im Westen wisst ja gar nicht, wie man ihn trinken muss.«

Durch die offene Tür war zu hören, wie Vera Ossipowna mit dem Geschirr klapperte.

»Noch ist indischer da«, teilte Silantjew Vertrauen heischend mit. »Aber mit Jahresbeginn schließen wir die Verteiler, alle Waren gehen dann an die Veteranen und ins Handelsnetz. Die soziale Gerechtigkeit. Wenn Sie uns nächstes Jahr mal besuchen, werde ich Sie mit grusinischem bewirten.«

»Vielleicht reicht der indische ja dann für alle?«, bemerkte Schubin.

»Ein interessanter Gedanke. Haben Sie da Informationen? Der Import muss gesteigert werden. Wahrscheinlich ist Ihnen aufgefallen, dass uns, wenn ich so sagen darf, erfahrene Dienstreisende, im Ausland immer weniger die Kleidung als vielmehr der Überfluss an Lebensmitteln beeindruckt. Ich war kürzlich in Köln. Sind Sie schon einmal in Köln gewesen?«

»Ich hatte die Gelegenheit.«

»Ich schaute dort in einen kleinen Teeladen, der sich just gegenüber unserem Hotel befand. Mindestens hundert Teesorten, ohne Übertreibung. Und billig, Teufel noch mal. Ich habe fast die Hälfte meiner Spesen dort gelassen, allen habe ich was mitgebracht. Was soll man knausern, man bekommt ja ohnehin nur ein Taschengeld.«

Vera Ossipowna brachte den Tee und einen Teller mit Gebäck.

»Danke«, sagte Silantjew. »Wir leben bescheiden. Wenn Sie in eines unserer normalen Geschäfte hineingeschaut hätten, dann hätten Sie gesehen, dass bei uns sogar die Butter auf Marken ausgegeben wird. Es fällt schwer, sehr schwer, den Leuten in die Augen zu sehen. Aber solange bei uns kein Überfluss herrscht, werden wir das durch Gerechtigkeit kompensieren. Vera Ossipowna, erinnern Sie sich an den Tee, den ich im April aus der BRD mitgebracht habe?«

»Ein wunderbarer Tee«, seufzte Vera Ossipowna.

Silantjew wandte sich zu Nikolaitschik, der seine Finger an der Tasse wärmte.

»Ich hoffe, du hast das Programm für unseren Gast ausgearbeitet? Es ist deine Pflicht, eine größtmögliche Besucherzahl zu gewährleisten. Die Leute sollen sich treffen, miteinander reden und dem Augenzeugen lauschen. Wir sind in die Pflicht genommen, Propaganda auf dem allerhöchsten Niveau zu führen.«

Nikolaitschik zerrte aus der Brusttasche des Jacketts den nun noch mehr zerknitterten Zettel hervor und beabsichtigte, ihn vorzulesen, doch Silantjew winkte ab: »Schon gut, ich glaub dir's, du ackerst, schonst deine Kräfte nicht! Wir haben gute lokale Kader hier. Man sollte sorgsam mit ihnen umgehen, aber wir verheizen sie. Wir bezahlen ihnen zu wenig, und auch das Wohnungsproblem ist noch in der Lösung begriffen.«

»Wassili Grigorjewitsch«, sagte Nikolaitschik, »Sie hatten versprochen, für unseren ›Moskwitsch‹ einen Reifen aufzutreiben. Erinnern Sie sich?«

»Was? Was für einen Reifen?«

»Als das Akademiemitglied hier war. Wir haben hier gesessen.«

»Ach, du bist ein gerissener Kerl, Nikolaitschik, du bist ein gerissener Kerl! Du weißt, wann man am besten an die Vorgesetzten herantritt. Wir machen das, ruf morgen bei Netschkin an.«

Der Tee war gut und stark.

»Wie haben Sie sich eingerichtet?«, fragte Silantjew. »Unser Hotel ist nichts Besonderes, aber sauber. Sauber ist es, nicht wahr?«

Schubin wollte von der Seife und dem Toilettenpapier erzählen, aber er hielt sich zurück. Woher sollte Silantjew dieses verfluchte Toilettenpapier nehmen?

»Sauber ist es«, sagte Schubin. »Nur das Wasser bei Ihnen ist nicht so sonderlich.«

»Was? Wasser? Welches Wasser?« Silantjew schien für einen Augenblick ein völlig anderer Mensch zu sein – wachsam, kampfbereit und befehlsgewohnt. Doch er hatte sich sofort wieder unter Kontrolle. »Wir haben viele Probleme. Viele. Hier, Fjodor Semjonowitsch als Alteingesessener, er kann sich noch erinnern, was für ein Wasser wir hier hatten! Und im Flüsschen – jeder Kiesel war zu sehen! Egal wie tief. Ich komme ja auch hier aus der Gegend, aus Plutow. Als Kinder haben wir solche Welse herausgeholt … Der Fortschritt. Wir richten die Natur zugrunde. Ohne Mitleid. Egal welche Zeitung man aufschlägt – was liest man? Zerstörung der

Natur. Gerade eben war Gronski, der Direktor unseres Chemiewerkes, bei mir. Ein Kind des zweiten Fünfjahrplans. Eigentlich ist er mein Freund und Mitstreiter, aber andererseits haben wir beide viel Streit. Ihm macht das Ministerium Druck – der Plan! Braucht das Land die Chemie? Ich sage: Ja! Aber nicht auf Kosten der Gesundheit der Menschen. Da ist meine Position ganz klar.«

»Und die Position des Werks?«, fragte Schubin.

»Im Großen und Ganzen – konstruktiv. Wenn Sie Zeit haben, zeigen wir Ihnen die Reinigungsanlagen! Zweieinhalb Millionen kosten die. Wir werden unserem Fluss das Wasser zurückgeben! Nur darf man nicht in Panik verfallen und Demagogen Gehör schenken. Verstehen Sie mich?«

»Ich verstehe«, sagte Schubin.

»Wir haben keine Geheimnisse vor Ihnen. Aber auch ich habe eine Bitte an Sie, Genosse Schubin.«

»Bitte.«

»Sie haben einen ungetrübten Blick. Objektiv. Ich bitte Sie kameradschaftlich: Falls Sie irgendetwas Interessantes oder, sagen wir, Besorgniserregendes bemerken oder zu Gehör bekommen, dann kommen Sie bitte zu mir! Ich bin jederzeit bereit, Erläuterungen zu geben. Wecken Sie mich ruhig in der Nacht – ich stehe zu Ihrer Verfügung!«

Silantjew erhob sich.

»Es ist Zeit, die Genossen sind schon versammelt und warten ungeduldig auf den Mann, der Frau Thatcher die Hand geschüttelt hat.«

Silantjew schritt vornweg in den geräumigen Flur hinaus, so wie Zar Peter die Mitstreiter zur Gründungsstelle von Petersburg geführt hatte. Seine Schuhe waren sorgfältig poliert, die Ohren anliegend, der Scheitel zog sich bis zum Hinterkopf, wo wohlbedacht und akkurat gelegte Haare eine beginnende Glatze bedeckten.

Auf dem Treppenabsatz rauchten zwei junge Mädchen. Sie versteckten die Zigaretten hinter dem Rücken. Silantjew sagte im Vorbeigehen: »Alles in den Saal, alles in den Saal!«

Der Versammlungssaal, früher einmal die Aula des Gymnasiums, war bereits gefüllt. Zwanzig Reihen zu je vierzehn Stühlen, zählte Schubin schnell. Und alle besetzt. Neunzig Prozent waren Frauen. Wie viele Menschen mochten hier wohl arbeiten?

Einige erhoben sich wie vor einer Unterrichtsstunde, andere begannen zu applaudieren. Auf der Bühne standen drei Stühle und ein Mikrofon. Silantjew stoppte den Applaus mit einer energischen Geste und trat ans Mikrofon.

»Unter uns«, sagte er, »befindet sich der bekannte Auslandskorrespondent und Mitarbeiter der Zeitung ›Iswestija‹ Juri Sergejewitsch Schubin.«

Mit dem letzten Wort forderte er Beifall vom Saal ein, und zwar genau in der Stärke, um ihn mit einer erneuten Handbewegung wieder zum Verebben bringen zu können.

Während er an das Mikrofon herantrat, sah Schubin aus dem Augenwinkel, wie Silantjew sich auf dem Stuhl hinter seinem Rücken niederließ, um gemeinsam mit den Arbeitskollegen den hochinteressanten Ausführungen des Redners aus Moskau zu lauschen, der für die Mitabeiter der Stadtverwaltung seine Zeit opferte und sich von seinen wichtigen Angelegenheiten losgerissen hatte.

Später, etwa zur Mitte seines Vortrages, warf Schubin erneut einen Blick zurück, doch dort war nur Nikolaitschik, in angespannter Aufmerksamkeit. Silantjews Stuhl war leer.

Das Publikum war leidlich aufmerksam, doch mit fortschreitender Zeit nahm das Gemurmel im Saal zu. Schubin war kein professioneller Redner. Bei Erreichen eines bestimmten Pegels der allgemeinen Unruhe verlor er den Faden, wusste nicht mehr, was er sagen wollte, begriff aber stattdessen, mit der Gabe eines Hellsehers ausgestattet, der in die kollektive Seele des Auditoriums zu blicken vermochte, wie egal die argentinischen und brasilianischen Probleme und sogar die Präsidentschaftswahlen in den USA jenen waren, die dort im Saal saßen und darauf hofften, dass der Referent mit vierzig Minuten auskommen würde und man etwas eher Feierabend hätte. Aber dieser Redner aus Moskau – noch verhältnismäßig jung und äußerlich interessant, wenn auch nicht sonderlich groß – spricht und spricht und denkt nicht daran – ja wie sollte er, der satte Moskauer, das auch –, dass man noch in die Wäscherei eilen muss und das Kind aus dem Kindergarten holen und dass der Bus quietschvoll sein wird und im Laden die allabendliche Schlange steht.

»Und jetzt möchte ich gern, dass Sie mir Fragen stellen«, vernahm Schubin die eigene Stimme, was ihn wunderte, denn er war durch das Gedankenlesen so abgelenkt gewesen, dass er das Ende seines Vortrages verpasst hatte, das aber offenbar bruchlos und erwartbar gewesen sein musste, denn niemand im Saal hatte die gedankliche Abwesenheit des Redners bemerkt.

Es folgte die kurze Pause, nach der Schubin es sich erlauben konnte zu sagen: ›Wenn es im Augenblick keine weiteren Fragen gibt, dann danke ich Ihnen für Ihre Aufmerksamkeit …‹ Doch da erhob sich ein finster dreinblickender Veteran mit ordengeschmückter Brust und begann sich zu räuspern. Durch den Saal, der augenblicklich von Unwillen über diesen Mann, der den begrüßenswerten Lauf der Dinge bremste, erfüllt war, wogte ein erbostes Grollen, woraufhin Nikolaitschik, der seine Stunde gekommen sah, aufsprang und laut sagte: »Genossen! Der Vortrag ist noch nicht zu Ende. Jeder erhält die Möglichkeit, Fragen zu stellen.«

Als wäre der Lärm aufgrund des unbändigen Wunsches der Verwaltungsangestellten, Schubin mit Fragen zu überhäufen, entstanden.

»Könnten Sie, Genosse Vortragender, wohl ausführlicher die Positionen Englands und Argentiniens bezüglich der Falklandinseln, oder auch Malwinen, darstellen«, dröhnte der Veteran.

Der Saal verstummte gehorsam, und Schubin machte sich ebenso fügsam daran, den Leuten, die sich nicht die Bohne dafür interessierten, übertrieben ausführlich zu erzählen, wie die Falklandinseln von Großbritannien annektiert wurden.

Im Saal wurde gescharrt und geflüstert und gehofft, dass sich nicht noch ein Aktivist finden werde. Doch er fand sich. Freilich in etwas anderer Gestalt.

Als der Mann mit der Heldenbrust sich in Vorbereitung einer weiteren Frage zu räuspern begann, sprang eine Frau aus dem Stamm der lauthalsen Wahrheitsfetischisten auf.

»Statt von Argentinien erzählen Sie uns lieber, wie es in Moskau mit dem Wasser aussieht«, rief sie. »Wie lange werden wir noch unsere Kinder vergiften?«

Ein unterstützendes Raunen ging durch den Saal. Schubin wusste nicht, was er antworten sollte, doch das tat Nikolaitschik.

»Ich bitte darum, nur Fragen zum Thema zu stellen und nicht abzulenken«, sagte er drohend. »Und wenn es keine Fragen zum Thema gibt, dann ist die Veranstaltung beendet.«

Sofort erhoben sich die Leute. Sie strömten zu den Türen, es wurde laut, und niemand schaute mehr zur Bühne.

Nikolaitschik war verdrossen.

»Einen derartigen Ausfall habe ich in diesem Hause nicht erwartet. Aber Sie können sicher sein – heute Abend wird das ganz anders. Die Leute, die da kommen, haben selbst dafür bezahlt.«

»Ich habe keinen Zweifel daran«, sagte Schubin.

Schubin geriet in eine Gruppe von Frauen. Sie traten auseinander, eine bedankte sich für sein Kommen. Irgendjemandes Hand berührte seine Finger – Schubin spürte, dass ihm ein zusammengefaltetes Papier übergeben wurde. Er wollte es in die Tasche stecken, doch Nikolaitschik bemerkte es und fragte: »Was hat man Ihnen da gegeben?«

»Einen Zettel«, antwortete Schubin.

»Den können Sie mir geben«, sagte Nikolaitschik. »Sie brauchen ihn nicht.«

»Machen Sie sich keine Umstände«, sagte Schubin. »Ich sammle Zettel.«

Bis zum abendlichen Vortrag im Kulturhaus ›Textilarbeiter‹ verblieben noch etwa drei Stunden. Der Moskwitsch war nicht da. Schubin sagte, dass er alleine zum Hotel finde. Nikolaitschik freute sich, er erzählte, dass seine Frau ihn mit warmem Essen erwarte, das er jetzt wirklich gut gebrauchen könne, und so verabschiedeten sie sich.

Im Hotel angekommen, bat Schubin das Stubenmädchen um Tee, holte das am Morgen gekaufte Brötchen hervor und nahm ein bescheidenes Abendessen ein. Dann erinnerte er sich an den Zettel und zog ihn aus der Tasche.

Dort stand:

Wie kann man über die Malwineninseln reden, wenn die Lage bei uns in der Stadt dermaßen ernst ist, aber niemand da ist, an den man sich wenden könnte?
Sagen Sie Bescheid, dass ein Korrespondent zu uns geschickt wird. Der Stadt droht eine große Gefahr, die vom Chemiewerk und vom Futtermittelkombinat ausgeht. Eines schönen Tages werden sie uns hier eine Seuche auslösen. Doch bis dahin bringen sie langsam unsere Kinder um, und niemand kümmert sich darum.

Eine Unterschrift war nicht vorhanden.

Schubin legte den Kassiber auf den Tisch. Städte mit schlechter Luft und stinkendem Wasser gab es mehr als nur eine. Alles auf der Welt war relativ: Er, Schubin, wollte gern wieder in der Schweiz leben, diesen Menschen aber erschien schon Moskau als ein unerreichbares Paradies.

Er trat ans Fenster. Es dunkelte. Über den in rosafarbenem winterlichen Abendrot erstrahlenden Himmel zogen sich horizontale Streifen in einer unnatürlichen Tönung.

Es war stickig im Zimmer. Schubin, der die Wohlgerüche der Stadt vergessen hatte, öffnete das Fenster. Und schlug es sofort wieder zu.

Schubin entschloss sich, ein kleines Nickerchen zu machen. Er erwachte dadurch, dass Elja im Zimmer stand.

»Was ist los?«, fragte Schubin, während er sich bemühte, die Augen zu öffnen. »Ist es schon so weit?«

»Sie haben ein ausdrucksstarkes Gesicht«, sagte Elja. »Ich habe einen Bruder, der ist Künstler. Gera arbeitet auf dem Friedhof, er meißelt Buchstaben und Kränze in die Grabsteine. Wenn Sie wollen, dann fahren wir zu ihm, und er porträtiert Sie – einverstanden?«

Schubin lachte. Er sprang auf, wobei er sich bemühte, möglichst sportlich zu wirken. Er fand sich direkt vor Elja wieder – das Zimmer war klein. Sie hob den Blick und schaute Schubin aufmerksam und ernsthaft an. Seine Arme streckten sich von alleine nach ihren Schultern aus. Elja machte gehorsam einen Schritt nach vorn. Ihre Lippen öffneten sich leicht, so als würde sie einen Kuss erwarten. Und der dauerte dann lange und wirkte überhaupt nicht wie der erste, sondern so, als wären sie schon geraume Zeit eng miteinander vertraut. Schubin kam sich seltsam dabei vor, als seine Hände über das glatte Jackenleder fuhren.

Doch plötzlich stieß Elja Schubin zurück.

»Weder die Zeit ist's noch der Ort«, sagte sie deklamierend.

Der Kuss selbst rief bei ihr keine Verwunderung oder gar Widerstand hervor.

»Entschuldige«, sagte Schubin.

»Keine Ursache. Ich gerate schnell in Erregung. Wäre nicht diese Lederjacke, dann hätten Sie das gespürt. Gehen wir lieber, bevor Fjodor Semjonowitsch einen Herzanfall bekommt.«

Sie schritt zur Tür in den Vorraum. Schubin schaute auf Eljas schwarzes, glattes und sehr volles Haar. Die Haare waren die einer Asiatin, das Gesicht das einer Russin.

»Du hast schöne Haare«, sagte Schubin, während er in den Flur trat.

»Früher waren sie schön«, sagte Elja. »Als ich als Fahrerin anfing, habe ich sie abgeschnitten. Und es tut mir auch gar nicht leid.«

Der Portier mit der roten Armbinde stand auf, als Schubin auf gleicher Höhe mit ihm war. Er öffnete die Tür. Welch eine stumpfsinnige, bösartige Physiognomie, dachte Schubin.

»Ist der immer so?«, fragte Schubin.

»Was wollen Sie?! Er kennt sich mit den Leuten aus. Jemand anderen hätte er gar nicht zur Kenntnis genommen.«

»Oder hat man ihn vorgewarnt?«

»Worüber vorgewarnt?«

»Dass ein Revisor gekommen und im Hotel abgestiegen ist.«

»Was sind Sie denn für ein Revisor?«

»Ich sage ja nur. Aber könnte das nicht sein?«

»Revisoren gibt es verschiedene. Wenn Sie einer sind, dann ein geheimer. Aber Sie sind auch kein geheimer.«

»Warum?«

»Weil Sie sich dann nicht mit einer Fahrerin geküsst hätten. Revisoren wissen ihren Posten zu schätzen. Wenn es gewünscht wird, schickt man ihm jemand Angemessenes. Ohne Risiko. Mit blendend weißen Keramikzähnen.«

Schubin schmunzelte.

Er setzte sich neben Elja auf den Vordersitz. Sie mühte sich lange, den Wagen zu starten. Der Motor sprang mit lautem Getöse an und verstummte dann wieder.

»Und außerdem setzen sich Revisoren, selbst geheime, nicht neben den Chauffeur«, sagte sie belehrend. »Die Leute erkennen einen an Kleinigkeiten.«

»Wie Spione«, sagte Schubin.

Er blickte auf ihr Profil, das ihm sehr gefiel. Es war klar und logisch.

»Schauen Sie mich nicht so an«, sagte Elja. »Sonst bringe ich den Wagen nie in Gang.«

Das Auto sprang trotzdem an und machte sich, Schneematsch nach den Seiten verspritzend, auf den Weg ins Zentrum.

»Erzähl mir von der Gesellschaft für Naturschutz.«

»Von den Grünen?«

»Nennen sie sich so?«

»Nein, sie werden so genannt. Was jetzt bei uns in der Stadt für Organisationen gegründet worden sind – Sie können sich das gar nicht vorstellen. Ich kenne nicht mal alle und die Unterschiede zwischen ihnen. Da gibt es ›Pamjat‹ und dann ›Memorial‹, die wollen ein Denkmal für die Opfer der Repressionen unter Stalin aufstellen, dann ›Otetschestwo‹ und auch noch ›Rodina‹. Und natürlich die ›Grünen‹ und am Pädagogischen Institut den politischen Klub. Komisch, nicht wahr?«

»Das ist jetzt überall so«, sagte Schubin.

»Bei Ihnen mag das ja alles ernst zu nehmen sein, aber hier nimmt die doch keiner für voll. Denn ausrichten können sie ohnehin nichts.«

»Und gehörst du selbst irgendeiner Organisation an?«

»Sind Sie verrückt? Ich muss arbeiten. Mitka ernähren.«

»Wen?«

»Ich habe einen Sohn, er geht in den Kindergarten.«

»Das habe ich nicht gedacht …«

»Ich bin schon fünfundzwanzig, was dachten Sie denn?«

»Und der Mann?« Schubin fühlte sich unwohl in seiner Haut. Ein törichter vierzigjähriger Dienstreisender!

»Keine Angst …« Elja lächelte. »Es gibt keinen Mann. Mein Verflossener baut sich in Tomsk eine neue Familie auf. Mitka und ich haben ihn fortgejagt. Ich bin also eine ungebundene Frau und liebe, wen es mir passt.«

Schubin war die Situation peinlich.

»Ich muss mich ganz schön strecken, um von einem Gehalt bis zum nächsten auszukommen. Da wird es nichts mit Keramikzähnen. Ich bin quasi der persönliche Lakai von Fjodor Semjonowitsch – hierhin, dorthin, hole, bring. Da habe ich keine Zeit, mich um mich zu kümmern. Und so schlagen wir uns mit anderthalb Hundertern durch den Monat.«

»Und unterstützt er das Kind?«

»Der soll sich lieber erst mal selbst helfen.«

Der Moskwitsch bremste scharf vor dem Eingang des Klubs, eines gesichtslosen gelben Backsteinbaues. Der Wagen rutschte durch den Matsch. Elja stieß halblaut einen unanständigen Fluch aus. Vielleicht unabsichtlich, vielleicht aber auch extra für Schubin.

»Gehen Sie«, sagte sie. »Sie werden an der Tür erwartet.«

Sie blieb im Auto und schaute Schubin nicht an, so als wäre sie beleidigt.

Schubin stieg die Treppe hinauf. Eine aufgeregte Frau in einem Schulmädchenkleid mit weißem Spitzenkragen erwartete ihn an der Garderobe.

»Nein, legen Sie nicht hier ab«, sagte sie. »Ich bringe Sie zum Zimmer des Direktors, Juri Sergejewitsch.«

Gleich wird sie erzählen, dass sie mich vorgestern im Fernsehen gesehen hat, dachte Schubin.

Das tat sie dann aber doch nicht. Sie durchquerten das Buffet, wo eine lange Warteschlange anstand. Schubin war klar, dass es diese Leute unmöglich bis zum Beginn des Vortrages schaffen würden. Sie würden während der Veranstaltung eintreten und mit den Stühlen scharren. Im Direktorenzimmer war es ordentlich warm. Auf dem Tisch standen Tee und selbst gemachte Piroggen, welche, wie sich herausstellte, von der Frau im Schulkleid gebacken worden waren. Nikolaitschik thronte bereits am Tisch und kaute an einer Schinkenschnitte.

»Greifen Sie zu«, sagte er gönnerhaft.

»Die Veranstaltung fängt gleich an.«

»Die Leute werden schon noch ein paar Minuten warten können.«

Schubin wollte widersprechen, doch da wurde ihm klar, dass er einen Mordshunger hatte und nicht wusste, wann er das nächste Mal Gelegenheit haben würde, etwas zu essen. Da hatten sie einen eingeladen, schleiften einen von Chefzimmer zu Chefzimmer, aber ihn zu bewirten, das fiel ihnen nicht ein.

Er setzte sich an den Tisch und nahm sich ein belegtes Brot. Irgendwelche Leute schauten ins Zimmer herein. Sie hatten offenbar erfahren, dass hier ein seltener Vogel angeschleppt worden war. Nur möglichst schnell wieder nach Hause! Das Wasser in dem dünnen Tee stank widerlich. Es schien Schubin, dass ihn dieser Geruch fortan überallhin verfolgen würde.

»Eigentlich kann man es Heilwasser nennen, was wir hier haben«, sagte Nikolaitschik. »Ich habe einen Analysebericht gesehen – von der chemischen Zusammensetzung her enthält es viele nützliche Spurenelemente. Das geht freilich ein wenig auf Kosten der Geschmackseigenschaften.«

»Ohne die Spurenelemente wäre es mir lieber«, sagte Schubin, und Nikolaitschik lachte höflich.

Der Saal war fast voll, was Schubin wieder ein wenig mit dem Leben aussöhnte. Er saß an einem Tischchen neben Nikolaitschik, der von einem Zettel eine Kurzbiographie des Gastes ablas. Es hörte sich recht solide an. Schubin versuchte Elja im Saal ausfindig zu machen, doch dazu war es zu dunkel. Nur die ersten Reihen waren beleuchtet. Wenn sie gekommen war, dann saß sie irgendwo in der Nähe der Tür. Nein, sagte sich Schubin, sie wird jetzt die Gelegenheit nutzen, etwas dazuzuverdienen. Sie wird am Bahnhof auf Kundschaft warten.

Schubin bemühte sich, interessant zu sprechen. Er musste den Saal spüren. Es ist wichtig zu spüren, dass man dir zuhört. Das Publikum war wohlwollend. Die Leute hatten sich die Karten gekauft, ihm also aus eigenem Antrieb diesen Abend gewidmet, und Schubin wollte sich den halben Rubel, den jeder von ihnen bezahlt hatte, ehrlich verdienen.

Sie hörten aufmerksam zu und stellten dann Fragen. Da der Saal recht groß war, wurden die Fragen auf Zetteln durch die Reihen gereicht. Ganz vorn übernahm sie ein dort sitzender Junge, der zur Bühne lief, sich auf die Zehenspitzen stellte und die Zettel in eine Pappschachtel legte, die am Bühnenrand stand. Nikolaitschik stand auf, ging zur Schachtel, entnahm ihr den jeweiligen Inhalt, trug die Zettel zum Tischchen und las sie sich durch, bevor er sie an Schubin weitergab. Dabei ordnete er die Zettelchen zu zwei Stapeln: Der zwischen ihm und Schubin gelegene war zur Beantwortung bestimmt, der, den Nikolaitschik auf der anderen Seite zurückhielt, für weiß der Teufel was.

Schubin antwortete und blickte dabei auf den immer größer werdenden Stapel auf der anderen Seite. Es juckte ihn in den Fingern, die Blätter unter der Hand des Organisators hervorzuziehen. Es gefiel ihm nicht, dass jemand für ihn entschied.

Als Nikolaitschik wieder einmal aufgestanden war, streckte Schubin den Arm nach den aussortierten Zetteln aus und fragte ins Mikrofon: »Darf ich die auch beantworten?«

Im Saal erklang Gelächter.

Dann wurde applaudiert.

Nikolaitschik kehrte zum Tisch zurück und sagte ins Mikrofon: »Das sind alles Wiederholungen. Fragen, die schon einmal beantwortet worden sind. Ich wollte Ihre Zeit nicht über Gebühr in Anspruch nehmen.«

Schubin glaubte ihm nicht und zog den Stapel zu sich. Nikolaitschik gab sich geschlagen, doch er fügte noch hinzu: »Und dann sind da noch welche, die mit Ihnen nichts zu tun haben.«

»Das werden wir ja gleich sehen«, sagte Schubin ins Mikrofon.

»Vorlesen, vorlesen!«, rief jemand aus dem Publikum.

Ein süßes Gefühl der Rache und der Verachtung des Starken gegenüber dem Provinzbürokraten, der es gewagt hatte, Hand an seine Freiheit zu legen, ergriff von Schubin Besitz. Er faltete den zuoberst liegenden Zettel auf und las ihn vor: »›Sind Sie verheiratet?‹«

Nach einer kurzen Pause brach der Saal in Gelächter aus. Sogar Nikolaitschik lachte befriedigt. Schubin sagte: »Das gehört nicht zur Sache.« Die Antwort war unglücklich, und das Gelächter setzte sich fort.

Schubin ergriff einen anderen Zettel: »›Wie wird das Problem mit den Nitraten im Gemüse in anderen Ländern gelöst?‹« Schubin begann zu antworten, und das Publikum lauschte gebannt, denn das interessierte alle. Schubin blickte auf Nikolaitschik, der nervös in den Saal schaute. Ihm war anzusehen, dass er die Veranstaltung jetzt gern möglichst schnell beendet hätte, aber im Bunde mit dem Publikum fuhr Schubin fort, ihn zu reizen.

Der nächste Zettel:

»›Welche Maßnahmen werden in Japan und Amerika hinsichtlich von Betrieben getroffen, die die Bevölkerung vergiften? Hier vergiften uns nämlich das Chemiewerk und das Futtermittelkombinat wie Mäuse. Sind wir denn Ungeziefer?‹«

»Diese provokatorische Frage besitzt ebenfalls keinerlei Beziehung zur internationalen Lage«, sagte Nikolaitschik und erreichte damit ein merkliches Ansteigen des Geräuschpegels im Publikum.

»Das macht nichts«, sagte Schubin. »Ich werde antworten. Soweit ich das verstehe, ist das in Ihrer Stadt ein sehr ernstes Problem.«

»Und ob!«, rief jemand aus der dritten Reihe. Schubin schaute in diese Richtung und erblickte – nebeneinander sitzend – den bärtigen Boris und die bebrillte Natascha aus dem Buchladen.

»Neben den staatlichen Organen, die die Aufgabe haben, die Umwelt zu überwachen, und die unabhängig von den örtlichen Machtorganen sind, gibt es in den europäischen Ländern starke gesellschaftliche Organisationen, die auf die Produzenten Einfluss nehmen können. Die Zerstörung der Natur ist für die Betriebe dort unrentabel geworden. Es kommt sie zu teuer zu stehen.«

»Und bei uns bezahlt er es aus der Staatskasse!«, rief Boris, während er aufstand und mit dem Finger auf einen Schubin unbekannten Mann in schwarzem Anzug zeigte, der in der ersten Reihe saß.

»Ruhe!«, schrie Nikolaitschik ins Mikrofon. »Ruhe, Genossen! Wir sind hier doch nicht auf dem Basar!«

Der Mann im schwarzen Anzug erhob sich und ging zum Ausgang.

Boris und Natascha aus dem Buchladen erwarteten Schubin am Ausgang. Schubin wusste, dass sie auf ihn warteten. Nach dem Fortgang des Mannes im schwarzen Anzug – des »Genossen Nikolajew«, wie Schubin dann mitbekam –, der Nikolaitschik in schiere Verzweiflung stürzte, kam die Veranstaltung schnell zum Ende, denn Nikolaitschik machte einen gerissenen Schachzug, der der Öffentlichkeit sofort den Boden unter den Füßen wegzog. Er stand auf und erinnerte die Versammelten nachdrücklich daran, dass nach dem Vortrag die Vorführung eines englischen Spielfilmes auf dem Programm stand, der Techniker aber nicht bis Mitternacht warten könne. Schubin hätte eigentlich beleidigt sein müssen, aber irgendwie war die Situation schon komisch, und zudem war ihm auch bereits klar, dass Boris und Natascha ihn erwarten würden. Noch wenige Minuten zuvor hatte er nicht einmal daran gedacht, dass es diese Menschen gab, ganz zu schweigen davon, dass ihn ihre Sorgen gekümmert hätten. Nicht deshalb, weil Schubin besonders herzlos gewesen wäre – er war in normalem Maße gleichgültig eingestellt und ging fatalistisch davon aus, dass das Chemiewerk auch weiterhin die Leute vergiften werde, bis die Stadt mit ihren Nöten einmal ins Fernsehen oder in eine überregionale Zeitung gelangte. Dann wird irgendeine Kommission kommen, und die Filteranlagen werden schließlich und endlich eingebaut.

»Tja«, sagte Nikolaitschik, als sie hinter die Kulissen traten, »da werden wir in Zukunft wohl etwas vorsichtiger mit ihnen sein müssen.«

Er hatte sich bereits wieder gefangen und bemühte sich, diplomatisch zu sein.

»Ich verstehe nicht ganz«, entgegnete Schubin. »Ich habe den Eindruck, dass der Abend doch recht interessant verlaufen ist.«

»Juri Sergejewitsch!«, sagte Nikolaitschik. »Sie sind hierhergekommen, Sie fahren wieder weg. Wir müssen bleiben. Die Lage ist gespannt, es gibt provokatorische Elemente, die sich keinen Deut um die realen Interessen der Stadt scheren. Herumschreien ist leicht, Handeln schon wesentlich schwieriger.«

»Meinen Sie das ernst?«

»Ich bin kein Freund von Demagogie«, sagte Nikolaitschik mit fester Stimme. »Und es liegt nicht in unser beider Macht zu entscheiden, wie meiner Heimatstadt zu helfen ist. Es gibt da kompetentere Kräfte. Und diesen Kräften versucht man Steine in den Weg zu legen. Sie glauben doch wohl nicht, dass es Wassili Grigorjewitsch gleichgültig ist, was hier passiert?«

»Das heißt also, das Meeting morgen wird nicht stattfinden?«, fragte Schubin.

Sie gingen zum Zimmer des Direktors, um sich anzukleiden. Dort stürzte sich ihnen die Frau im Schulkleid entgegen, um Schubin für den bemerkenswerten Abend zu danken. Sie wollte die beiden begleiten, doch Schubin und Nikolaitschik gingen so schnell voran, dass die Frau es nicht wagte, sich neben ihnen zu halten.

»Was wissen Sie über das Meeting?«, fragte Nikolaitschik.

»Alle reden davon.«

»Nein, das tun durchaus nicht alle. Das muss Ihnen jemand gesteckt haben. Und mich würde interessieren, wer.«

»Wird es nun stattfinden oder nicht?«

»Ich bin nicht die Miliz«, sagte Nikolaitschik. »Aber wollen Sie meine persönliche Meinung wissen?«

»Ich kenne sie.«

»Ja?«

»Sie würden an Silantjews Stelle dieses Meeting, das nicht mit den hehren Interessen der Stadt und unseres gesamten sozialistischen Staates in Einklang steht, unbedingt verbieten.«

»So in etwa«, stimmte Nikolaitschik zu. »Aber Sie sind nicht meiner Meinung?«

»Überhaupt nicht.«

»Interessant, ist das Ihre persönliche Meinung?«

»Nein«, antwortete Schubin. »Sie ist mit Moskau abgestimmt.« Nikolaitschik schluckte. Hinter ihnen gab die Frau im Schulkleid einen leisen Laut des Erstaunens von sich. Sie waren bereits im Vestibül angelangt. Schubin blickte durch die offene Tür ins Buffet. Dort stand noch immer eine lange Schlange.

Nikolaitschik wandte sich abrupt zu der Frau im Schulkleid um: »Entschuldigen Sie, ich habe vergessen, im Klub des Chemiewerkes wegen des morgigen Auftritts anzurufen. Wo ist ein Telefon?«

»Ich bringe Sie hin.«

»Juri Sergejewitsch«, sagte Nikolaitschik in offiziellem Ton.

»Wenn Sie drei Minuten warten, wirklich nur drei Minuten, dann bringe ich Sie ins Hotel.«

»Lassen Sie sich Zeit, rufen Sie in Ruhe an«, sagte Schubin.

»Es ist schließlich nicht auszuschließen, dass der Klub des Chemiewerkes morgen wegen Reparaturarbeiten geschlossen ist.«

»Wie das?«

»Und mein Vortrag wird aus technischen Gründen abgesagt. So etwas kommt vor.«

»Das möchte ich nicht hoffen.«

»Auf Wiedersehen. Ich gehe zu Fuß.«

Nikolaitschik war sich unschlüssig. Er schwankte zwischen der Pflicht, Schubin heimzubringen, und der Pflicht, der zuständigen

Stelle von der seltsamen Äußerung des Moskauer Journalisten Mitteilung zu machen.

Schubin ging zur Tür, doch Nikolaitschik holte ihn ein.

»Ich hätte Sie heute gerne zu mir nach Hause eingeladen«, sagte er, »aber meine Frau fühlt sich nicht wohl. Wenn Sie erlauben, dann verschieben wir das auf morgen. Meine Frau ist begierig darauf, Ihre Bekanntschaft zu machen.«

»Selbstverständlich«, entgegnete Schubin. »Ich freue mich.« Boris und Natascha erwarteten ihn gemeinsam mit zwei weiteren Personen am Ausgang.

»Wir würden gern mit Ihnen reden«, sagte Natascha. »Entschuldigen Sie, falls Sie müde sein sollten.«

»Augenblick«, sagte Schubin.

Elja stand am Auto. Schubin ging zu ihr.

»Ich gehe zu Fuß zum Hotel«, sagte er.

»Ich bin im Saal gewesen«, sagte Elja. »Sie haben interessant gesprochen. Aber wo ist denn Fjodor Semjonowitsch?«

»Ich habe ihm gesagt, dass ich einen Sonderauftrag habe. Aus Moskau.«

»Und er ist telefonieren gelaufen?«

»Kennst du ihn gut?«

»Wie sollte ich das nicht! Ich arbeite schon das dritte Jahr mit ihm. Nur seien Sie nicht böse auf ihn. Er ist von denen abhängig.«

»Ich bin auf niemanden böse. Hast du zu Hause Telefon?«

»Nein. Weshalb?«

»Ich wollte dich anrufen. Etwas später.«

»Später geht nicht. Es ist schon acht durch.«

»Nun, dann bis morgen.«

»Wollen Sie mit denen gehen?«

»Bis zum Hotel.«

»Dann machen Sie sich schnell auf den Weg. Wenn Fjodor Semjonowitsch jetzt herauskommt und Sie in solcher Gesellschaft erblickt, dann wird er einen Schreck bekommen.«

»Meinetwegen?«

»Seinetwegen. Was sollte er sich um Sie sorgen? Das machen Sie mal selber.«

»Danke für die Warnung.«

»Spazieren Sie nicht zu lange herum«, sagte Elja. »Es ist unsicher bei uns. Und Sie tragen einen Importmantel.«

Schubin eilte zu den drei dunklen Gestalten am Ausgang.

»Können wir?«

Boris trug keine Mütze – seine Haare hätten auch gar nicht darunter gepasst. Die beiden anderen Männer stellten sich vor. Der eine war schon älter und trug einen Spitzbart. Solche Bärte waren seit Langem aus der Mode – sie lassen ihren Besitzer unwillkürlich als einen Menschen mit opportunistischer Einstellung erscheinen. In Revolutionsfilmen verraten die Träger solcher Bärte die Sache der Arbeiterklasse. Der Bärtige hieß Nikolai Nikolajewitsch Bruni. Der Zweite, ein junger Mann in Wattejacke und mit Eisenbahnermütze, grummelte etwas vor sich hin und reichte Schubin die raue Hand. Den Namen hatte Schubin nicht verstehen können.

Sie traten zu der verwaisten Grünanlage hinab.

»Wir möchten Ihnen unseren Fluss zeigen«, sagte Natascha.

»Lassen Sie mich nur eines vorher klarstellen, damit es keine Überraschung gibt«, sagte Schubin. »Ich bin kein Agent aus Moskau, kein geheimer Revisor. Das ist alles ein Missverständnis.«

»Das haben wir auch gar nicht gedacht«, sagte Boris. »Die, die Angst haben, die glauben schnell jeden Unsinn. Sie sind ein typischer wohlsituierter Auslandskorrespondent. Sicherlich haben Sie sich einen Volvo mitgebracht?«

»Ich habe einen Shiguli«, entgegnete Schubin, ohne gekränkt zu sein.

»Nun lass ihn doch endlich einmal in Frieden«, sagte Natascha.

Es hatte zu frieren begonnen, und der Boden war glatt. Sie passierten den mit finsteren Säulen vollgestellten Park. Zwei oder drei Laternenlampen leuchteten, die anderen waren entweder durchgebrannt oder zerschmissen. Am Rande des kleinen Parkes zog sich ein Pfad entlang, von dessen Seite ein Abhang zum Flüsschen führte. Von dem her roch es schlecht.

Hinter dem Flüsschen erstreckten sich dunkle Lagerschuppen. Weiter entfernt ragten mit erleuchteten kleinen Rechtecken übersäte Wohntürme empor und hinter diesen einige Schornsteine, die helle Rauchschwaden in den unruhigen Himmel spien.

»Das ist kein Wasser«, sagte Bruni, »das ist eine flüssige Zeitbombe.«

Das Wasser im Fluss war schwarz, spiegelte aber in seltsamer Weise die Lichter der Häuser und des Werkes vom jenseitigen Ufer wider – sie flimmerten im Wasser, weil über seiner Oberfläche Schwaden eines gelblichen, fast durchsichtigen Nebels trieben.

»Was ist denn das nun schon wieder?«, fragte Natascha, und alle verstanden sofort, was sie meinte.

»Ich werde mich bemühen, morgen hierherzukommen, um das herauszufinden«, sagte Bruni.

»Es riecht auch anders«, sagte Boris. »Noch widerlicher als sonst.«

»Das kommt daher, weil du eine zu große Nase hast«, sagte der Bursche in der Wattejacke.

»In der Tat, es riecht anders«, bestätigte Schubin. »Ich bin neu hier und noch nicht an den Gestank gewöhnt.«

Der Geruch war beunruhigend und machte das Atmen schwer. Es ließ sich nicht einmal genau sagen, *wie* widerlich er war, denn die Nasenlöcher weigerten sich, ihn in die Lungen weiterzuleiten.

»Unser Problem ist«, sagte Bruni, »dass die Inspektion und die Chemiker sich weigern, die Ableitungen in ihrer Gesamtheit und der Summe ihrer Wechselwirkungen zu untersuchen. Eine Substanz kann für sich allein genommen einfach nur unangenehm, in Verbindung mit irgendeiner anderen, eigentlich völlig schadlosen, aber tödlich sein.«

»Gehen wir fort von hier«, sagte Natascha hüstelnd.

Als sie in den Park zurückgekehrt waren und das Atmen wieder leichter fiel, fragte Schubin: »Warum schreiben Sie das nicht, warum schlagen Sie da nicht Lärm?«

»Morgen werden wir wieder Lärm schlagen. Und man wird uns auseinanderjagen«, sagte der Bursche in der Wattejacke.

»Ich habe schon fünfzehn Tage abgesessen.«

»Wofür?«

»Sie hatten erfahren, dass ich bei meinem Bruder auf der Hochzeit war. Auf dem Heimweg hat man mir aufgelauert. Trunkenheit und Rowdytum.«

»Ich bin sicher, dass unsere Schreiben und Eingaben ankommen«, sagte Bruni. »Aber dann werden sie, wie das bei uns üblich ist, wieder nach unten zurückgeschickt – zum Gebietskomitee, zu uns in die Stadt, ins Werk. Und wir bekommen vorgefertigte Texte. Es ist bei uns ein bemerkenswertes System des langsamen Nichtreagierens entwickelt worden.«

Sie brachten Schubin in ein kleines, warmes und krachend volles Café. In einer Ecke dröhnte ein Fernseher, auf dem ein Micky-Maus-Video lief. Dem Mann mit der Wattejacke gelang es, Mädchen mit wilden Frisuren von einem der Tischchen zu vertreiben. Natascha und Boris brachten dünnen, aber heißen Kaffee.

»Der Kaffee müsste dreimal so stark sein, um diesen Geschmack des Wassers zu übertünchen«, sagte Bruni.

»Ich bring ihn um«, sagte Boris.

»Wen?«

»Den Chefarzt des Stadtkrankenhauses. Er hat einen Artikel geschrieben, in dem er nachwies, dass die in unserem Wasser enthaltenen Spurenelemente gut für die Gesundheit sind.«

»Ich habe schon davon gehört«, sagte Schubin.

»Von Nikolaitschik?«, fragte Natascha.

»Hier kennt wohl jeder jeden?«

»Nein, durchaus nicht jeden, aber es gibt eine Reihe bekannter Figuren«, sagte Natascha. »Zum Beispiel Borja.«

Schubin bemerkte eine Zärtlichkeit in ihrer Stimme. Konnte tatsächlich jemand Sympathie für dieses Monster empfinden?

»Unsere Stadt ist zahlenmäßig stark gewachsen«, sagte Bruni. »Hier leben mehr als 150.000 Menschen. Aber das sind hauptsächlich die Bewohner der Normblöcke in den Vierteln bei den Werken. Sie haben sie gesehen, als Sie vom Flughafen gekommen sind. Und dann gibt es noch die Hütten in den Vorstädten, wo Vagabunden und ähnliches Volk hausen.«

»Und das Sperrgebiet«, sagte Boris.

»Leider gibt es in den Werken nur wenige gebildete Leute. Viele Beschäftigte hat es zufällig hierher verschlagen. Sie schlagen hier keine Wurzeln und wollen das auch gar nicht. Die Stadt ist nicht sonderlich anziehend. Keine Sonderzulagen, ein lausiges Klima, der Gestank, Langeweile, Kälte. Wer kann, der zieht weg.«

»Nein, das stimmt nicht, es gibt auch Leute, die in Ordnung sind. Im Futtermittelkombinat ist ein politischer Klub organisiert worden«, sagte Natascha.

Schubin war im Begriff, von der Müdigkeit übermannt zu werden. Es war warm und stickig, und vor den Augen hopste Micky Maus. Gewöhnliche liebe, unglückliche Leute, die etwas tun wollen, es aber nicht vermögen. Und morgen wird sie die Miliz auseinandertreiben. Und es wird ihnen recht geschehen, denn man stellt sich den Mächtigen dieser Welt nicht in den Weg …

Nein, so dachte Schubin. Nein, in Ermangelung einer eigenen Rolle spielte er quasi eine fremde … Er wird wegfahren, sie werden bleiben.

»Ja, wird es denn immer schlechter?«, fragte Schubin, weil man eine Frage von ihm erwartete.

»Natürlich. Alle Prozesse dieser Art sind unumkehrbar. Wenn man sie nicht energisch stoppt, dann führen sie zu einem lawinenartigen Effekt«, sagte Bruni.

»Nikolai Nikolajewitsch arbeitet im Pädagogischen Institut«, sagte Natascha. »Er ist Biologe.«

»Haben Sie über Tschernowzy gelesen?«, fragte Bruni. »Auch bei uns gab es Fälle von Haarausfall. Die Eltern sind erschrocken.«

»Ja, und?«

»Unsere Mediziner meinen, dass es solche Fälle nicht gibt. Alles sei im Rahmen der Norm.«

»Wollen Sie noch Kaffee?«, fragte Natascha.

»Nein danke«, antwortete Schubin.

Er dachte an die Dose brasilianischen Kaffees, die er noch im Koffer hatte. Den würde er trinken, sobald er wieder im Hotel war.

»Die Lage verschlimmert sich«, sagte Bruni. Er hatte die Gewohnheit, sich vorsichtig an der Bartspitze zu zupfen, so als würde er die Festigkeit prüfen wollen. »Der erste Faktor«, fuhr Bruni fort, »ist die Inbetriebnahme der dritten Produktionslinie im Kombinat. Sie waren so schnell, dass sie für die Filteranlage einen Aufschub bis zum Frühjahr bekommen haben. Das bestehende System aber wird damit nicht fertig.«

Bruni sprach gleichmäßig und leise. Schubin dachte, dass in seinen Vorlesungen wohl jedermann schlafen würde. Besonders wenn es die erste am Morgen war, in der Welt hinter den Fenstern noch kalt und halbdunkel, im Lehrsaal aber gemütlich und warm. Und wenn alle anderen auch schliefen.

»Der zweite und wichtigere Faktor aber ist, dass sich die Ableitungen des Kombinates und die des Chemiewerkes im ehemaligen See vermischen …«

»Die Betonung liegt auf ›ehemalig‹. Noch vor etwa zehn Jahren konnte man dort baden«, sagte Natascha. »Wissen Sie, wie er heißt? Klarer See. Wirklich, das klingt wie ein Hohn.«

Bruni wartete geduldig, bis Natascha verstummte, und fuhr fort: »Es wird Ihnen als Nichtfachmann kaum etwas sagen, wenn ich die drei Komponenten benenne, die, wenn sie eine mögliche Reaktion miteinander eingehen, zu einem kumulativen Effekt führen. Doch Chemiekenntnisse auf Hochschulniveau sollten genügen, um zu erkennen, wie gefährlich das sein kann. Stellen Sie sich vor …«

Bruni begann mit dem Finger auf dem Tisch die Fließrichtung der Abwässer zum See aufzuzeichnen und die chemischen Verbindungen zu nennen, die in bestimmter Weise miteinander reagierten. Schubin aber stellte sich vor, er säße in jener morgendlichen Vorlesung und Bruni stände irgendwo weit weg, auf dem Podium, von woher ihn seine Stimme erreichte. Immer leiser und leiser …

Hoffentlich merkten die anderen nicht, dass er im Begriff war einzuschlafen. Glücklicherweise hörten alle interessiert Bruni zu und blickten diesen dabei an.

»Wenn die Situation derart gefährlich ist, warum schicken Sie dann nicht ein Telegramm oder einen Brief …«

»Es wurde Anweisung erteilt, keine rufschädigenden Verleumdungen aus der Stadt dringen zu lassen«, sagte Boris.

»Lassen Sie den Brief durch einen Zugschaffner überbringen.«

»Ein Brief ohne einen überzeugten Menschen, das ist eine halbe Sache.«

»Dann fahren Sie nach Moskau.«

»Auf uns wird niemand hören.«

»Und auf wen würde man hören?«

»Auf Sie, Juri Sergejewitsch!«, rief Natascha.

»Aber warum denn?«

»Sie sind ein bekannter Journalist! Sie haben Freunde bei der Presse und beim Fernsehen! Sie müssen uns helfen!«

Schubin wollte keinen Streit – im Halbdunkel erschienen ihm diese Leute wie eine Gruppe verwirrter Verschwörer, die mit einem auswärtigen Emissär die Sprengung des Stadtparlamentes planten. Was für ein Unfug …

»Da wird Ihre Stadt demnach offenbar von grausamen Fanatikern regiert«, sagte Schubin.

»Nein, durchaus nicht«, sagte Natascha. »Die Umstände haben sie in eine solche Lage gebracht.«

»Gronski muss den Plan bringen«, sagte der Bursche in der Wattejacke.

»Wenn er es schafft, dann gibt man ihm die Hauptverwaltung in Moskau. Er muss die Stadt als Sieger verlassen«, fügte Boris hinzu.

Schubin nickte. Möglich.

»Bei Silantjew steht der 60. Geburtstag vor der Tür«, sagte Natascha. »Er möchte einen Orden.«

»Und die anderen haben auch ihre Beweggründe«, sagte der Bursche in der Wattejacke. »Der Nikolajew vom Futtermittelkombinat – der, den Borja bei Ihrem Vortrag beleidigt hat – will einfach ein ruhiges Leben.«

Klingt alles nicht unglaubwürdig, natürlich gibt es so etwas – sowohl den Orden als auch die Versetzung nach Moskau. Aber meine Freunde neigen zu Übertreibungen, dachte Schubin. Es ist eben tatsächlich so, dass es in unserem Land noch keine wirklichen

Bürgerbewegungen oder gar Interessenvertretungen gibt. Alles hat sofort etwas von einer religiösen Sekte an sich. Es gibt eine Sekte der Käseesser, eine der Wassertrinker, eine der Himbeersammler. Um mich herum hat sich eine weitere kleine Sekte versammelt, vereint durch den Widerstand gegen den »Apparat«. Und je stärker der Widerstand, desto süßer ist das selbstorganisierte Martyrium. Natürlich – das sind frühchristliche Märtyrer! Und wenn man sie morgen den Milizionären zum Fraß vorwirft, dann werden sie erhobenen Hauptes in den Tod gehen.

»Glauben Sie nur nicht, dass wir übertreiben«, sagte Bruni.

»Das tue ich nicht.«

»Man sieht Ihnen an, was Sie denken. Wir haben es hier nicht mit bösem Willen und auch nicht mit einer Verschwörung von Apparat und Industrie zu tun, sondern mit einem Geflecht von Beweggründen, Handlungen und Interessen, die in ihrer Summe unsere Stadt gefährden.«

»Zudem sind sie augenblicklich sehr nervös«, sagte Natascha.

»Morgen soll unser Meeting stattfinden. Es werden sich Leute versammeln, die auseinandergetrieben werden müssen.«

»Und da kommen Sie«, sagte der Bursche in der Wattejacke.

»Ich habe damit ja nun wirklich nichts zu tun«, sagte Schubin.

»O doch, durchaus! Verschreckte Menschen haben eine entwickelte Phantasie«, sagte Bruni. »Ist vielleicht etwas nach Moskau gedrungen? Und vielleicht haben Sie ja den Geheimauftrag, zu kontrollieren, wie die Luft hier riecht. Wer kann das wissen?«

»Danke. Aber sie irren sich.«

»Auch wir denken, dass sie sich irren«, stimmte Bruni zu und zupfte sich an der Bartspitze.

»Es ist auf den ersten Blick zu erkennen, dass man einen gut situierten Auslandsreporter vom Fernsehen vor sich hat«, sagte Boris.

»Was hat Ihnen denn bloß meine Situiertheit angetan?«

»Reichtum hat schon immer den Neid der Armen erregt«, sagte Boris. »Wie viele Revolutionen hat es deshalb schon gegeben!«

»Und ich dachte, dass nicht ich Ihr Hauptfeind bin.«

»Und ich denke«, griff Boris den Satzanfang Schubins auf, »dass Sie, lebten Sie hier, auf der Seite von denen ständen. Sie haben doch eine recht große Ähnlichkeit mit dem Redakteur unserer hiesigen Zeitung.«

»Soll ich gehen?«

Er verspürte in der Tat den Wunsch zu gehen.

»Nehmen Sie nicht so ernst, was Boris sagt«, vermittelte Bruni.

»Es ist schlimm mit seiner Unbeherrschtheit. Aber er wird von den besten Motiven bewegt.«

»Es ist wirklich Zeit«, sagte Schubin.

Er erhob sich. Die anderen standen ebenfalls höflich auf. In ihrem Schweigen lagen Vorwurf und Enttäuschung. Schubin fühlte sich unwohl.

»Sie wollen also, dass ich morgen zum Meeting komme?«, fragte er.

»Nein, das ist nicht das Wichtigste«, sagte Natascha erfreut.

»Am wichtigsten wäre es, dass Sie einen Brief mit nach Moskau nehmen und ihn einem ehrlichen Journalisten übergeben.«

Sie bahnten sich den Weg zum Ausgang. Das Café war knüppeldickevoll. Rundherum drängten sich Teenager, deren Kleidung und Frisur von dem provinziellen Bemühen, der aus dem Fernsehen bekannten Rockmode nachzueifern, zeugte. Alle waren miteinander beschäftigt.

»Die kümmert das alles nicht«, sagte der Bursche in der Wattejacke unvermittelt, als hätte er Schubins Gedanken erraten.

Sie versammelten sich vor dem Café. Die Neonschrift warf rote Schimmer auf die Gesichter der Verschwörer.

»Wir bringen Sie bis zum Hotel«, schlug Bruni vor.

»Ist es weit?«

»Nein, drei Häuserblocks.«

Sie wandten sich nach rechts. Schubin begriff, dass sie ihn nicht allein davonlassen würden. Nun gut, die fünf Minuten konnte er ihre Gesellschaft auch noch ertragen.

»Wir trennen uns an der Ecke«, sagte Bruni. »Es ist möglich, dass man schon nach Ihnen Ausschau hält. Werden Sie den Brief mitnehmen?«

»Ja.«

»Natascha wird ihn Ihnen übergeben, wenn Sie in die Buchhandlung kommen.«

»Wozu dieses konspirative Gehabe?«

»Sie werden sicher eine Vorstellung davon haben, wozu mit Macht ausgestattete Menschen fähig sind, wenn sie Angst haben«, sagte Bruni.

»Wozu denn?«

»Man könnte Sie kompromittieren. Das ist eine ausgezeichnete Möglichkeit, einen gefährlichen Zeugen kaltzustellen.«

»Ich bin nicht so leicht zu kompromittieren.«

»Meinen Sie?« Der Bursche in der Wattejacke grinste mit überlegener Miene. »Sehen Sie die Kerle, die dort gehen? Die zetteln eine Schlägerei an, wir kommen auf die Miliz, und dann versuch mal, deine Unschuld zu beweisen. Sogar einen Artikel werden sie in die Zeitung setzen: ›Bürgerrechtler randalierten‹.«

Plötzliche Angst stach wie ein kaltes Messer in Schubins Brust. So etwas kam vor – es war nichts geschehen, und es würde auch nichts geschehen, aber das Herz spielte plötzlich verrückt. Das Bewusstsein, dass du sehr weit weg von zu Hause bist, wo es jemanden gibt, der für deine Rechte eintritt, und wo man notfalls jemanden anrufen konnte … Das hier aber war eine andere Welt, und hier herrschten nicht diese unbedeutenden, wenn auch mutigen Verschwörer, sondern der sich seiner Macht bewusste Silantjew und der ihm ergebene Nikolaitschik.

Argwöhnisch musterte Schubin die beiden jungen Leute, die offenbar zum Café unterwegs waren und sich nicht für das Grüppchen interessierten, das ihnen entgegenkam. Sie waren betrunken und schwankten leicht. Als sie auf gleicher Höhe waren, trat Schubin unwillkürlich zur Seite, um den ihm näheren Burschen nicht zu streifen. Die beiden gingen vorüber, und nichts war passiert, doch das widerliche Angstgefühl blieb.

Und da vernahm Schubin von hinten eine Stimme: »Wie spät ist es?«

Der hinter ihm gehende Bruni antwortete: »Viertel zehn.«

Schubin ging weiter, ohne sich umzuschauen, und die folgenden Worte drangen von fern zu ihm: »Geh nicht weg, Alterchen, nicht so eilig, hast du was zu rauchen?«

»Ich rauche nicht«, sagte Bruni.

»Er raucht nicht?«, war die verwunderte Stimme des zweiten Burschen zu hören.

»Lassen Sie mich los!« Das war die Stimme Nataschas. Da wandte Schubin sich um.

Einer der beiden jungen Leute zerrte Natascha am Ärmel, der andere stieß Bruni fort.

Boris eilte zurück. Schubin wollte ebenfalls helfen, doch er wurde von dem Burschen in der Wattejacke zurückgehalten.

Die Angst war jetzt verflogen. Selbst wenn man Bruni und Natascha nicht mitzählte, so waren sie doch zumindest drei Mann.

Der zweite Betrunkene hatte Bruni losgelassen und empfing Boris mit einem Schlag ins Gesicht, auf den dieser nicht gefasst gewesen war. Schubin sah, wie Boris' Kopf krampfartig zuckte, wie er taumelte und in dem Bemühen, sich auf den Beinen zu halten, den Arm zur Wand ausstreckte.

»Na warte!«, schrie Schubin, während er sich von dem Burschen in der Wattejacke losriss und auf den, der Boris geschlagen hatte, zustürzte. Er schlug zu, aber der Schlag traf die Schulter und glitt an der Jacke ab. Der Betrunkene machte einen Schritt zur Seite und hätte nun Schubin getroffen, wenn ihn da nicht der Bursche in der Wattejacke abgeblockt hätte. Sie verkrallten sich ineinander und verschmolzen zu einer einzigen dunklen, dicken, schwankenden und ächzenden Person. Der, der Natascha hielt, schleuderte sie zur Seite. Natascha fiel hin, und Schubin erblickte in seiner Hand ein Messer. Möglicherweise hatte er es auch nicht gesehen – es war fast völlig dunkel –, sondern nur erahnt.

»Vorsicht!«, rief Schubin. »Ein Messer!«

Irgendwo am Rande von Schubins Blickfeld flimmerte es blau, aber er konnte sich nicht umdrehen: Er starrte auf die Hand mit dem Messer.

Eine Sirene heulte auf.

»Miliz!«, rief Natascha.

Schubin sah, wie sie aus dem nassen Schnee aufzustehen versuchte, ausrutschte und mit erhobenem Arm Hilfe herbeirufend zur Fahrbahnkante kroch.

Und in diesem Moment der Erstarrung rief der Bursche in der Wattejacke Schubin direkt ins Ohr: »Laufen Sie! Dort in den Hof! Laufen Sie!«

Die Sirene kam näher. Einer der beiden Betrunkenen – der mit dem Messer – machte sich auf den Rückzug, jedoch ohne Hast, Schritt für Schritt. Und da sah Schubin, wie er das Messer warf. Wie ein Fischlein blinkte es im Licht einer fernen Laterne und landete vor Boris' Füßen.

Der Bursche in der Wattejacke riss Schubin mit einem Ruck an die Wand. Schubin stieß sich, schwieg aber. Der Bursche war stärker.

Schubin wusste nicht, wie er dorthin gekommen war, aber er stand schon in einem absolut finsteren Torbogen. Der Bursche in der Wattejacke flüsterte hastig: »Geh nach rechts, und du kommst beim Hotel raus. Und dann sofort in dein Zimmer.«

»Aber wir haben doch nichts getan.«

»Lauf, du Idiot!«, zischte der Bursche in der Wattejacke. »Verstehst du denn nicht: ›Moskauer Journalist beteiligt sich an Schlägerei von Betrunkenen …‹«

Bremsen quietschten. Eine Milizpfeife schrillte.

»Nun lauf doch!«

Und Schubin tat, wie ihm geheißen wurde. Er rannte durch den Torbogen, durch weißen Schnee zwischen krüppligen Sträuchern und schließlich gegen einen Baumstamm. Er hielt an, um sich zu orientieren, und warf einen kurzen Blick zurück zum Torbogen, der wie ein schwarzer ovaler Bilderrahmen wirkte. In ihm wehrte die kleine Figur des Burschen in der Wattejacke einen Milizionär ab, um diesen nicht in den Hof zu lassen.

Und da begriff Schubin, dass dies eine Jagd war, eine Jagd auf ihn, den unbescholtenen, gesetzestreuen, erst kürzlich aus Argentinien zurückgekehrten Korrespondenten der »Iswestija«.

Und er rannte fort vom Torbogen.

Als er sich hundert Schritte weiter in einem schmalen Gässchen wiederfand, wechselte Schubin zu normalem Schritttempo, um wie ein Mensch auszusehen, der aus Langeweile durch die Straßen der Stadt flanierte, denn genau so tricksten Filmhelden ihre Verfolger aus. Hinter sich vernahm er Stimmen – undeutlich, aber bedrohlich. Die Straße war leer und nirgendwo eine Möglichkeit, sich zu verstecken. Gegenüber stand ein eingeschossiges Haus hinter einem hohen Holzzaun. In dem Zaun war eine Tür. Schubin glitt hindurch, schloss die Tür und stemmte sich mit dem gesamten Körper dagegen, wobei er durch einen schmalen Spalt zwischen den Brettern nach draußen blickte.

Aus dem Hof, den er eben erst verlassen hatte, kamen zwei Milizionäre hervorgerannt. Sie legten sich mächtig ins Zeug, rutschten, und ihre Mäntel verhedderten sich zwischen den Beinen. In der Gasse stoppten sie und hielten Ausschau – zunächst nach rechts, dann nach links.

Gleich würde ihr Blick auf den Zaun fallen und ihren Geistern die Erleuchtung kommen, wusste Schubin. Er begann sich vorsichtig seitwärts von der Tür fortzubewegen.

Hinter ihm ging die Eingangstür des Hauses auf. Ein heller rechtwinkliger Lichtfleck fiel auf den Schnee und erreichte Schubins Füße. Schubin wandte den Kopf. Auf der Vortreppe stand die dunkle Silhouette einer Frau vor einem Hintergrund aus gelbem Licht. Sie legte eine Hand abschirmend über die Augen und spähte in die Dunkelheit.

»Wer ist denn da?«, fragte sie.

Das mussten die Milizionäre hören, wusste Schubin. Die hörten alles.

Beinahe hätte er der Frau geantwortet: ›Still!‹.

Doch er beherrschte sich. Regungslos stand er mit dem Bauch zum Zaun, den Kopf so gedreht, dass er die Tür sah. Auf der Straße war es still. Möglicherweise schlichen sich die Milizionäre gerade an die Pforte heran.

Plötzlich wurde es dunkel.

Die Tür klappte. Entweder war es der Frau zu kalt geworden, oder aber sie war zu dem Schluss gekommen, sich getäuscht zu haben.

Schubin merkte, dass er schwitzte wie ein Schwein. Der Schweiß lief ihm über Rücken und Bauch. Auch die Stirn war nass. Er wischte sich mit dem Ärmel über die Stirn und merkte, dass er seine Mütze verloren hatte, die prima Mütze aus England. Und er konnte sich nicht entsinnen, wo das geschehen sein mochte.

Schubin ärgerte sich. Und wunderte sich darüber, dass er sich in einem solchen Moment wegen einer Mütze ärgern konnte.

Er spähte erneut durch die Spalte. Die Straße war leer.

Aber das konnte ein Trick der Milizionäre sein. Er beschloss zu warten. Er zählte bis hundert und begann dann noch einmal von vorn. Zunächst bis hundert, dann bis fünfhundert. Bereits beim dritten Hundert war ihm eisig kalt geworden.

Ach, zum Teufel mit euch, sagte er zu sich mit einer derartigen Bitterkeit, als wollte er sich mutwillig in Rage bringen. Schwungvoll öffnete er die Pforte und trat hinaus. Dabei überlegte er sich, was er den Milizionären sagen würde, die jede Sekunde hinter der Ecke des großen Gebäudes hervorspringen mussten. ›Ja, ich bin spazieren gegangen, ich habe nichts gesehen, und in den Hof bin ich gegangen, um mich zu erleichtern. Sie müssen schon entschuldigen, aber ich habe eine schwache Blase, und in Ihrer Stadt gibt es keine öffentlichen Toiletten.‹

Während dieses inneren Monologes gelangte Schubin ungestört an die Einmündung auf eine größere Straße. Nachdem er sich den Stadtplan ins Gedächtnis gerufen hatte, wandte er sich nach rechts, in Richtung Bahnhof.

Auf dem Gesicht schien sich währenddessen Eis gebildet zu haben. Er wischte erneut darüber, da er annahm, dass es sich um Schweiß handele, doch die Finger waren klebrig. Die Braue über dem rechten Auge war aufgeplatzt. Schubin konnte sich nicht erinnern, wann das passiert sein mochte – er hatte eigentlich gar keinen Schlag abbekommen. Er kniete sich nieder, nahm eine Handvoll Schnee auf und drückte den Schneeball gegen die Braue.

Schubin ging lange durch schlecht beleuchtete Gassen und begegnete dabei so gut wie niemandem. Die Stadtbewohner gingen früh zu Bett oder zogen sich zumindest in ihre Schließfächer vor die Fernseher zurück.

Und dann kam er plötzlich überraschend und aus einer Richtung, aus der er es nicht erwartet hatte, auf den Bahnhofsplatz und erblickte das Hotel von der Seite, weshalb er es nicht sofort erkannte.

Er schien in eine völlig andere Stadt getreten zu sein – laut, mit dem Poltern von Zügen, dem Quietschen von Bussen und Autos, die vor dem Bahnhof vorfuhren, und mit vielen alles andere als sprachlosen Menschen.

Es war offenbar gerade ein Zug angekommen – an den Haltestellen und Taxiständen drängten sich die Leute.

Als er die verwunderten Blicke eines gut gekleideten Pärchens, das einen Pudel auf dem Platz Gassi führte, auffing, erinnerte er sich, dass er noch immer den Schneeball an die Braue gepresst hielt. Er warf ihn fort. Unter der Laterne war es hell – der Schneeball schimmerte rosa.

Der Lärm und die Alltäglichkeit des Platzes verdrängten den Albtraum der Schlägerei und der Flucht. Das alles schien ihm jetzt nur ein Film gewesen zu sein. Und das war ihm auch lieber so. Nichts von alledem hatte es wirklich gegeben, auch nicht das Gespräch im Café und den stinkenden Fluss. Doch wie zum Trotz strömte ihm vom Bahnhof eine Woge schweren, stechenden Geruchs entgegen, der einen dazu trieb, die Nase zuzuhalten und in einem Gebäude Zuflucht zu suchen, was Schubin sich auch zu tun beeilte. Er wandte sich zum Hotel, das sich wie ein Schiff über dem Platz erhob. Fast alle Fenster waren erleuchtet und verhießen die Sicherheit einer festgefügten zivilisierten Welt und heißen Tee von der Etagenaufsicht.

Der junge Mann mit der roten Armbinde, der am Tage so zuvorkommend gewesen war, stand auf und vertrat Schubin den Weg. Lange kramte Schubin in den Taschen nach dem Hotelausweis. Angeheiterte, modisch gekleidete Jüngelchen schoben ihn zur Seite und steckten dem jungen Mann Geld zu, wobei sie sich dicht zu diesem beugten und ihm verschwörerisch zuflüsterten.

Schubin war nun völlig abgedrängt worden, und er bekam es mit der Angst, dass ihm nichts anderes übrig bleiben würde, als auf dem Bahnhof zu nächtigen. In diesem Gedanken steckte auch ein Quäntchen schwarzen Humors. In diesem Moment bemerkte ihn Elja, die im Foyer saß und auf ihn gewartet hatte.

Sie tauchte hinter dem Rücken des jungen Mannes mit der roten Armbinde auf, und Schubin erkannte sie gar nicht sofort, weil er schon so an das energische Wesen in Lederjacke und mit tief in die Augen geschobener Schirmmütze gewöhnt war. Jetzt trug sie einen Synthetikpelz, auf den Schultern lag ein weißes Tuch, und die dunklen Haare waren onduliert.

»Den lassen Sie durch«, sagte sie laut, und der Mann mit der Armbinde fügte sich augenblicklich – weniger den Worten als vielmehr dem Ton.

»Treten Sie ein, Genosse. Warum zögern Sie denn, Bürger, warum zögern Sie denn?« Als wäre Schubin selber daran schuld, dass er noch nicht im Hotel war. Die Neandertaleraugen des Portiers verhöhnten Schubin, natürlich hatte er den Gast erkannt.

Die gut gekleideten Jüngelchen ließen ihn widerwillig durch.

In der Hotelhalle war es warm und hell. Elja bemerkte die Schramme über der Braue sofort.

»Was ist mit Ihnen?«, fragte sie. »Sind Sie gestürzt?«

»Ich habe mich geprügelt«, sagte Schubin.

»Na, Sie machen ja Sachen, Juri Sergejewitsch.«

»Und was machst du hier?«

»Ich habe auf Sie gewartet, Juri Sergejewitsch.«

»Gewartet? Warum?«

»Nun, ich habe mir das einfach so gedacht. Ist es Ihnen nicht recht?«

»Doch, sehr. Ich habe nur nicht damit gerechnet.«

»Da ist es mir also gelungen, Sie zu überraschen.«

Sie standen mitten im Foyer neben von Handwerkern vergessenen Böcken.

Die gut gekleideten Jüngelchen gingen vorbei, sie wandten sich nach links zur offenen Restauranttür. Schubin ließ ihnen seinen Blick folgen und hörte, wie eine Combo ihre Instrumente stimmte.

»Was wollen wir jetzt machen?«, fragte Schubin.

Er war verärgert darüber, Elja hier anzutreffen, denn er wollte auf sein Zimmer und allein sein. Das merkte Elja offenbar an seiner Stimme. Sie beeilte sich zu sagen: »Ich kann dann ja eigentlich gehen. Ich muss sowieso nach Hause. Ich habe nur, als ich aus der Garage kam, gedacht: ›Schau doch mal vorbei‹. Aber Sie waren nicht da. Und da habe ich beschlossen, auf Sie zu warten – in einer fremden Stadt, da kann einem schließlich so manches passieren.«

»Wollten Sie mich schon in den Leichenschauhäusern suchen?«

»So etwas kommt bei uns vor«, sagte sie ernst. »Allerdings haben wir nur ein Leichenschauhaus.«

»Na dann gehen wir zu mir«, sagte Schubin.

»Aufs Zimmer?«

»Oder wollen wir hier stehen bleiben?«

»Nein, aufs Zimmer gehe ich nicht.«

»Warum?«

»Ich mache keine Zimmerbesuche.«

Schubin lächelte. »Du hast das bereits getan«, sagte er. »Du bist heute schon bei mir gewesen. Dreimal sogar. Und bei einem Mal habe ich geschlafen.«

»Das war am Tag. Und dienstlich.«

Schubin senkte die Stimme und fragte: »Und das Küssen war auch dienstlich?«

»Genau deshalb werde ich nicht mitkommen«, sagte Elja, die auf einmal beleidigt war.

»Nun, was machen wir denn dann? Auf jeden Fall muss ich mich erst einmal waschen.«

»Machen Sie das. Und ich werde nach Hause gehen?«

»Hör mal«, sagte Schubin, »hast du heute schon etwas Warmes gegessen?«

»Ich habe am Tag schnell ein paar Happen zu mir genommen«,

sagte sie. »Es war ein harter Tag, immer in Eile. Ich bin nach Hause, habe für Mitka alles fertig gemacht und bin dann zu Ihnen gekommen.«

Also ist sie doch nicht direkt aus der Garage hierhergekommen, konstatierte Schubin. Das Lügen liegt ihr nicht.

»Dann schlage ich vor«, sagte Schubin, »dass wir im Restaurant zu Abend essen. Auch ich habe den ganzen Tag nichts Richtiges gegessen.«

»Im Restaurant? Nein, das ist zu teuer.«

»Das soll nicht deine Sorge sein«, sagte Schubin. »Ich fürchte nur, dass wir nicht hineinkommen werden.«

»Warum?«

»Es gibt viele Interessenten.«

Elja lächelte breit. Die Goldkrone funkelte. »Ich regele das«, sagte sie. »Ich kenne einen der Kellner. Ich habe ihn vorhin schon gesehen, als ich auf Sie gewartet habe. Er hat mich sogar gefragt, ob ich ausgehe. Wir waren zusammen auf einer Schule. In Parallelklassen.«

»Na prima«, sagte Schubin. »Nur habe ich keinen Smoking.«

»Was haben Sie nicht?« Elja hatte ihn nicht verstanden.

»Ich bin nicht fürs Restaurant angezogen.«

»Na hören Sie mal. Hier geht jeder rein, wie er will. Das Kleid habe ich nur so aus einer Ahnung heraus angezogen.«

Es wurde deutlich, dass der Restaurantbesuch Eljas heimlicher Traum war, sie aber nie gewagt hätte, eine derart luxuriöse Vergnügung vorzuschlagen.

»Dann verhandle mit dem Kellner, ich komme in fünf Minuten.«

Schubin begab sich hinauf in sein Zimmer. Während sie ihm den Schlüssel aushändigte, sagte die Etagenbedienstete: »Eine Frau hat Sie hier gesucht.«

Missbilligung lag in ihrer Stimme.

»Ich weiß«, sagte Schubin. »Ich habe sie schon getroffen.«

»Nach dreiundzwanzig Uhr ist der Aufenthalt von Fremden auf den Zimmern nicht gestattet«, sagte die Bedienstete.

»Es ist noch nicht mal zehn«, erwiderte Schubin. »Und in meinem Zimmer ist auch niemand.«

»Ich wollte es Ihnen nur gesagt haben«, sagte die Bedienstete und übergab ihm den Schlüssel mit einer Abscheu, als handelte es sich um ein Symbol der Sünde.

Schubin ging auf sein Zimmer. Im Waschbecken im Bad saß eine über den so späten menschlichen Besuch verwunderte Schabe. Ohne Hast zog sie sich in den Überlauf zurück. Schubin betrachtete sich im Spiegel. Es war nur eine kleine Schramme, doch sie war von verkrustetem Blut umgeben.

Er begann sich zu waschen. Schläfe und Braue taten ihm von der Seife weh.

Es war nichts Schlimmes passiert, resümierte er. Die Reise hierher konnte man als eine Kette verschiedener, größtenteils erheiternder Abenteuer betrachten, die noch nicht zu Ende war, aber Unannehmlichkeiten waren nicht zu erwarten. Hoffentlich.

Er sah eigentlich doch ganz anständig aus. Schade, dass er kein Pflaster hatte, aber die Wunde fiel ja fast gar nicht auf.

Schubin blickte auf die Uhr: Es war zehn nach halb zehn. Sollten wirklich erst zwanzig Minuten seit jenem Moment verstrichen sein, als der Betrunkene Bruni nach der Zeit gefragt hatte? In diese kurze Spanne sollten die Schlägerei, die Flucht und das Gespräch mit Elja gepasst haben? Schubin hielt die Uhr ans Ohr – er hatte vergessen, dass die Elektronik keine Geräusche machte. Er packte die Zigaretten in die Jackett-Tasche um.

Der Platz vor dem Fenster war belebt. Das Licht der Laternen blinkte auf den Falten der Kleidung des Arbeiterdenkmals vor dem Bahnhof. Wie nur hatte er das Monument am Tage übersehen können?

Er schloss das Oberfenster, um nicht noch mehr Gestank ins Zimmer dringen zu lassen. In der Tat, nach diesen Aufregungen sollte er etwas trinken. Er bemühte sich, nicht an die Schlägerei und daran, was mit seinen Bekannten geschehen sein mochte, zu denken. Schließlich hatten sie selbst gewollt, dass er sich davonmachen sollte, und das war auch vernünftig so. Sie waren Hiesige, ihnen würde nichts geschehen. Aber ihm … Wenn man ihn in Moskau vorlüde … Wegen eines Vortragsreisenden unwürdigen

Verhaltens … Jemand von seinen Neidern würde die Gelegenheit nutzen, und ein anderer führe dann an seiner statt nach Genf. Interessenten gab es genug.

Elja hatte ein Tischchen unweit der Bühne ergattert und war stolz darauf. Auf ihm stand ein Schild mit der Aufschrift ›An diesem Tisch wird nicht bedient‹. Ein schwerfälliger Hüne mit einem breiten, flachen Gesicht – Eljas Freund Mischa – entfernte das Schild und platzierte zwei Dienstreisende mittleren Ranges an dem Tisch. Die beiden waren verärgert und noch mitgenommen vom Kampf mit der Administration. Einer von ihnen, zusammengefallen und schwermütig, begann Schubin sogleich mitzuteilen, dass sie Hotelgäste seien und somit ein vorrangiges Recht darauf besäßen, im Restaurant ein bescheidenes Abendessen einzunehmen: »Es gibt ja freie Plätze, aber sie werden für Spekulanten zurückgehalten. Überall dasselbe. Schauen Sie zum Nachbartisch. Sehen Sie diese kaukasische Gesellschaft? Die, diese Händler, erweisen sich als die Herren des Lebens. Der eine hat nicht einmal seine Mütze abgenommen.«

»In welches Hotel man auch kommt«, bestätigte der andere Dienstreisende, der vor Gesundheit nur so strotzte und daher einen besonders scharfen Kontrast zu seinem Begleiter bildete, »überall treiben sie sich in den Foyers herum und können ihren Hotelausweis – natürlich – nicht finden. Sie haben Beziehungen zur Administration. Alle sind sie geschmiert.«

Als sie keine sonderliche Anteilnahme erfuhren, gingen die Tischgenossen dazu über, ihr Leid einander zu klagen, und vergaßen Schubin und Elja.

Elja trug ein schlecht geschneidertes Kleid aus dickem Tuch. Sie hat es extra angezogen, diese gerissene Person, begriff Schubin, weil sie gehofft hat, dass wir hier einkehren. Im Übrigen war es ja auch nicht schlimm, dass es so gekommen war. Irgendwo musste man ja schließlich etwas essen.

Mischa nahm die Bestellung der Dienstreisenden entgegen. Die erörterten ausführlich, was man essen könne und was nicht, und wenn nicht, warum, schauten dann nach, was in der Speisekarte aufgeführt war, und klärten schließlich noch, ob das Fleisch wohl fest sei. Als Mischa sich ihnen zuwandte, sagte Elja: »Mischenka, bring uns einfach 'was Schönes nach deiner Wahl, ja?«

»Soll es etwas Warmes sein?«, fragte Mischa, während er Schubin ausdruckslos ansah.

»Ja, wir sind hungrig«, antwortete Schubin.

»Mischenka, bring her, was du hast«, sagte Elja. »Und wollen wir auch etwas trinken?« Das war an Schubin gerichtet.

»Ja«, sagte Schubin. »Selbstverständlich.«

»Siehst du«, sagte Elja, so als wären zuvor Zweifel bekundet worden, »wir wollen auch ein Schlückchen trinken.«

»Wir haben Wodka, Kognak und trockenen Wein«, sagte Mischa.

Der Dienstreisende gegenüber hatte das gehört und mischte sich beleidigt ein: »Warum haben Sie uns nicht gesagt, dass es Wodka gibt?«

»Möchten Sie auch?«, fragte Mischa.

»Nein, wir nicht«, sagte der zweite Dienstreisende. »Wir trinken Kognak, wie bestellt.«

Mischa entfernte sich, und Elja wandte sich an Schubin: »Sie wollten mir erzählen, was Ihnen zugestoßen ist.«

»Die Bürgerrechtler haben auf mich gewartet«, sagte Schubin. »Wir haben uns unterhalten.«

»Dieser geistesgestörte Boris, ja?«

»Es waren vier. Noch diese junge Frau aus der Buchhandlung.«

»Mit Brille? Die kenn' ich. Was wollten sie? Haben sie sich über Silantjew beschwert?«

»Sie haben erzählt, wie die Dinge in der Stadt so stehen.«

»Das sind Dummköpfe«, sagte Elja. »Sie schimpfen nur auf die Führung. Aber besser wird es davon auch nicht.«

»Du glaubst ihnen nicht?«

»Das ist doch kein Weg, etwas zu ändern. Das ist genauso, wie wenn man ohne Beziehungen in dieses Restaurant will. Vor der Tür stehen gut fünfzig Leute. Und wir sitzen hier, verstehen Sie?«

»Und das Meeting morgen?«

»Haben sie Ihnen schon davon erzählt? Das Meeting wird aufgelöst werden. Und die Organisatoren werden nur Unannehmlichkeiten davon haben.«

»Woher weißt du das?«

»Jede Behörde hat ihre Fahrer«, sagte Elja. »Wir warten auf die Chefs und unterhalten uns. Wenn wir unter uns einen Spion hätten, er würde staunen, was wir alles wissen. Fahrer werden nicht für voll genommen. Man unterhält sich und bemerkt uns scheinbar gar nicht. Aber wir hören alles. Wir sind schließlich normale Leute. Es ist bereits beschlossen. Zuerst waren sie sich unsicher, aber dann haben sie entschieden, das Meeting aufzulösen. Und die Organisatoren werden ein paar Tage einsitzen …«

»Bis Silantjew sein Jubiläum gefeiert hat?«, sagte Schubin.

»Na Sie wissen ja auch schon ganz gut Bescheid. Dafür, dass Sie erst einen Tag hier sind, wissen Sie schon eine ganze Menge.«

Mischa trat heran und brachte Salat, eine Flasche Wodka und geschnittene Tomaten. Die Dienstreisenden hatten bisher nichts außer dem Brot. Mit Wolfsaugen blickten sie auf Schubin und Elja, schwiegen jedoch.

»Sie bekommen gleich«, teilte Mischa ihnen mit.

Die Musiker waren angeheitert, offenbar hatten sie auch bereits gespeist. Einer von ihnen erzählte einen Witz, und die Sängerin im weit ausgeschnittenen und über und über mit Flitter besetzten Kleid kicherte.

»Aber dann geschah etwas Seltsames«, fuhr Schubin fort. »Als wir das Café verlassen hatten, kamen uns zwei Kerle entgegen …«

Er berichtete von der Schlägerei, verschwieg allerdings die Einzelheiten seiner Flucht und des Versteckens vor den Milizionären.

»Er hat Sie aufgefordert davonzulaufen?«, fragte Elja. »Dachten sie, dass das inszeniert war?«

»Ja, der Bursche glaubte, dass man mich kompromittieren wolle.«

»Nein«, sagte Elja. »Wenn, dann war das wohl eher gegen die gerichtet, damit sie morgen nicht zum Meeting kommen können.

Die sitzen jetzt auf dem Revier und geben ihre Aussagen zu Protokoll. Ist das nicht komisch?«

»Das heißt, ich hätte gar nicht wegzulaufen brauchen?«

»Doch, sonst würden Sie jetzt auch eine Rechtfertigung schreiben, und ich säße hier alleine in meinem neuen Kleid.«

»Das Kleid sieht gut aus«, sagte Schubin.

»Es ist unmöglich, hier an schöne Sachen zu kommen. Ich habe es schon im September gekauft. Eine Freundin hat es aus Moskau mitgebracht. Gefällt es Ihnen?«

»Ja, sehr.«

Sie tranken. Elja kippte das Glas mit einem Zug hinunter, ohne auch nur mit der Wimper zu zucken. Dieses Bravourstück hinterließ einen zwiespältigen Eindruck bei Schubin. War es am Ende gar kein Bravourstück, sondern schlicht und einfach Gewohnheit?

Er ließ einen Schluck im Glas und stellte es wieder ab. Elja machte sich genüsslich an den Salat. Dann sagte sie: »Nein, die hatten keine Ahnung von Ihnen. Wir haben hier eine unmögliche Jugend, Sie können sich das gar nicht vorstellen! Sie können noch von Glück sagen, dass man Ihnen nicht die Mütze vom Kopf geklaut hat.«

»Ich habe meine Mütze verloren.«

»Oh, und eine andere haben Sie nicht?«

»Nein.«

»Ich werde Ihnen morgen eine Skimütze mitbringen. Die habe ich noch von meinem Mann. Sonst erkälten Sie sich noch. Sie ist so gut wie neu.«

Schubin schenkte Wodka nach.

»Auf Ihre Gesundheit«, sagte Elja. »Dass Sie sich nicht erkälten.« Und sie leerte das Glas genauso wie das erste.

Sie aß den Salat auf, schob dann den Teller abrupt weg und sagte: »Sie wussten nicht von Ihnen. Als Nikolaitschik aus dem Klub kam, da waren Sie schon weg. Er fragte mich, wo Sie hin seien, und ich sagte ihm, dass ich Sie nicht gesehen habe. Also konnten sie es nicht wissen.«

»Umso besser«, sagte Schubin.

Unvermittelt brach das Orchester mit der ganzen Wildheit los, zu der Restaurantkapellen fähig sind. Es blieb nichts anderes übrig, als das Gespräch vorerst zu unterbrechen. Mischa kam, stellte achtlos zwei Teller Suppe für die Dienstreisenden auf den Tisch und ging wieder davon.

»Lassen Sie uns tanzen!«, schrie Elja Schubin ins Ohr. »Anders kann man sich hier ja doch nicht unterhalten.«

Und so gingen sie tanzen. Alle tanzten, und Schubin dachte, dass viele es wohl aus dem gleichen Grunde wie Elja und er taten. Durch die Enge wurde es weniger ein Tanzen als vielmehr ein kollektives Hin- und Hergewiege. Elja warf den Kopf zurück und schaute Schubin mit offenem Blick an. Er zog sie an sich, und sie ließ sich das gefallen. Sie sprachen nicht und wollten es auch gar nicht. Der Wodka war ihm schnell zu Kopfe gestiegen, weil Schubin einen leeren Magen hatte. Aber es war ein angenehmes Gefühl. Elja legte ihren Kopf auf Schubins Schulter, sie war kleiner als er. Er berührte ihr Haar mit den Lippen. Es roch nach Seife.

Als sie sich zu ihrem Tisch zurückbegaben, hatte sich die Menge der Tanzenden gelichtet, und Schubin sah, dass an der Wand, an einem langen, mit Sekt- und Wodkaflaschen vollgestellten Tisch, ein ihm bekannt vorkommender Mann saß, der Ähnlichkeit mit einer Dogge hatte und ihn aufmerksam betrachtete.

Schubin begegnete dem Blick, ohne jedoch darauf zu kommen, wer das war. Er deutete ein Kopfnicken an, aber der Mann reagierte nicht, sondern fuhr lediglich fort, ihn zu betrachten. Und da fiel es Schubin ein: Das war doch Gronski, der Direktor des Chemiewerkes. Er schaute mit schwerem, trunkenem Blick auf Schubin, und obwohl es gut zehn Meter waren, die sie trennten, fühlte Schubin sich unangenehm berührt wie durch einen körperlichen Kontakt.

Gronskis Nachbarn kehrten mit ihren üppigen Damen an den Tisch zurück. Solide, ordentliche Leute. Als er seinen Tisch erreicht hatte, wandte Schubin sich noch einmal um und sah, wie Gronski einem zu ihm gebeugten jungen Mann mit abstehenden Ohren etwas sagte. Der junge Mann hob den Kopf, ließ den Blick durch den Saal schweifen und machte schließlich Schubin ausfindig. Dann richtete er sich auf und ging eilig von dannen.

»Was ist denn da?«, fragte Elja.

»Ist das dort Gronski?«

»Sie haben heute ein Bankett«, sagte Elja. »Eine Kommission war hier wegen der Ausweitung der Produktion, aus Moskau. Jetzt wird sie verabschiedet.«

Der junge Mann mit den abstehenden Ohren ging dicht an ihrem Tisch vorbei, sorgsam darauf bedacht, nicht in Schubins Richtung zu schauen.

»Und wer ist das?«, fragte Schubin.

Elja warf dem jungen Mann einen kurzen Blick nach.

»Irgend so ein Referent wohl, ein kleiner Handlanger.«

Schubin sagte: »Lass uns noch was trinken.«

»Ja, um all diese Unannehmlichkeiten zu vergessen.«

Die Band lärmte erneut los, und sie tanzten wieder. Schubin küsste Elja auf die Schläfe, und sie schmiegte sich eng an ihn. Schubin hatte irgendwie das Gefühl, dass Gronski ihn insgeheim beobachtete, und schaute nach ihm, doch Gronski war in ein Gespräch mit seinem Tischnachbarn vertieft, der Ähnlichkeit mit Chrustschow hatte.

Als sie nach dem Tanzen wieder zum Tisch zurückkehrten, hatten die Dienstreisenden ihre Suppe bereits aufgegessen und Mischa das Hauptgericht aufgetischt – Fleischklöße für die Dienstreisenden und ähnliche Fleischklöße, aber mit Grün, marinierten Pflaumen und Zitronenscheiben dekoriert für Elja und Schubin.

Einer der Dienstreisenden zog einen Rechner aus der Tasche und begann zu tippen.

»Es müssen vier achtzig pro Nase sein«, sagte er zu dem Zusammengesackten.

Dieser knurrte bestätigend und lächelte dabei rätselhaft. Da begriff Schubin, dass die beiden bereits genau ausrechneten, was sie zu zahlen hatten, und auf Übervorteilung, Betrug, einen Skandal und eine Beschwerde vorbereitet waren. Schubins Sympathien waren auf Mischas Seite, allerdings nun auch wieder nicht so stark, dass er ihn gewarnt hätte.

Der junge Mann mit den abstehenden Ohren war an Gronskis Tisch zurückgekehrt. Er hatte sich herabgebeugt und flüsterte mit ihm. Schubin entschied, dass, wenn im Laufe der Unterhaltung Gronski oder der junge Mann zu ihm schauen würde, das Gespräch und der Weggang des Handlangers wohl mit ihm zu tun haben müssten. Doch niemand blickte zu ihm. Und er sagte laut: »Verfolgungswahn.«

»Was?«

»Nichts, Elja, komm, wir trinken noch was. Es wäre doch schließlich schade, wenn das gute Schlückchen schlecht werden würde.«

Elja streckte den Arm unter dem Tisch aus und berührte Schubins Knie.

»Sie sind ein guter Mensch«, sagte sie. »Wirklich.«

»Wie kommst du zu diesem Schluss?«

»Ich habe ein Gefühl für Menschen. Sie haben mir sofort gefallen, als ich Sie heute morgen das erste Mal gesehen habe. Ehrenwort.«

Der Klops war allenfalls lauwarm. Mischas Einfluss erstreckte sich offenbar nicht auf die Qualität der Speise.

Schubin schaute Elja an. Sie sah bemerkenswert schön aus. Sie wirkte ein wenig herb, hatte einen leichten asiatischen Einschlag und war von der reinen Schönheit eines Rehes. Ja – ein Reh; selbst dieses idiotische Kleid vermochte die Geschmeidigkeit und Festheit ihrer Figur nicht zu verbergen, an die sich seine Finger vom Tanzen noch erinnerten.

Das Orchester, das mehrere Minuten verstummt war, erwachte plötzlich zu neuem Leben. Der Pianist trat ans Klavier und verkündete: »Auf Wunsch der Freunde von Ruslan Kwirikidse, dessen Geburtstag gefeiert wird, erklingt jetzt das Lied ›Suliko‹.«

Das Orchester brachte es fertig, das Lied in der gleichen donnernden Art wie die vorherigen Kompositionen darzubieten.

»Wollen wir tanzen?«, fragte Elja.

»Lass uns erst aufessen«, sagte Schubin.

Mischa kam vorbei. Einer der Dienstreisenden zog ihn am Ärmel, und aus der Bewegung seiner Lippen erkannte Schubin, dass er die Rechnung verlangte. Der Zweite hatte eine Hand in die Tasche gesteckt. Schubin wusste, dass dort der unbestechliche Rechner auf seinen Auftritt harrte.

»Ich bin froh, dass wir uns begegnet sind«, sagte Schubin Elja ins Ohr. Sie nickte, während sie ein Stück Klops kaute. Sie kaute und rief: »Ich auch! Ich bin einfach glücklich. Danke!«

Das Lied ging zu Ende. Die Grusinier am langen Tisch klatschten laut. Mischa legte den Dienstreisenden die Rechnung vor, und die blickten wie gebannt auf den Endbetrag. Mischa wandte sich zu Schubin und fragte: »Darf es noch etwas sein?«

Schubin schüttelte den Kopf. Er beobachtete die Dienstreisenden. Ihre Gesichter drückten Widerwillen aus.

Sie zückten die Brieftaschen und legten Scheine auf den Tisch, dann suchten sie nach Kleingeld. Das bedeutete, dass Mischa ihre Erwartungen enttäuscht und alles korrekt zusammengerechnet hatte.

Mischa stand daneben und gab sich den Anschein, als würde ihn nur Schubin interessieren.

Er fragte: »Wie waren die Fleischklöße, hat es geschmeckt?«

»Ausgezeichnet«, sagte Elja. »Danke, Mischenka.«

Die Dienstreisenden hatten das Geld mittlerweile auf den Tisch gezählt, und der Zusammengesackte schob es dem Kellner hin.

»Und, stimmte hier alles?«, fragte Mischa, um seinen Triumph noch zu unterstreichen.

Die Dienstreisenden antworteten nicht. Grimmig und geräuschvoll schoben sie die Stühle zurück, erhoben sich und gingen zum Ausgang.

Elja lachte.

»Hast du das auch gesehen?«, fragte Schubin.

»Natürlich, von Anfang an. Und Mischa hat es auch bemerkt.«

»Das konnte ich ja selbst von der Küche aus sehen, wie die mit ihrem Taschenrechner herumgespielt haben«, sagte Mischa.

»Ich habe ihnen sechzehn Kopeken zu wenig berechnet. Zur Sicherheit. Aber das haben sie nicht moniert.«

Er schob das Geld zusammen und steckte es ohne zu zählen in die Seitentasche der Jacke, so als wollte er es auf diese Art von dem übrigen, besseren, trennen.

»Darf ich vielleicht noch einen Kaffee bringen?«, fragte Mischa.

Elja blickte Schubin abwartend an. Der begriff, dass sie nicht von hier wegwollte.

»Ja, seien Sie so gut«, sagte Schubin. Jetzt waren er und Mischa beinahe Freunde geworden.

»Und für Ihre Dame vielleicht noch ein Eis, ja?«, fragte Mischa.

»Von wegen Dame!«, wandte Elja ein. Sie war sehr aufgekratzt.

»Der Kaffee wird hier vermutlich nicht viel taugen«, sagte Schubin.

»Synthetischer«, sagte Elja.

»Ich habe löslichen. Guten, echten. Und einen Tauchsieder.«

»Wo?«

»Auf dem Zimmer.«

»Bringen Sie ihn her, ja?«

»Wozu? Gehen wir doch auf einen Kaffee zu mir. Und dann bringe ich dich nach Hause.«

»Was denken Sie! Es ist schon bald elf. Man wird uns nicht durchlassen.«

»Wir werden die Dame freundlich bitten.«

»Ja was glauben Sie denn! Hier geht es streng zu.«

»Aber die dürfen?«, fragte Schubin und deutete auf Gronskis Tisch.

»Die dürfen alles.«

»Schade«, sagte Schubin. »Ich liebe die Gerechtigkeit.«

Elja legte ihre Finger auf Schubins Hand und streichelte sie: »Ärgern Sie sich nicht. Wir werden es probieren. Ich sage Mischa Bescheid, dass er den Kaffee nicht zu bringen braucht.«

Sie hatte sich noch nicht einmal erheben können, als Mischa schon herantrat und das Eis servierte. Während Schubin zahlte, machte Elja sich über das Eis her. Ihre Mundwinkel wurden weiß.

»Ich bin verrückt nach Eis«, bekannte sie.

»Lass dir Zeit.«

Schubin blickte zu Gronskis Tisch. Der Mann, der aussah wie Chrustschow, lachte und wies dabei mit dem Finger auf eine ihm gegenübersitzende stattliche Dame.

»Gehen wir«, sagte Elja, »sonst verpasse ich den letzten Bus.« Als sie im Foyer waren, sagte Elja: »Gehen Sie die Treppe hoch und lenken Sie sie ab.«

Schubin wandte sich zur Treppe. An der Rezeption war viel Betrieb. Offenbar war gerade ein Zug oder Flugzeug angekommen. Der Handlanger mit den abstehenden Ohren telefonierte über den Tresen gebeugt.

»Und du?«

»Ich fahre mit dem Lift eine Etage höher und steige dann die Treppe herunter.«

So machten sie es. Die Etagenaufsicht war in eine Unterhaltung mit einem Gast vertieft. Sie warf einen gleichgültigen Blick auf Schubin, der ihren Tisch passierte und den Flur hinunterging. Der Flur war leer. Er hielt vor seiner Tür, holte den Schlüssel hervor und drehte ihn im Schloss. Und da sah er, wie Elja schnell über den Gang kam. Es hatte geklappt. Es hatte geklappt, Teufel noch mal.

In diesem Augenblick tauchte hinter Eljas Rücken am Ende des Ganges die Gestalt der Etagenaufsicht auf.

»Wo willst du hin?«, fragte sie drohend, und ihre Stimme flog wie eine Kanonenkugel durch den Flur.

Elja lief noch ein paar Schritte und erstarrte dann wie in Erwartung des vollstreckenden Schusses in den Rücken.

Schubin ging ihr entgegen.

Die Etagenaufsicht eilte wie eine Ente watschelnd durch den Gang. Sie erreichte Elja und hielt sie am Arm fest. Elja schüttelte den Griff ab, blieb aber stehen. Schubin trat zu den beiden.

»Sie gehört zu mir«, sagte er, bemüht, diese Worte in einem offiziellen Ton auszusprechen, aber die Stimme gehorchte ihm nicht so recht.

»Das sehe ich, dass sie zu Ihnen will«, sagte die Etagenaufsicht.

»Es ist elf, aber der Herr will noch Besuch empfangen. Ich habe Sie doch belehrt.«

»Es dauert nicht lange«, sagte Schubin.

»Ich habe etwas auf dem Zimmer vergessen«, sagte Elja.

»Dann wird er dir das bringen.«

»Was sind denn das für Zustände?!«, vermochte Schubin nun nicht mehr an sich zu halten. »Warum muss ich ständig um irgendetwas bitten, mich irgendeines Vergehens schuldig machen und mich vor irgendjemandem erniedrigen?! Ich möchte, dass diese junge Frau auf mein Zimmer kommt. Sie wird hineingehen und es unbeschädigt wieder verlassen.«

Schubin war entgegen seinem Willen laut und seine Stimme etwas kreischend geworden. Elja schob sich zwischen ihn und die Etagenaufsicht, die schon tief Luft für den verbalen Gegenschlag geholt hatte, und sagte hastig, leise und nachdrücklich: »Regen Sie sich nicht auf, es ist alles in Ordnung.«

Schubin sah, wie Elja der Aufsicht einen roten Schein in die Hand drückte, und hätte ihr diesen im Zorn des Gerechten um ein Haar wieder entrissen, doch Elja vermochte auch ihn zu stoppen. Sie schien zu verstehen, was in ihm vorging. Sie drückte ihn mit der anderen Hand weg, und er trat einen Schritt zurück.

»Aber nur ganz kurz«, sagte die Aufsicht. »Hol dir, was du brauchst, und fertig. Ja?«

Schubin würdigte sie keines Blickes mehr. Geschafft, sie waren im Zimmer.

»Wolltest du, dass sie mich nicht hereinlässt?«, fragte Elja.

»Das ist mir alles so zuwider.«

»Nicht ich habe mich zu dir eingeladen.«

»Das meinte ich doch nicht.«

»Du solltest dich lieber freuen, dass es doch noch geklappt hat.« Sie küsste ihn auf die Wange.

»Ist es an anderen Orten etwa nicht so?«

»In der Schweiz ist es nicht so.«

»Aber wir sind nicht in der Schweiz. Uns geht es auch hier gut.«

Schubin merkte, dass sich sein Zorn legte. Und in der Tat – alles war gut. Sie waren zu zweit. Die Tür war geschlossen. Vor dem Fenster der Bahnhofsplatz einer fremden Stadt. Die Etagenaufsicht hatte ihr Trinkgeld bekommen. Und das war auch ganz gut so, denn nun war sie bestochen und würde keinen Ärger mehr machen. Wir sind nicht in der Schweiz.

»Ich ersetze dir den Zehner«, sagte Schubin.

»Unsinn«, sagte Elja. »Sie haben doch schon das Essen bezahlt, und das hat wesentlich mehr gekostet.«

»Das kannst du so nicht vergleichen. Wie viel verdiene ich, und wie viel verdienst du?«

»Ich habe heute ein bisschen was dazuverdient, während Sie den Vortrag gehalten haben.«

»Du warst nicht da?«

»Machen Sie lieber Kaffee. Sie haben es schließlich versprochen.« Schubin holte Kaffeedose und Tauchsieder.

Elja nahm die Dose und betrachtete sie.

»Solchen habe ich noch nie gesehen«, sagte sie. »Haben Sie den mitgebracht?«

»Ja. Nur Zucker habe ich leider nicht.«

»Muss ja auch nicht sein.«

»Und zu trinken haben wir auch nichts mitgenommen.«

»Ich habe genug. Ich muss morgen arbeiten.«

Schubin goss Wasser in ein Glas, stellte den Tauchsieder hinein und alles zusammen dann auf den Schreibtisch. Elja stand ganz nahe. Ihre Haare rochen nach Seife. Schubin fasste sie an den Schultern und zog sie zu sich heran. Der Kuss war so lang, dass Schubin, als Elja sich plötzlich losriss und gedämpft ausrief: ›Das Glas springt!‹, nicht sofort begriff, dass das Wasser im Glas zu kochen begonnen hatte.

»Möchtest du Kaffee?«, fragte er ebenfalls flüsternd, nachdem er den Sieder ausgeschaltet hatte.

»Ich weiß nicht«, sagte Elja und näherte sich nun ihrerseits Schubin, den Kopf nach oben gerichtet und mit ihren Lippen die seinen suchend.

»Ich schließe ab, ja?«, fragte Schubin.

»Ja.«

Elja lag behaglich an Schubins Körper geschmiegt, der Kopf drückte sich leicht in die Achselhöhle.

»Ich bin so glücklich«, flüsterte sie. »Sehr glücklich. Glaube nicht, dass ich mich dir aufdrängen will. Ich hätte selbst nicht gedacht, dass ich zu dir gehen würde. Du denkst jetzt wahrscheinlich, dass ich zu allen so bin – eine Chauffeuse ohne Mann.«

»Nein, das denke ich nicht.«

»Ich habe einen schönen Busen, nicht wahr?«

»Einen sehr schönen.«

»Als ich das Eis aß, da hatte ich Angst, du würdest jetzt sagen, dass du müde bist und schlafen möchtest und dass es für mich Zeit wäre zu gehen.«

»Ich wollte nicht, dass du gehst.«

Schubin rückte das Kissen zurecht, er hatte den Kopf gern hoch zu liegen. Elja richtete sich auf, um es ihm leichter zu machen. Er erblickte den leuchtenden Himmel hinter dem Fenster, grünlich mit blauen und schwarzen Einschlüssen. In dem hiesigen Himmel lag eine allgegenwärtige Drohung. Auf der Straße schrillte die Sirene eines Krankenwagens.

»Das Wasser ist inzwischen wahrscheinlich wieder völlig kalt geworden«, sagte Schubin.

»Ich mache es heiß«, sagte Elja, rührte sich aber nicht.

Schubin spürte, wie sie die Sekunden zählte, die ihr verblieben. Er drückte sie noch enger an sich, und sie begann, hastig und zärtlich seine Hand zu küssen.

Ein derart süßes und gleichzeitig bitteres Gefühl der Hingezogenheit zu dieser Frau ergriff Schubin, dass ihm der Gedanke an das unausweichliche Ende dieser Begegnung das Herz zusammenschnürte.

»Ich dachte, du würdest mich nicht einmal anschauen.«

»So ein Quatsch. Du bist schön, und du weißt das.«

»Meine Beine sind nicht besonders lang.«

»Das ist mir nicht aufgefallen.«

Irgendjemand machte sich an der Tür zu schaffen. Ein Stoß. So als hätte ein auf unsicheren Beinen durch den Flur stapfender Betrunkener sich mit der Schulter dagegenfallen lassen.

Das dachte Schubin zunächst auch, doch dann klopfte es.

ZWEITER TEIL

Nach Mitternacht

»Da hat sich jemand in der Tür geirrt«, sagte Schubin flüsternd.

»Sie wird nicht kommen«, sagte Elja. »Sie hat das Geld genommen.«

Das Klopfen wiederholte sich. Diesmal war es lauter und fordernder.

»Vielleicht ein Telegramm?«, fragte Elja. »Kann es sein, dass man dir aus Moskau ein Telegramm geschickt hat?«

»Leg dich hin«, sagte Schubin, während er sich erhob. Das Teppichstück vor dem Bett rutschte weg, und Schubin vermochte nur mit Mühe, das Gleichgewicht zu halten. Es wurde nun derart stark an die Tür gehämmert, als wollte man sie einschlagen.

»Warten Sie!«, rief Schubin. »Ich komme.« Barfuß ging er zur Tür.

»Wer ist da?«, fragte er.

»Machen Sie auf, ein Telegramm«, erklang eine Männerstimme.

»Na bitte«, sagte Elja hinter Schubins Rücken. »Ich habe es ja gesagt.«

Schubin blickte sich um. Elja saß auf dem Bett, ihre Silhouette zeichnete sich schwarz vor dem leuchtenden Himmel ab.

Irgendetwas hielt Schubin davon ab, die Tür zu öffnen. Möglicherweise war es die Stimme, die nicht nach einem Postbediensteten klang.

»Woher ist das Telegramm?«, fragte er.

»Aus Moskau«, wurde ihm von hinter der Tür geantwortet.

»Wissen Sie was«, sagte Schubin, »ich bin schon zu Bett gegangen. Schieben Sie es unter der Tür durch.«

Eine Pause trat ein, und Schubin schien es, dass hinter der Tür geflüstert wurde.

»Und die Empfangsbestätigung?«

»Ich quittiere es morgen.«

»Nein, nehmen Sie das Telegramm entgegen und unterschreiben Sie.«

»Nun mach doch auf«, sagte Elja leise. »Vielleicht ist daheim etwas passiert.«

Schubin schloss auf, öffnete die Tür einen Spalt und steckte die Hand durch, um das Telegramm entgegenzunehmen.

»Geben Sie her«, sagte er.

Die Tür wurde mit einer solchen Wucht aufgestoßen, dass Schubin, der dies nicht erwartet hatte, das Gleichgewicht verlor und mit dem Rücken gegen die Garderobe fiel. Die Tür schwang weit auf. Helles Licht stach Schubin aus dem Flur in die Augen.

Nun ging auch das Licht im Vorraum an. Während Schubin sich aufrappelte, sah er, dass vor ihm der junge Mann mit der roten Armbinde und dem Neandertalergesicht stand, dem die Bewachung des Hoteleinganges oblag. Er hatte die Hand am Lichtschalter.

»Was soll das?«, fuhr Schubin ihn an.

Der Diensthabende mit der roten Armbinde machte einen Schritt nach vorn, aber Schubin versperrte ihm den Zugang zum Zimmer.

»Lassen Sie mich durch«, sagte der Neandertaler, »ich bin in Ausübung meiner dienstlichen Obliegenheiten hier.«

Schubin überkam eine solche Zornesaufwallung, dass er den Wachmann gewaltsam zurückstieß. Der krallte sich, um nicht zu fallen, mit seinen starken Fingern in Schubins Unterhemd, das krachend nachgab.

»Du willst dich schlagen?«, schrie der Neandertaler. »Die Unzucht reicht ihm nicht, er will sich auch noch schlagen!«

Nun tauchte – so als hätte er einen Stoß in den Rücken bekommen – ein junger Milizionär in nassem Uniformmantel in der Tür auf.

»Nun nimm ihn schon«, sagte der Wachmann. »Und ab aufs Revier.«

Schubin sprang ins Zimmer, doch der Milizionär war schneller. Er packte ihn an der Schulter und riss ihm den Arm auf den Rücken.

Schubin vermochte einen flüchtigen, unscharfen Blick auf Elja zu werfen. Sie stand, in das Laken eingewickelt, am Bett.

»Unterstehen Sie sich!«, rief sie, konnte sich aber nicht rühren, denn das Laken hielt sie quasi an ihren Platz gefesselt.

Mit der linken Hand versuchte Schubin, sich an die Garderobe, die Toilettentür, an seine Jacke zu klammern, doch der Milizionär verstärkte nur den Druck auf den anderen Arm, überzeugt davon, dass Schubin nachgeben würde, und es tat so weh, dass Schubin genötigt war, dies zu tun. Er flog in den Korridor, und der Milizionär stieß ihn mit dem Gesicht zur Wand.

Der Portier versetzte ihm sogleich einen Schlag in die Seite. Der Milizionär sagte: »Das ist überflüssig.«

»Er hat mich angefallen«, entgegnete der Neandertaler. »Kommt hierher und randaliert.«

»Ich habe ihn nicht durchgelassen«, hörte Schubin die erschrockene und daher kreischende Stimme der Etagenaufsicht. »Ich sehe, dass er betrunken ist, und lasse ihn nicht durch.«

»Komm raus«, sagte der Neandertaler, und Schubin begriff, dass das an Elja gerichtet war. Doch er konnte sich nicht umdrehen.

»Ich ziehe mich an«, sagte Elja.

»Du konntest dich bumsen lassen, dann kannst du jetzt auch rauskommen, wie deine Mutter dich geschaffen hat«, sagte der Neandertaler.

»Hör zu«, sagte der Milizionär. »Das zu entscheiden ist nicht deine Sache. Lass sie sich anziehen.«

»Mach das, wozu du hier bist.«

Der Portier erregte sich, war wütend, schon am Rande der Hysterie, wie ein Krimineller, der einer Rauferei entgegensah.

»Lassen Sie los«, beschwerte sich Schubin bei dem Milizionär. »Wollen Sie mich in Unterhosen abführen, oder was?«

»Das werden wir machen, du Hund«, sagte der Portier. »Wegen tätlichen Angriffs auf mich während der Ausübung meines Dienstes. Unter Zeugen.«

»Ziehen Sie sich an«, sagte der Milizionär.

Der Griff lockerte sich.

Schubin richtete sich auf. Die Etagenaufsicht entfernte sich ein Stück. Der Neandertaler stand neben ihm und atmete schwer, er roch nach Knoblauch.

»Aber keine Mätzchen«, sagte der Milizionär, während er auf Schubins Fersen ins Zimmer trat.

Elja war bereits im Kleid und zog gerade die Stiefel an.

Schubin erblickte seine Hose auf dem Sessel. Dort lag auch das zusammengeknüllte Hemd. Es war Schubin peinlich, dass fremde Leute auf seine Sachen schauten.

»Wenn Sie sich wohl umdrehen würden«, sagte Schubin. »Hier ist eine Frau.«

Hinter dem Fenster ging die Sirene eines weiteren Rettungswagens. Eine Dampflok heulte auf. Es war nur ein kurzer Pfiff.

»Eine Nutte, aber keine Frau«, sagte der Portier.

Der Milizionär machte sofort einen Schritt auf Schubin zu, um ihn vom Portier fernzuhalten. Elja sagte leise und zornig: »Du wirst mich noch unter blutigen Tränen um Verzeihung bitten.«

»Du machst mir Angst.«

Schubin sagte: »Genosse Milizionär, Sie sind Zeuge der Beleidigungen, die man uns antut.«

»Ziehen Sie sich an, ziehen Sie sich an«, sagte der Milizionär, während er aus dem Fenster sah.

»Und ich warne Sie: Ich werde morgen bei Ihrem Stadtkomitee-Sekretär sein.«

»Wir werden das schon klären«, entgegnete der Milizionär.

»Warte es nur ab, wie er sich mit dir befassen wird«, sagte der Neandertaler.

»Haben Sie sich angezogen?«, fragte der Milizionär. Dann folgen Sie mir. Aufs Revier.«

»Warum? Sie sind verpflichtet, mir zu sagen, wessen Sie mich beschuldigen.«

»Der Verletzung der Hausordnung des Hotels«, antwortete der Milizionär.

»Nein!«, rief der Neandertaler. »Des tätlichen Angriffs und der Randaliererei.«

»Ist Ihnen denn das nicht peinlich, Genosse Sergeant?«, fragte Schubin.

»Ihnen, Bürger, sollte das peinlich sein«, antwortete der Milizionär.

Er hatte ein einfältiges, fast jungenhaftes stupsnasiges Gesicht. Und es war ihm anzusehen, dass er nicht daran interessiert war, irgendetwas zu ergründen. Seine Gedanken schienen ganz woanders zu sein.

»Gehen wir«, sagte Elja. »Du kannst ihnen nichts beweisen. Sie haben es tatsächlich auf dich abgesehen. Und ich wollte das erst nicht glauben.«

Erst jetzt ging Schubin auf, dass Elja wohl recht hatte. Man hatte es auf ihn abgesehen. Man hatte ihm schon am Café aufgelauert, und als Gronski Schubin dann im Restaurant sah, da erkannte er, dass sich eine günstige Gelegenheit zur Liquidierung des Journalisten bot.

»Ich werde nicht aufs Revier gehen«, sagte Schubin.

»Sie müssen«, sagte der Milizionär. »Wir werden einen Alkoholtest machen.«

Er nahm den Zimmerschlüssel vom Tisch und schob Schubin zur Tür.

Elja ging von alleine voran.

»Haben Sie auch Ihre Papiere nicht vergessen?«, fragte der Milizionär.

Die Frage war ganz alltäglich gestellt, und Schubin antwortete, nachdem er sich mit der Handfläche an die Brust geklopft und davon überzeugt hatte, dass die Brieftasche an ihrem Platz war, ebenso alltäglich: »Nein, ich habe sie dabei.«

Der Milizionär schloss die Tür ab und streckte den Schlüssel der Etagenaufsicht entgegen. Die kam eilig herbeigelaufen und nahm den Schlüssel.

»Gib das Geld zurück«, sagte Elja.

»Was? Welches Geld?« Die Aufsicht eilte durch den Korridor davon und watschelte dabei wie eine Ente auf der Flucht ins Schilf.

Der Neandertaler ging hinter ihr und drehte sich jede Sekunde um, als fürchtete er, dass Schubin sich ihm auf gefährliche Distanz nähern könnte. Der Milizionär beschloss die Prozession.

Sie erreichten die Treppe. Dort stand ein sternhagelvoller Bursche in einem Halbpelz und mit einer Wolffellmütze auf dem Kopf. Als er Schubin erblickte, fragte er unartikuliert, aber laut und freundschaftlich: »Was soll ich nach draußen übermitteln?« Er lachte trunken.

Von unten her erklang ein lauter Schrei. Er ging in ein Röcheln über und erstarb.

»Ich muss mich noch anziehen«, sagte Elja zum Milizionär. »Mein Mantel ist im Restaurant. In der Garderobe.«

Der Milizionär überdachte diese Mitteilung gründlich. Sie stiegen noch einen Absatz hinab.

»He«, sagte der Milizionär, »Wachmann.«

Der Neandertaler wandte sich um.

»Du begleitest das Mädchen zur Garderobe.«

»Die kommt auch so dahin.«

»Du begleitest sie, habe ich gesagt. Wir warten am Wagen.«

Der Wachmann antwortete nicht, er stieg weiter hinunter. Hinter dem letzten Absatz öffnete sich das Foyer des Hotels.

Im ersten Augenblick erschien es Schubin, als sähe er eine Illustration zum Märchen vom Dornröschen.

Alle schliefen dort.

In dem gelblichen durchsichtigen Nebel, der das Foyer erfüllte, schliefen auf dem Fußboden jene Leute, die noch vor Kurzem am Tresen auf Plätze gewartet hatten, schlief die Empfangsdame, den Kopf auf den Tisch gelegt, schliefen jene, welche sich in den Sesseln niedergelassen hatten. Auch der Kellner an der halb offenen Tür zum Restaurant schlief. Und es war sehr still.

Dieses Reich des Schlafes wirkte derart verhext und absonderlich, dass der Milizionär leise sagte: »Halt!«

Und alle blieben gehorsam stehen, außer dem Neandertaler, der weiter die Treppe hinabging.

Ein schwerer, toter Geruch stieg herauf, der, obwohl er Schubin bekannt vorkam, keinerlei Erinnerung in ihm geweckt hätte, wäre da nicht dieses gelbliche Funkeln des Nebels gewesen. Und Schubin sah den schwarzen Fluss vor sich … den gelben Nebel über dem Wasser … Nataschas Husten und Brunis Worte über unvorhersehbare Reaktionen der Abprodukte. Dieses Erkennen blitzte auf und verschwand wieder, verjagt durch die Unwahrscheinlichkeit der Realität.

Schubin sah, wie der Neandertaler in den gelblichen durchsichtigen Nebelschleier trat und sich seine Bewegung verlangsamte. Er griff sich mit beiden Händen an die Kehle, drehte sich um, zur Treppe zurück, schaffte aber nicht mehr als eine Stufe hinauf. Dann fiel er, schlug mit dem Kopf auf die unterste Stufe und erstarrte.

Schubin hielt Elja, die zu dem Wachmann eilen wollte, am Arm fest.

»Er hat doch ›Halt!‹ gesagt!«, schrie er. Sein Schrei war zu laut für diesen Saal.

Sie standen zu dritt auf der Treppe, und ringsum herrschte eine schreckliche Stille, denn weder aus dem Restaurant noch von der Straße her war auch nur das leiseste Geräusch zu hören. Nach etwa einer Minute begann sich der Milizionär nach unten zu bewegen. Er machte einen Schritt.

»Nicht doch!«, rief Schubin, und seine Stimme schallte durch den Raum wie durch eine Kathedrale.

Der gelbliche Dunst flimmerte etwas, so wie an einem warmen Sommertag die erhitzte Luft über der Straße. Schubin konnte seine gierige Bewegung physisch spüren. Er begriff, dass dieser Dunst, der jene Menschen, die, wie es schien, schliefen, aber an ihren absurden Posen als tot erkennbar waren, verschlungen hatte, die Treppe hinaufstrebte, um die noch Lebenden – ihn, Elja und den Milizionär – zu Fall zu bringen und zu verschlingen, so wie er es mit dem Portier mit der roten Armbinde getan hatte.

»Dort sind Leute«, sagte der Milizionär. Über seiner Oberlippe traten Schweißtröpfchen hervor.

»Du kannst ihnen nicht mehr helfen«, sagte Schubin. »Du wirst nur selber sterben.«

»Sterben?«, fragte Elja leise. »Wieso denn das?«

»Ich weiß nicht. Aber dort kann jedenfalls niemand hin. Gehen wir nach oben.«

Schubin spürte ein Würgen und Brennen in der Kehle. Vielleicht war es nur Einbildung, vielleicht aber dünstete der Nebel tatsächlich aus und erstickte alles umher.

Er zog Elja an der Hand, doch die sagte plötzlich klagend: »Aber mein Mantel ist doch in der Garderobe.«

Schubin begann, den Milizionär und Elja nach oben zu schieben, und widerwillig fügten sich die beiden.

»Sie haben das Bewusstsein verloren«, sagte der Milizionär.

»Man muss den Notdienst rufen.«

Nachdem er sie über den Treppenabsatz hinaus auf eine Stufe manövriert hatte, von wo aus das Foyer nicht zu sehen war, stoppte Schubin und begann, in seinen Taschen zu kramen. Wo waren die Zigaretten? Alles war unwirklich. Kein Traum, sondern eine Irrealität, in der er wachte. Einmal im Leben hatte Schubin so etwas schon erlebt: an Bord eines Flugzeuges, einer alten, schon dreimal abgeschriebenen Viscount, die einer kleinen Privatgesellschaft gehörte und zweimal in der Woche von Bogotá in die Provinz flog. Während des Fluges kam es zu einem Motorenbrand. Und er saß im Passagierabteil. Ringsum Geschrei, jemand versuchte aufzustehen – ein dichtes Rauchband zog an den Fenstern vorbei, das Flugzeug legte sich auf die Seite und kreiste auf der Suche nach einem Landeplatz, doch dort unten waren nur waldbedeckte Berge. Schubin hatte begriffen, dass das kein Traum war, sondern der eigene Tod, blieb aber dennoch ruhig sitzen und bemühte sich, als könnte er dem Piloten damit helfen, durch Lücken in der Rauchfahne hindurch eine Lichtung im Wald oder ein gerades Flusstal für die Landung ausfindig zu machen. Das Flugzeug landete dann doch noch auf einer holprigen Wiese, was alle Passagiere mit blauen Flecken versah. Dann kamen die Piloten und holten die Fluggäste, stießen sie aus der Maschine. Die Leute langten, ohne zu begreifen, nach ihren Sachen, den Koffern und Taschen, die Piloten aber schrien und trieben sie an, dass sie das

Flugzeug verließen … Sie waren dann schon ein gutes Stück entfernt, als Schubin die Maschine explodieren sah und mit einer seltsamen Befriedigung feststellte, dass es ihm gelungen war, seinen Koffer mitzunehmen.

Von oben kam ihnen schwankend der Kerl mit dem Halbpelz entgegen.

»Seid ihr verhaftet worden?«, fragte er. »Willst du, dass ich dich befreie?«

Schubin verstand ihn nicht. Er hatte vergessen, dass er gerade erst festgenommen worden war, denn zwischen der Szene im Zimmer und dem, was er im Foyer erblickt hatte, schienen Äonen zu liegen.

»Was?«, fragte Schubin. Der Milizionär sagte: »Da können Sie nicht hin.«

»Ja, so ist das«, sagte der Bursche im Halbpelz. »Ein freies Land und eine freie Stadt. Und wen sie haben wollen, den schnappen sie sich.«

Er gab dem Milizionär einen Stoß, und der trat zurück, weil er sich jetzt offenbar nicht als Milizionär fühlte.

»Warte«, sagte Schubin. »Dort ist es gefährlich. Irgendein Gas.«

»Na und?«

Der Kerl war kräftig und – offenbar durch die Trunkenheit – sehr leichtfertig eingestellt.

Elja wurde von einem Hustenanfall geschüttelt. Schubin sagte zu dem Burschen: »Wie du willst, aber dann wird es zu spät sein.«

»Nicht doch, nein! Dort liegen überall Tote!«, rief Elja und brach erneut in Husten aus.

»Was denn für Tote?« Der Bursche war merklich ernüchtert. Er erhielt keine Antwort. Schubin stützte Elja, der es zusehends schlechter ging. Sie begann zu würgen. Sie versuchte, sich in der Gewalt zu behalten. Schubin führte sie zu einem Abfalleimer, der glücklicherweise auf dem Treppenabsatz stand.

Auch der junge Mann trat auf den Treppenabsatz herab und blickte hinunter. Und blieb stehen. Dann fluchte er, schlug die Mantelschöße zusammen und begann, nach oben zu laufen.

Schubin hielt die immer schlaffer werdende Elja. Angst überkam ihn, er fürchtete, sie könnte sich vergiftet haben.

»Wie geht es dir?«, fragte er. »Das ist von der Aufregung. Das ist gleich vorüber.«

Er schien sie überzeugen zu wollen, dass keinerlei Zusammenhang mit dem gelben Dunst und dem, was sie in ihm erblickt hatten, bestand.

»Es geht mir schon besser«, antwortete Elja. »Entschuldige.«

»Du musst nach oben, aufs Zimmer. Du musst dich hinlegen«, sagte Schubin.

»Ja, natürlich«, stimmte Elja sofort zu.

»Wo ist mein Zimmerschlüssel?«, fragte Schubin.

»Der Schlüssel? Den hab' ich der Aufsicht gegeben«, antwortete der Milizionär.

»Gehen wir hinauf«, sagte Schubin. »Wir müssen telefonieren.«

»Genau.« Der Milizionär lächelte plötzlich erleichtert, mit einem Schlag wieder in die Realität zurückgeholt.

Er setzte sich auch als Erster in Bewegung.

Schubin holte sein Taschentuch hervor, und Elja wischte sich den Mund ab.

Sie kamen just in dem Augenblick oben an, als die Etagenaufsicht angesichts des alleine zurückkehrenden Milizionärs vor Erstaunen aufstand. Sie fragte: »Was ist denn? Was denn noch? Ich habe kein Geld genommen.«

»Den Zimmerschlüssel. Schnell!«, sagte Schubin. Die Aufsicht begann in der Schublade zu kramen.

»Was ist los? Es ist etwas passiert, nicht wahr?«

»Dort unten ist ein Unglück geschehen. Eine Havarie«, sagte Schubin. »Gehen Sie nicht runter. Und erlauben Sie es auch niemand anderem. Stellen Sie sich an die Treppe und lassen Sie niemanden durch.«

»Es ist jemand umgebracht worden, nicht wahr? Wer denn?« Der Milizionär erblickte das Telefon auf ihrem Tisch.

»Seien Sie ruhig«, sagte er.

Er wählte drei Ziffern und drückte dann die Gabel nieder.

»Mit der Acht«, sagte die Aufsicht. »Nach außerhalb mit der Acht.«

»Das hätten Sie auch gleich sagen können.« Der Milizionär wählte die Nummer und wartete.

Schubin nahm den Schlüssel. Er sagte zum Milizionär: »Ich bringe Elja aufs Zimmer. Zweihundertzweiunddreißig. Ich komme dann zurück.«

Der Milizionär nickte und wählte erneut. Die Aufsicht stand daneben.

»Es geht niemand ran«, sagte der Milizionär.

»Dann gehen wir zu mir und rufen von dort aus an. Vielleicht ist der Apparat defekt.«

Zu dritt liefen sie durch den Flur. Im Zimmer brannte noch Licht. Niemand hatte es ausgeschaltet. Der Milizionär ging zum Tisch, schob die Dose mit dem brasilianischen Kaffee beiseite und begann zu wählen.

»Vorwahl Acht«, erinnerte Schubin.

Er trat ans Fenster und zog die Gardine zur Seite. Warum war er nicht früher darauf gekommen? Darin lag doch die Antwort auf alle Fragen: War das nur hier im Hotel passiert oder auch draußen?

Das Fenster schien ein großer Bildschirm zu sein, der Schubin von dem trennte, was er erblickte. Auf dem Platz vor dem Bahnhof brannten nach wie vor die Laternen. Ihr gelbes Licht schien als Antwortreaktion jenes gelbliche Flimmern zu gebären, das vom Boden her aufstieg. Der Schnee hatte seine nächtliche Bläue verloren. Schubin sah ein Standbild.

Der Platz war in Unbeweglichkeit erstarrt.

Kleine menschliche Gestalten waren über den ganzen Platz verteilt wie Puppen, die jemand aus großer Höhe verstreut hatte. Sie waren überall. Als Häufchen und dunkle Flecken am Bahnhof und an der Trolleybus-Haltestelle. Weniger auf dem Platz selbst, zwischen den vereinzelten Autos und an den Kiosken. Ganz wenige rechts auf dem Bürgersteig entlang der dunklen Geschäfte.

Und dann waren da noch die Autos. Eines war offenbar mit hoher Geschwindigkeit gegen einen Mast gerast, der nun vom

Kühlergrill umarmt zu werden schien. Die Wagentür stand weit offen, und der Fahrer lag mit halber Körperlänge kopfüber auf der Fahrbahn.

Schubin wollte sich gerade umwenden, um die anderen herbeizurufen, doch da sah er einen großen Ikarus-Bus auf den Platz fahren. Das gelbliche Flimmern verschlang seine Räder und verdichtete sich vor dem Fahrzeug. Nun begriff der Fahrer offenbar, dass da etwas nicht stimmte. Der Bus bremste scharf. Die Tür ging auf.

Schubin zerrte am Fenstergriff, hatte jedoch vergessen, den Riegel zu lösen. Er wollte den Fahrer warnen.

Der erschien in der Tür. Er blickte sich um, sprang auf die Straße und verlor schon im Flug das Bewusstsein oder starb, denn seine Sohlen sollten den Asphalt nicht mehr erreichen. Er knickte zusammen und stürzte mit dem Kopf voran.

Ein Ruck ging durch ihn, so als wollte er davonkriechen, dann lag er still.

»Nicht!«, schrie Elja. Schubin nahm sie jetzt erst wahr. Sie hing an seinem Arm und riss ihn vom Fenster weg, damit er es nicht öffnete.

»Sieh doch!«, versuchte Schubin ihr zu erklären.

»Ich habe alles begriffen, ich habe alles gesehen. Du kannst nicht helfen, sie hören dich nicht.«

Der Milizionär, immer noch den Hörer in der Hand haltend, sah ebenfalls auf den Bus.

Es waren nur wenige Fahrgäste darin. Wohl drei.

Der erste von ihnen tauchte unmittelbar hinter dem Fahrer in der geöffneten Tür auf und verharrte auf der obersten Stufe, den Blick hinabgewandt. Er schaute auf den Fahrer und schien etwas zu sagen. Dann drehte er sich wieder um, ein zweiter Fahrgast war zu ihm getreten. Schließlich aber begann er, langsam und sich dabei sorgsam umblickend hinabzusteigen. Schubin konnte sehen, wie seine Beine in dem gelben Flimmern versanken, das ihm als kleines Wölkchen entgegenströmte. Der Mann erschrak und wollte zurück in den Bus, doch plötzlich knickten die Beine unter ihm weg, so als wollte er sich auf einer der Stufen niederlassen, und er hechtete auf den Fahrer.

Endlich war es Schubin gelungen, das Fenster zu öffnen.

»Zurück!«, brüllte er verzweifelt. »Nicht aussteigen!«

Ob der zweite Fahrgast nun Schubins Schrei gehört hatte oder aber selbst darauf gekommen war, dass das Aussteigen nicht ratsam war, jedenfalls wandte er sich an den dritten Passagier, eine Frau, die gerade im Begriff war, den Bus durch die hintere Tür zu verlassen. Die stoppte und blickte sich um. Sie tat seine Worte mit einer Handbewegung ab, und Sekunden später lag sie im feuchten Schnee.

Nun war nur noch ein Fahrgast übrig. Er trat von der Tür zurück. Es war zu erkennen, wie er sein Gesicht an ein Fenster presste, um zu erspähen, was dort auf dem Platz los war … Elja schloss das Fenster.

Der Milizionär zeigte Schubin den Telefonhörer und sagte: »Es nimmt niemand ab.«

»Ist das Revier in einem eingeschossigen Gebäude untergebracht?«, fragte Schubin.

»Die Diensträume sind im Erdgeschoss.«

»Also gibt es noch ein Geschoss?«

»Ja, wieso?«

»Wenn das Gas die zu ebener Erde liegenden Räume überflutet hat, dann könnten aber die Leute in der Etage darüber doch noch am Leben sein!«

»Aber da ist jetzt niemand. Es ist Nacht.«

»Dann rufen Sie die Stadtleitung an. Rufen Sie im Stadtkomitee an! Beim Medizinischen Notdienst! Was ist?«

»Ich weiß nicht«, gab der Milizionär kläglich von sich. »Ich kenne nur unsere Nummer, die anderen weiß ich nicht.«

»Gut«, entgegnete Schubin. »Dann gehen wir zur Aufsicht. Vielleicht hat die ein Telefonbuch. Elja, mein Liebes, geh nicht raus, nein? Ich bin gleich wieder da.«

»Wohin willst du, Jura?«

»Telefonieren.«

»Und ich?«

»Du ruf auch an. Ruf Nikolaitschik an. Ruf an, wen du kennst. Es müssen Maßnahmen getroffen werden.«

»Aber was ist denn passiert? Ist das Gas?«

»Was weiß ich. Wir waren doch zusammen.«

»Ich muss nach Hause.«

Elja stoppte ihn. Der Milizionär stand in der Tür und wartete. Er hatte Schubins Führerschaft und dessen Recht, Anordnungen zu treffen, anerkannt.

»Wozu willst du nach Hause? Bist du lebensmüde?«

»Mitka ist zu Hause.«

»In welchem Stock wohnst du?«

»Im dritten.«

»Dann lass ihn schlafen. Ist jemand bei ihm?«

»Meine Mutter.«

»Dann ruf deine Mutter an und sage ihr, sie soll zuschließen und nicht hinausgehen. Und sie kann ja mal aus dem Fenster schauen, ob da ein gelber Nebel ist. Aber sag ihr nicht mehr, erschreck sie nicht, verstehst du, erschreck sie bloß nicht!«

Elja hörte ihm ergeben zu, nickte und schien sich das Gesagte dann noch einmal durch den Kopf gehen zu lassen. Dann sagte sie: »Wir haben kein Telefon.«

»Ruf die Nachbarin an.«

»Es gibt im ganzen Haus kein Telefon.«

»Dann ruf bei Nikolaitschik zu Hause an. Er hat doch eins?«

»Er hat.«

Schubin trat mit dem Milizionär auf den Korridor hinaus. Hinter der benachbarten Tür erklang Musik. Laute Stimmen waren zu hören.

»Es muss jemand an die Treppe gestellt werden, der die Gäste nicht hinunterlässt«, sagte Schubin.

»Sie können auch den Lift benutzen«, erwiderte der Milizionär.

»Wir werden sehen.«

Die Etagenaufsicht war nicht an ihrem Platz. Statt ihrer erblickten die beiden einen Mann mit Koffer. Es war einer der beiden Dienstreisenden, der traurige Bucklige. Demütig stand er am Tischchen der Aufsicht.

»Wo wollen Sie hin?«, fragte Schubin.

»Ich reise ab«, teilte der Dienstreisende mit. »Aber sie ist nicht da. Ich muss doch den Schlüssel abgeben.«

»Sie werden hier an der Treppe stehen. Hier«, sagte Schubin, »und niemanden hinunterlassen.«

»Wieso das?«, fragte der Bucklige. »Ich muss abreisen.«

»Sergeant, erklären Sie es«, sagte Schubin. Er hatte Licht in der Tür des Zimmermädchens erblickt. War die Aufsicht vielleicht dort? Nein, das Zimmer war leer.

»Das kann doch nicht sein«, sagte der Bucklige zum Milizionär. »Das glaube ich nicht. Ich war vor einer halben Stunde erst draußen.«

»Da hatten Sie Glück, dass Sie rechtzeitig zurückgekehrt sind«, sagte Schubin gereizt.

Er zog am Schubfach im Tisch der Aufsicht. Es war verschlossen. Schubin zog stärker.

»Was machen Sie da?«, fragte der Bucklige.

»Stellen Sie sich da hin, wo ich Ihnen gesagt habe!«, fauchte Schubin.

»Ja, nun machen Sie schon!«, unterstützte ihn der Milizionär.

»Und den Koffer lassen Sie hier. Den nimmt niemand weg.«

Der Bucklige war immer noch nicht völlig überzeugt. Er machte ein paar Schritte in Richtung auf die Treppe, ließ den Koffer dabei aber nicht aus Hand.

Die Schublade gab mit einem Knacken nach und flog aus dem Tisch. Papier flatterte zu Boden. Schubin begann darin zu wühlen in der Hoffnung, ein Telefonbuch zu finden.

Es summte. Der Lift fuhr durch.

»Verdammt!«, entfuhr es Schubin. Er jagte zum Fahrstuhl. Doch noch während er lief, hörte er, wie die Kabine im Erdgeschoss hielt und sich die Türen öffneten. Jemand schrie. Dann herrschte wieder Stille. Das rote Lämpchen neben der Fahrstuhltür leuchtete immer noch.

»Zumindest wird ihn nun niemand mehr benutzen«, sagte Schubin.

»Was ist denn? Was ist passiert?«

»Steigen Sie einen Absatz hinab und schauen Sie hinunter, wenn Sie nicht glauben, was der Sergeant Ihnen gesagt hat«, entgegnete Schubin dem Buckligen. »Aber nicht weiter, und kommen Sie sofort zurück.«

»Aber er hat doch gesagt, dass dort giftiges Gas ist.«

»So ist es.«

Der Bucklige setzte sich vorsichtig in Bewegung.

Weiter oben hämmerte jemand gegen die Tür des Fahrstuhlschachtes, offenbar aus Verärgerung darüber, dass der Lift nicht kam.

»Ich gehe nach oben«, sagte Schubin. »Vielleicht hat jemand von den anderen Etagenaufseherinnen ein Telefonverzeichnis. Sie wissen, was zu tun ist?«

»Jawohl«, antwortete der Milizionär, obwohl offenkundig war, dass das nicht zutraf.

Schubin lief zur Treppe. Dann stoppte er. Wo war dieser verdammte Bucklige? Statt hinauf stieg Schubin ein paar Stufen hinab. Was er erblickte, das erschreckte ihn nicht, sondern erboste ihn nur.

Der Bucklige saß auf der untersten Treppenstufe, den Rücken an die Wand gelehnt und mit geöffnetem Mund. Den Koffer hielt er noch immer in den Händen, er lag auf seinen Knien.

»Ach, zum Teufel«, fluchte Schubin laut. »Er hat sich unbedingt selbst überzeugen wollen!«

Er ließ seinen Blick durch das Foyer wandern. Er hatte sich schon an das Bild gewöhnt. Es war ungeheuerlich, hatte aber nichts mehr mit einem Märchen oder einem Traum gemein. Es war die harte Realität, und sein Verstand hatte das nüchtern akzeptiert.

Die Obergrenze des gelben Flimmerns war gestiegen. Der Saal war etwa anderthalb Meter hoch von ihm erfüllt. Durch die Bewegung des Gases verschwammen die Konturen der Gegenstände, und die Menschen schienen sich zu bewegen. Schubin riss den Blick vom Foyer los.

Oben stand der Milizionär noch immer am Telefon. Er war sichtlich erfreut, als er Schubin erblickte.

»Nirgendwo antwortet jemand«, erstattete er Bericht, unsicher lächelnd, als träfe ihn die Schuld daran. »Ich habe den Rettungsdienst angerufen und die Feuerwehr. Und nirgends geht jemand ran. Seltsam, nicht?«

»Schlecht, aber nicht seltsam«, sagte Schubin.

»Sie glauben, dass es dort auch ist?«, fragte der Milizionär.

»Wir beide sehen diesen Film gemeinsam«, antwortete Schubin. »Ich gehe jetzt hinauf und suche ein Telefonverzeichnis. Ich will die Betriebe und den Flughafen anrufen.«

Von dem buckligen Dienstreisenden sagte er dem Milizionär nichts. Wahrscheinlich hatte der Milizionär den auch bereits vergessen.

Schubin war noch nicht bis zum zweiten Stock gelangt, als er eine sich laut und fröhlich unterhaltende Gesellschaft herabkommen hörte.

»Für uns gibt es keine Grenzen, nicht in der Luft, nicht auf dem Land!«, intonierte eine dröhnende Bassstimme den »Marsch der Enthusiasten«.

»Halt!«, befahl er. Während er vor den singenden Gästen einen Schritt zurücktrat, sah er nur das angespannte Gesicht Gronskis.

»Was denn nun? Was ist denn hier los, man stört uns beim Singen!«, zeterte eine dicke Matrone. »Witja, der stört!«

»Der ist betrunken!«, meldete sich der Referent zu Wort. »Man hat schon die Miliz gerufen, aber der randaliert immer noch.«

»Und wir sind auch betrunken!«, stimmte die Matrone an.

»Lasst uns gemeinsam singen.«

Schubin stieß sie grob zurück und stand Gronski nun Auge in Auge gegenüber.

»Kommen Sie mit«, er wies nach oben. »Ich muss kurz mit Ihnen reden.«

»Sieh dich vor!«, rief der Referent. »Keine Randaliererei!«

Gronski war wütend, aber doch beherrscht. In seinen Augen war die Angst zu lesen: Wenn Schubin sich aus dem festen Griff der Miliz befreien konnte, hieß das, er hatte irgendeinen Weg gefunden, hatte irgendwelche Beziehungen. Welche?

»Und Sie«, wandte Schubin sich an die anderen, »bleiben hier stehen. Gehen Sie nicht weiter hinunter.«

In Schubins Stimme war jene Überzeugtheit von dem Recht, anderen Befehle zu erteilen, die von Angehörigen einer Hierarchie schnell bemerkt und akzeptiert wird. Es ist dies eine Fähigkeit, die nur schwer nachzuahmen ist, da sie aus einer inneren Überzeugung entspringt.

Die Gesellschaft hatte zu singen aufgehört, alle waren verstummt. Sie blickten zu Gronski, als wäre er das Leittier des Rudels und die Entscheidung seine Sache.

»Wartet«, sagte er und stieg ein wenig hinauf, sodass ihn nun etwa zwei Meter von den anderen trennten. Der Referent klebte förmlich an seiner Seite, er wollte den Chef nicht allein lassen in dieser Minute der Gefahr.

»Gehen Sie weg«, sagte Schubin zu ihm mit einer Abscheu, wie sie einem kleinen Handlanger gegenüber angebracht war.

Das schaute zu Gronski.

»Wird's bald?!«, knurrte Schubin.

Gronski machte eine Kopfbewegung, die den Handlanger zu den anderen wies.

Schubin legte seinen Arm um Gronskis Schulter und führte ihn noch weiter von der Gesellschaft weg.

»Es ist ein Unglück geschehen«, flüsterte er. »Eine Katastrophe. Es sind viele Menschen umgekommen.«

Gronski sagte nichts.

»Genauer gesagt, ein Chemieunfall.«

»Wo?«, fragte Gronski leise.

»Zwei Etagen tiefer«, sagte Schubin. Er sprach nun bereits in normaler Lautstärke und hörte das schwere Atmen der anderen Zuhörer.

»Wenn das ein Scherz ist …«

»Dann gehen Sie doch, aber gehen Sie allein«, sagte Schubin. »Ich rate Ihnen, nicht das Leben Ihrer Gäste zu gefährden.«

»Das ist doch Unsinn«, sagte Gronski. Er schaute dabei nicht Schubin an, sondern einen sehr dicken, in einen ihm recht straff sitzenden Anzug gezwängten rotwangigen und glatzköpfigen Gast. Dieser Gast zog Schubin am Ärmel.

»Wiederholen Sie, was ist geschehen?«, sagte er.

Er hatte nicht nur rote Wangen, sondern auch eine rote Nase. Und sehr helle, lebendige, nicht vom Wodka getrübte Augen.

»Die Ursache der Katastrophe kenne ich nicht«, sagte Schubin.

»Aber dort unten liegen Tote. Und auf dem Platz auch. Viele Tote.«

»Auf dem Platz? Wo?«

Der Dicke schien das Kommando zu übernehmen. Er war höhergestellt als Gronski, und Schubin begriff, dass das Bankett ihm zu Ehren stattgefunden hatte.

»Steigen Sie einen Absatz hinab, dort können Sie aus dem Fenster schauen«, sagte Schubin. »Das Foyer ist nicht zu betreten. Dort ist das Gas.«

»Was für ein Gas?« Gronski war wütend, er wollte Schubin nicht glauben, er vermutete wohl einen Vergeltungsakt für den Milizeinsatz. »Was soll denn da für ein Gas sein?«

Schubin ging mit den beiden hinunter. Die Suche nach dem Telefonverzeichnis hatte sich nun erledigt. Wenn man in einer solchen Situation von einem glücklichen Zufall sprechen konnte, dann war das Auftauchen Gronskis ein solcher. Er musste alle wichtigen Nummern wissen.

Der Dicke war als Erster unten angelangt. Der Milizionär stand noch immer am Telefon. Der Dicke ging ans Fenster beim Tisch der Aufsicht und riss die Gardine mit der heftigen Bewegung eines Betrunkenen beiseite. Gronski trat zu ihm, die anderen standen dahinter und blickten ihnen über die Schultern.

»Keine Antwort?«, fragte Schubin den Milizionär.

»Leider nein«, antwortete dieser. Er griff nach der Uniformjacke, die auf dem Tisch lag, und zog sie an. Er wusste, wann er es mit der Obrigkeit zu tun hatte.

»Das ist doch Unsinn«, sagte Gronski. Der Dicke schwieg.

»Vielleicht haben sie das Bewusstsein verloren«, sagte Gronski.

»Das Bewusstsein?« Der Dicke wandte sich zu Gronski. Dann richtete er den Blick zu Schubin: »Ist es lange her, dass das passiert ist, Genosse …«

»Schubin.«

»Schubin. Sehr erfreut. Spiridonow. Wann ist das passiert, Genosse Schubin?«

»Ich habe es vor … etwa zwanzig Minuten entdeckt.«

»Wie haben Sie es bemerkt?«

»Ich stieg zum Foyer hinunter. Gemeinsam mit dem Sergeanten.«

Der Milizionär nickte. Die Anwesenheit des Dicken stellte wieder geordnete Verhältnisse her. Der würde Maßnahmen treffen. Auch wenn der Milizionär Gronski vom Angesicht her kennen sollte, für die Rolle des Chefs hatte er sich dennoch Spiridonow auserwählt.

»Ist es da auch so?«

»Ja. Dort sind überall Tote. Und als ein Mann, der bei uns war, trotzdem ins Foyer ging, da stürzte er hin.«

»Geschah das schnell?«

»Praktisch augenblicklich.«

»Was können Sie dazu sagen, Viktor Innokentjewitsch?«, fragte Spiridonow Gronski.

»So etwas gibt es bei uns nicht«, sagte Gronski.

»Das weiß ich, dass es so etwas nicht gibt. Anderenfalls wäre längst ganz Russland vergiftet«, entgegnete Spiridonow.

»Vielleicht Sabotage?«, fragte der Handlanger. Seine Ohren wackelten aufgeregt hin und her.

»Sabotage?«, wiederholte Spiridonow. »Wahrscheinlich der Amerikaner? Oder der Zionisten? Eine bemerkenswerte Erklärung.«

»Man muss im Futtermittelkombinat anrufen«, sagte Gronski.

»Vielleicht hat es dort eine Abstofffreisetzung gegeben?«

»Machen Sie das«, sagte Spiridonow.

Eine der dicken Frauen begann laut zu schluchzen. Sie hatte sich an die Wand gelehnt. Gronski trat zu ihr.

»Werotschka, alles wird gut.«

»Die Miliz antwortet nicht«, sagte Schubin.

»Der Rettungsdienst ebenfalls nicht«, fügte der Milizionär hinzu. »Und auch die Feuerwehr schweigt.«

»Klar«, sagte Spiridonow. »Genosse Schubin, kommen Sie mit mir, zeigen Sie mir, wie es dort unten im Foyer aussieht.«

Schubin gehorchte, konstatierte allerdings bei sich, dass es dem Begleitung und Erläuterung gewohnten Spiridonow selbst in einer solchen Situation nicht einfiel, sich die Hotelhalle alleine anzuschauen. Schubin begriff, dass das nicht daher kam, dass Spiridonow Angst hätte – er machte keinen ängstlichen Eindruck. Er war es einfach nicht gewohnt, ohne einen Menschen zu handeln, dem er erforderlichenfalls Anweisungen geben konnte. Und unter den Anwesenden hatte er sich Schubin als Assistenten ausgewählt.

Gronski ergriff den Telefonhörer, den ihm der Milizionär hinhielt. Schubin folgte Spiridonow zur Treppe.

»Vorsichtig«, sagte er, als sie hinabzugehen begannen. »Der Nebel steigt allmählich.«

»Nebel? Warum haben Sie das vorher nicht gesagt?«

»Ich bin mir nicht hundertprozentig sicher, dass er die Ursache für den Tod der Menschen ist«, sagte Schubin. »Aber dort ist ein gelber Nebel, und ich denke, dass die Leute seinetwegen gestorben sind.«

Sie stoppten auf dem letzten Absatz. Spiridonow stand mit in die Seiten gestemmten Fäusten da und drehte sich langsam, um das ganze Panorama zu erfassen.

Zwei Menschen lagen in der offenen Fahrstuhltür. Die Sängerin der Band krümmte sich in der Tür des Restaurants. Der Flitter ihres Kleides funkelte in dem Nebel wie goldene Sternchen.

»Die sind tot«, konstatierte Spiridonow.

Er schwenkte den Kopf ein wenig zur Seite, um Schubin ins Blickfeld zu bekommen.

»Es stinkt«, sagte er. »Merken Sie es?«

»Ja.«

»Hier stinkt es immer, selbst das Wasser stinkt, ich habe das schon festgestellt«, sagte Spiridonow. »Aber dass es schon einmal derart gestunken hätte, daran kann ich mich nicht erinnern.«

Schubin entgegnete nichts.

»Was würden Sie denn vorschlagen zu tun?«, fragte Spiridonow.

»Wir müssen Kontakt mit den anderen Stadtbezirken aufnehmen«, sagte Schubin. »Mir wurde gesagt, dass die Stadt in einer Senke steht und die Betriebe höher liegen.«

»Ja, und?«, fragte Spiridonow.

»Sie könnten uns die Ursache sagen.«

»Wohl kaum«, zweifelte Spiridonow. »Es ist Nacht. In den Werken ist nur die Wache.«

»Und die Nachtschicht?«

»Glaube ich nicht«, sagte Spiridonow. »Aber wir müssen Leute aktivieren. Wenn bloß die Armee zu erreichen ist.«

Von oben kam Gronski, daneben sein Referent. Sie schauten hinunter ins Foyer. Ihre Gesichter waren regungslos.

»Und was sagen Sie?«, fragte Spiridonow.

»Sehr seltsam«, antwortete Gronski.

Von oben war Lärm zu hören. Irgendjemandes laute Stimme rief: »Mein Flugzeug geht in einer Stunde. Verstehen Sie das nicht?«

Der Milizionär brummte irgendetwas als Antwort.

»Beruhigen Sie ihn«, sagte Spiridonow zu Gronski, der nickte dem Handlanger zu, der sofort loseilte. Schubin blickte ihm nach.

»Was stehen wir hier herum?«, fragte er.

»Haben Sie einen Vorschlag?«

Der gelbe Nebel zu ihren Füßen begann sich zu bewegen, und Spiridonow stieg eine Stufe höher.

»Warum haben wir noch nicht in Moskau angerufen?«

»In Moskau?«, wiederholte Spiridonow. Er kaute auf den Lippen. »Mag sein, vielleicht auch in Moskau.«

»Warum in Moskau?«, fragte Gronski. Er erhob keinen Einwand, er stellte eine ruhige Frage, so wie ein Mensch, der ein kompliziertes Problem zu verstehen versucht.

»Wir müssen auf jeden Fall Bericht erstatten«, sagte Schubin. »Dort wird man Maßnahmen ergreifen.«

Gronski blickte Spiridonow an. Und Spiridonow Gronski.

»Nein«, sagte Gronski bestimmt. »Wir kennen weder das Ausmaß der Havarie noch deren Ursache. Wir wissen gar nichts. Was wollen wir nach Moskau berichten? Dass sich in einem Hotel irgendeine Vergiftung ereignet hat?«

»Nicht nur im Hotel«, wandte Schubin ein.

»Mag sein, nicht nur im Hotel. Mag sein, auch auf dem Platz. Man wird uns fragen: Was habt ihr unternommen? Und wir werden sagen: Wir haben nach Moskau telefoniert. Ich bitte Sie, das ist doch lachhaft.«

Gronski breitete die Arme aus, damit alle verstünden, wie lachhaft das war. Er spürte die Unsicherheit Spiridonows und schob weitere Fragen nach: »Und wen werden wir in Moskau anrufen? Den Stab der Luftstreitkräfte? Das Gesundheitsministerium? Wen? Das ZK?«

Gronskis Worte klangen vernünftig, und doch waren sie verlogen. In ihnen steckte eine Angst, die stärker war als die vor dem Gesehenen. Angst vor dem eigenen Untergang. Allerdings nicht vor dem physischen, sondern dem moralischen, dem wirtschaftlichen, vor dem Ende der Karriere.

Der Handlanger mit den abstehenden Ohren war inzwischen zurückgekehrt. Er zeigte unverhohlene Begeisterung über Gronskis Rede. Er nickte freudig, als hätte ihm jemand eine Praline angeboten.

»Du hast recht«, stimmte Spiridonow zu. »Bis nach Moskau sind es mehr als tausend Werst. Bis wir uns da durchtelefoniert und die zuständige Stelle gefunden haben, ist es schon Morgen. Lasst uns zuerst versuchen, die örtlichen Kräfte zu aktivieren. Je mehr wir selbst unternehmen, desto weniger wird man uns in Moskau vorwerfen können. Wie ist es im Futtermittelkombinat, Gronski? Was haben sie dir gesagt?«

»Es ist niemand rangegangen.«

»Das muss nichts bedeuten. Was ist bei dir für den Fall einer Havarie vorgesehen?«

»Es gibt ein Programm beim Diensthabenden.«

»Hast du ihn angewiesen, danach zu handeln?«

»Aber Sergej Iwanowitsch, es ist doch keine Havarie in meinem Werk! Es ist keine Havarie. Irgendetwas ist hier, im Zentrum, passiert. Das Werk liegt dort draußen. Das wissen Sie doch.«

»Das heißt also, du hast noch nicht im Werk angerufen? Geh und ruf an.«

Als er bemerkte, dass der Handlanger Gronski hinterherlaufen wollte, befahl Spiridonow ihm: »Und du, Plotnikow, geh in die Suite! Hol dir den Schlüssel! Bring eine Flasche und ein Glas.«

Spiridonow blickte zu Schubin.

»Zwei Gläser. Wir müssen uns stärken … Nicht wahr, Schubin?«

»Ja.« Schubin musste lächeln. Spiridonow hatte eine innere Klarheit, die es erlaubte, sich ihm ohne Widerstand unterzuordnen.

»Gronski wird nicht durchkommen, du wirst es sehen. Da werden auch alle pennen. Aber wir beide, weißt du, was wir machen werden? Wir werden den Militärflugplatz anrufen. Es gibt hier einen, in Nechalowka. Die sollen Hubschrauber aufsteigen und die Stadt abfliegen lassen. Bevor wir handeln, müssen wir wissen, womit wir es zu tun haben. Das ist doch wohl das Vernünftigste.«

»Ja, das ist vernünftig«, bestätigte Schubin.

»Na, das denke ich doch auch. Gehen wir, sonst krepiere ich noch an diesem Gestank. Mir ist schon ganz übel. Ist dir übel?«

»Ja, mir ist übel«, entgegnete Schubin und registrierte bei sich, dass er arg versucht war, ein ›Zu Befehl!‹ dranzuhängen.

Oben hatte sich die Ansammlung vergrößert. Gronski machte sich am Telefon zu schaffen. Alle blickten zu ihm. Elja stand abseits. Als sie Schubin erblickte, freute sie sich. Doch sie kam nicht zu ihm, sie traute sich nicht. Sie verstand, dass nun die Zeit der Obrigkeit gekommen war.

Abseits standen auch drei Grusinier aus der fröhlichen Gesellschaft im Restaurant. Sie bestürmten den Milizionär mit Fragen, wollten sehen, was da unten los war, doch der Milizionär hatte sich wieder gefangen und sprach ein Machtwort. Am Lift, wo noch immer das rote Lämpchen leuchtete, stand der zweite der beiden Dienstreisenden, die mit Schubin gemeinsam am Tisch gesessen hatten. Man musste ihm sagen, dass sein Kamerad umgekommen war. Das mache ich nachher, dachte Schubin. Er wollte zu Elja gehen, doch da begann Gronski laut zu sprechen: »Wer ist da am Telefon? Warum hat das denn so lange gedauert? Was heißt hier: ›Wer ist da?‹ Gronski ist hier! Was geht da bei euch vor?«

Gronski hörte sich die Antwort an. Alle Umstehenden waren verstummt und schwiegen.

»Und wer ist da am Telefon?«, fragte Gronski. »Also gut, Chowenko, geh aus dem Pförtnerhäuschen und mach einen Rundgang über das Werksgelände. Ich rufe dich in zehn Minuten wieder an. Und wenn irgendetwas ist, dann melde dich sofort bei mir. Welche Nummer?«

Gronski deckte die Sprechmuschel mit der Hand ab und fragte: »Welche Nummer ist das hier?«

»Zwanzig-dreihundertvier«, antwortete die Etagenaufsicht.

»Zwanzig-dreihundertvier. Hotel ›Sowjetskaja‹.«

Als Gronski den Hörer auflegte, schien er enorm erleichtert zu sein.

»Bei uns ist alles in Ordnung«, sagte er.

Alles, was sich ringsumher abspielte, war also nur ein Trugbild, ein Missverständnis.

Auch Spiridonow war Gronskis Erleichterung nicht entgangen.

»In deinem Pförtnerhäuschen ist also alles in Ordnung«, sagte er. »Und was bedeutet das? Nichts bedeutet das! Menschen sind umgekommen, und für dich ist noch immer alles in Ordnung!«

»Wir werden die Ursache suchen«, sagte Gronski und fuhr sich dabei mit der Hand über die glatt rasierte Wange. »Man ruft mich an. Es wird sich alles klären. Ich bin sicher, dass es sich um ein Leck im Futtermittelkombinat handelt.«

Der Handlanger Plotnikow tauchte auf. Er brachte ein Tablett, auf dem eine angebrochene Flasche Wodka und zwei Gläser standen und eine angeschnittene kleine Wurst lag.

Er stoppte vor Spiridonow, wobei er sich zwar nicht physisch verbeugte, aber nichtsdestotrotz durch seine ganze Art einen Diener machte.

»Prachtkerl«, sagte Spiridonow zerstreut. »Stell es auf den Tisch.«

Der Angesprochene stellte das Tablett auf den Tisch der Aufsicht, und alle schauten schweigend zu, wie Spiridonow den Wodka in die beiden Gläser goss, und schienen dabei darüber nachzusinnen, mit wem er die Flasche wohl teilen würde.

»Schubin«, sagte Spiridonow, »auf unsere Bekanntschaft!«

Gronski machte aus seinem Hass keinen Hehl. Wenn nur dieses Unglück nicht wäre – wie hätte er es diesem Schubin gezeigt! Möglicherweise hätte Schubin unter anderen Umständen abgelehnt, aber nun ergriff er das Glas gerade wegen Gronskis Blick.

»Zum Wohl«, sagte Spiridonow. »Dein Gesicht kommt mir bekannt vor. Woher?«

»Genosse Schubin ist vorgestern im Zentralen Fernsehen aufgetreten«, sagte der Handlanger, leichtfertig seinen Chef verratend.

»Genau«, sagte Spiridonow. »Ich habe ein gutes Personengedächtnis.«

Er leerte sein Glas in drei Schlucken.

»Los, ruf den Flugplatz an, Gronski! Wir lassen unsere hiesigen Luftstreitkräfte in den finsteren Himmel aufsteigen. Warum trinkst du nicht?«, fragte er Schubin.

»Ich weiß, wer in Moskau anzurufen ist«, sagte Schubin. »Man muss bei uns, in der Redaktion der ›Iswestija‹, anrufen. Die wissen, was zu tun ist.«

»Wozu?«, entgegnete Gronski eilig. Er hatte den Hörer bereits fest umklammert. »Wir schaffen das aus eigener Kraft, ohne Presse.«

»Er hat es mit der Angst bekommen«, sagte Spiridonow ohne Missbilligung. »Du verstehst, Schubin, was passiert, wenn sich Moskau jetzt einmischt?«

»Ich frage mich nur, welchen Nutzen das bringt«, sagte Gronski und begann zu wählen.

Schubin sagte sich, dass er die Zeitung ja doch anrufen würde. Und zwar jetzt sofort. Aus seinem Zimmer.

»Jetzt ruft er die Flieger an, und dann bist du dran«, sagte Spiridonow. »Aber nun trink, ich mag es nicht, wenn meine Leute bummeln.«

Schubin begriff, dass er keine Chance hatte, sich der Zugehörigkeit zu Spiridonows Leuten zu entziehen. Und auch das Trinken ließ sich nicht vermeiden.

Er atmete tief aus. Und dachte: Großer Gott, errette mich vor dieser Ehre …

Das Licht verlosch. Es verlosch überall – auf der Treppe, im Flur, selbst das rote Lämpchen am Fahrstuhl war ausgegangen.

Das geschah nicht lautlos. Das ganze Gebäude schien zu raunen, so zumindest klang in Schubins Ohren das allgemeine Seufzen und Aufschreien der ihn Umgebenden. Und sogleich wurde sichtbar, dass der Himmel hinter dem Fenster in einem unheilvollen gelblichen Widerschein erstrahlte.

Schubin blickte hinaus. Die Laternen auf dem Platz waren ebenso erloschen wie die Fenster der Häuser ringsum. Auch der Bahnhof war dunkel. Nur in dem Bus, der mitten auf dem Platz mit geöffneten Türen, vor denen der Fahrer und die Fahrgäste lagen, stand, brannte helles Licht. Und weiter in Richtung des Bahnhofs leuchtete noch ein Bus. Auch er war leer.

Schubin stellte das Glas am Rande des Tisches ab. ›Wenn höhere Mächte mein Bitten erhören‹, begann er einen Gedanken, den er jedoch nicht zu Ende führte, weil unweit die Stimme Eljas erklang: »Jura, wo bist du?«

»Ich bin hier«, antwortete Schubin. Er ging zu Elja und rempelte dabei jemanden an. »Ich bin hier!«

Elja konnte nicht weit sein. Da war sie. Sie umklammerte seine Hand wie ein verängstigtes Kind.

Hinter seinem Rücken fragte die Stimme Spiridonows: »Wie sieht es aus, hast du eine Verbindung?«

»Nein«, antwortete Gronski. »Tot.«

»Also wurde der Strom abgedreht. Jemand ist darauf gekommen, dass der gefährlich werden könnte.«

»Vielleicht hat sich ja auch gar niemand darüber Gedanken gemacht«, warf Schubin ein. »Vielleicht hat sie der Nebel erreicht.«

»Kann das sein?«, fragte Spiridonow.

»Der Strom kommt aus einem alten Kraftwerk am Fluss«, sagte Gronski.

»In einer Senke?«

»Auf unserem Niveau.«

»Dann kann sie der Nebel also erreicht haben«, konstatierte Spiridonow. »Tja Schubin, mit dem Anruf nach Moskau wirst du dich noch gedulden müssen.«

»Das sehe ich«, sagte Schubin.

Der Himmel hinter dem Fenster leuchtete, er wurde von eiligen blauen Wolken durchquert, zwischen denen der Mond hervorschaute und sogleich wieder verschwand.

»Bürgerin Etagenaufseherin«, rief Spiridonow. Es gelang ihm, immer als Erster zu reagieren. »Ist die Etagenaufsicht hier?«

»Hier«, meldete diese sich.

»Wo befinden sich Kerzen oder eine Lampe für den Fall eines Stromausfalles?«

»Beim Stubenmädchen im Zimmer«, antwortete die Aufsicht.

»Dann holen Sie sie.«

»Ich kann nicht«, antwortete die Aufsicht. »Das Kerosin ist gerade zu Ende gegangen. Morgen sollte neues gebracht werden.«

»Hier ist aber auch nichts, wie es sein soll!«

»Aber man hat es doch versprochen. Wenn ich das gewusst hätte, dann hätte ich etwas von zu Hause mitgebracht.«

»Bringen Sie das Zeug trotzdem her«, befahl Spiridonow. »In der einen oder anderen Lampe muss doch noch ein Rest Kerosin sein. Ihr werdet es ja wohl nicht ausgetrunken haben, oder? Sind Streichhölzer da?«

»Huch, wer ist da?«, war die Stimme der Aufsicht zu hören. Sie hatte sich also doch schon auf den Weg gemacht und war in der Dunkelheit gegen jemanden gestoßen.

»Ja nun hilf ihr doch mal jemand!«, bellte Spiridonow. Seine quadratische Gestalt verdeckte das Fenster.

Schubin trat zu ihm.

»Man wird uns natürlich rausholen«, sagte Spiridonow wie zu

sich selbst. »Aber es wird einen gewaltigen Skandal geben. Gronski wird gehen müssen.«

Hinter ihnen klirrte irgendetwas, die Etagenaufsicht suchte eine Lampe.

»Haben Sie etwas gesagt?«, erklang die Stimme Gronskis.

Schubin glaubte, dass Gronski Spiridonows Worte sehr wohl vernommen hatte, es aber vorzog, sie nicht verstanden zu haben.

»Nichts«, sagte Spiridonow. »Mich interessiert lediglich, wie es zu einer solchen Situation kommen konnte.«

»Es ist nicht mein Betrieb!«

»Trotzdem wird man Schuldige suchen. Schau, wie viele Menschen umgekommen sind.«

»Wenn die Sache untersucht worden ist, wird man feststellen, dass wir damit nichts zu tun haben.«

»Morgen auf dem Meeting hätte sich das auch herausgestellt«, warf Schubin ein.

»Was denn für ein Meeting?«

»Ja nun, die Vertreter der Öffentlichkeit, Sie wissen ja, wie die sich jetzt vermehrt haben«, sagte Gronski. »Aber jetzt sollten wir darüber nachdenken, wie wir hier wegkommen.«

»Die Öffentlichkeit, sagst du?« Spiridonow ignorierte Gronskis Ablenkungsmanöver. »Und womit war sie denn unzufrieden?«

»Ich habe mit den Leuten gesprochen«, sagte Schubin. »Völlig seriöse Leute. Sie waren besorgt über den Zustand der Luft in der Stadt. Sie wollten einen gemeinsamen Brief nach Moskau schreiben.«

»Zu spät«, sagte Spiridonow. »Aber sie hatten recht. Begreifst du, Gronski, dass sie recht hatten?«

»Zuerst muss geklärt werden, was passiert ist«, sagte Gronski halsstarrig.

»Du bist einfach nicht kleinzukriegen.«

»Natürlich nicht, wir werden das durchstehen. Morgen werden Sie sehen, wie oft wir ans Ministerium geschrieben haben, dass man uns Mittel zur Verfügung stellen möge. Und auch Ihnen haben wir geschrieben. Wir atmen diese Luft, Sergej Iwanowitsch, Sie aber schauen kurz einmal vorbei und reisen wieder ab.«

»Erinner noch daran, dass wir gemeinsam gezecht haben«, sagte Spiridonow.

»Das meinte ich nicht. Ich habe von unserer gemeinsamen Verantwortung gesprochen. Wir sind doch untergeordnete Leute, wir haben uns bemüht, die Anweisungen bestmöglich auszuführen.«

»Na also«, sagte Spiridonow spöttisch. »Reiß andere mit rein, vielleicht kommt man in der Gruppe ja noch einmal davon … Nein, Gronski, ich fürchte, das wird dir diesmal nicht gelingen.«

Hinter ihnen flackerte ein Feuer auf.

»Ich habe sie«, rief die heranwatschelnde Aufsicht. »Ich habe sie! Und Kerosin ist auch noch gut die Hälfte drin.«

»Na prima«, sagte Spiridonow, während er sich umwandte und damit quasi das Gespräch mit Gronski von sich abschüttelte.

»Kehr um und such weiter.«

»Ja, aber sie brennt doch!«, sagte die Aufsicht.

»Wie viele hast du denn da noch?«

»Sechs vielleicht.«

»Dann nimm die Lampe und geh zurück. Von den sechs sollten noch zwei brennen. Mit einer kommen wir nicht aus. Und wenn du sie gefunden hast, dann stell mir eine hierher, mit einer andern gehst du die Etagen ab. Sag den anderen Aufsichthabenden, sie sollen auch Lampen anzünden. Und sammelt die Leute. Es soll niemand auf den Zimmern bleiben. Scheucht sie auf und schickt sie … Gibt es hier einen großen Raum? Möglichst weit oben?«

»Die Treppenvorhallen sind alle gleich groß«, sagte die Aufsicht. Sie hielt die brennende Kerosinlampe hoch in die Luft, und im Lichtkreis zeichneten sich Gesichter ab. Schubin registrierte, dass sich die Gruppe vergrößert hatte.

Die Stille, die das Hotel beherrscht hatte, wurde von einem anwachsenden Gemisch aus Stimmen, Rufen, Schritten und Klopfen abgelöst.

»Dann versammeln wir alle, die im Hotel wohnen, im Treppenvorraum des zweiten Stocks. Klar? Plotnikow und Gronski begleiten die Aufsichthabende. Es werden noch Freiwillige gebraucht. Einer pro Etage. Nun, wer?«

Der zweite Dienstreisende meldete sich: »Ich gehe.«

»Ich kann auch mitgehen«, sagte Schubin.

»Nein, du bleibst bei mir.«

»Ich bleibe wohl auch besser hier«, sagte Gronski leise, aber bestimmt. »Wir müssen einen Stab einrichten.«

»Der Stab bin ich«, sagte Spiridonow. »Bei mir werden Schubin und die Miliz sein. Bist du da, Miliz?«

»Hier«, antwortete der Sergeant.

»Die anderen: wegtreten.«

Eine zweite Lampe tauchte auf. Das hob die Stimmung und machte die Situation etwas weniger bedrückend. Es war eine Ordnung errichtet worden, die dabei half, nicht an jene Menschen zu denken, die in der Etage unter ihnen lagen. Die Aufsicht bewegte sich, von dem Gefühl der Wichtigkeit ihrer Person erfüllt, die Treppe hinauf. Ihr folgte eine Gruppe von Männern. Schubin bemerkte, wie Gronski, der ganz hinten ging, sich im letzten Augenblick von der Treppe abwandte und in der Tiefe der Vorhalle zurückblieb.

»Sergej Iwanowitsch«, sagte Schubin. »Wir haben unsere eigene Etage vergessen. Wenn Sie nichts dagegen haben, dann gehe ich und wecke die Leute.«

»Mach, aber beeil dich.«

»Ich geh mit dir«, sagte Elja. »Ich habe Angst hierzubleiben.«

Schubin nahm sich die Lampe vom Tisch.

Elja folgte ihm, dabei seine Hand ergreifend.

»Jurotschka«, sagte sie mit einem Flehen in der Stimme, als wollte sie so erreichen, keine negative Antwort zu bekommen.

»Das Gas wird doch meine Leute nicht erreichen, oder?«

»Es ist schwerer als Luft«, sagte Schubin, darum bemüht, überzeugend zu klingen. »Es steigt nicht hoch. Uns hat es ja auch nicht erreicht. Deine Leute wohnen doch im dritten Stock, nicht wahr?«

»Ja, im dritten.«

»Dann sind sie in Sicherheit.«

»Und wenn sie plötzlich aufwachen und hinuntergehen?«

»Ich hoffe, dass das alles bald zu Ende sein wird. Schließlich ist ja nicht die ganze Stadt ausgestorben. Es gibt Bezirke, die das Gas nicht erreicht hat. Speziell die höhergelegenen. Es wird Wind aufkommen und das Zeug wegwehen.«

»Und wenn …«

»Nun hör schon auf«, unterbrach Schubin sie grob. »Hilf lieber. Ich klopfe an die rechten Türen, du an die linken.«

Er pochte an die erste Tür.

Keine Reaktion. Er klopfte stärker. Nun begann sich unter ständigem Husten jemand zu regen.

Elja klopfte an die Tür gegenüber. Dann begann sie zu lachen.

»Was ist mit dir?« Ihr Lachen verwunderte ihn.

»Ich habe gerade daran gedacht«, sagte sie, »dass es dort vielleicht jemandem so ergeht wie vorhin uns beiden. Es ist jetzt schließlich schon elf durch.«

Großer Gott! Schubin musste lächeln. Wie weit lag das schon zurück! Eine ganze Stunde war vergangen!

»Machen Sie auf!«, rief Schubin. »Eine Havarie! Ziehen Sie sich an und verlassen Sie ohne Hast das Zimmer. Eine Havarie, haben Sie verstanden?«

»Was? Was ist los?«

Eine Tür weiter hinten im Gang, wo es völlig finster war, hatte sich geöffnet.

Verschreckt fragte eine Stimme von dort: »Warum gibt es kein Licht?«

»Wo ist die Havarie?«, meldete sich jetzt jemand hinter der Tür, an der Schubin stand.

Die Tür gegenüber knarrte. Schubin hörte, wie Elja zu zwei kleinen Mädchen, die in Nachthemden in der Tür standen, sagte: »Nichts Schlimmes. Aber ihr müsst das Zimmer verlassen. Zieht euch an.«

»Was ist mit dem Gepäck, sollen wir das mitnehmen?«, fragte jemand aus der Ferne ganz vom Ende des Ganges.

Schubin ging die Türen ab und hämmerte mit den Fäusten dagegen. Es war keine Zeit dazu, jeden einzeln zu überreden.

»Schnell anziehen und rauskommen!«, rief er.

Und als Antwort erklangen Stimmen, die nicht nur von hinter

den Türen zu kommen schienen, sondern von allen Seiten. Sie jagten durch den Gang und hallten von Decke und Wänden.

»Was ist los? Feuer? Was ist mit dem Licht? Was ist passiert? Wer randaliert da? …«

*

Drei Lampen brannten auf dem Tisch der Aufsicht im zweiten Stock.

Die Halle in diesem Geschoss war dicht gefüllt mit schwer atmenden, verschreckten, schlaftrunkenen Menschen. Einige, die keinen Platz mehr gefunden hatten, drängten sich im Flur. Ständig kamen neue hinzu und fragten flüsternd, manche auch laut, was passiert sei.

Spiridonow hielt eine Rede. Das flackernde Licht der Lampen umfloss sein grobes, stoppeliges Gesicht. Mit wem hatte er Ähnlichkeit? Mit Fantomas? Hinter seinem Rücken standen einige Leute. Unter ihnen, natürlich, Gronski und sein Handlanger. Der Stab sozusagen. Schubin stand am Fenster, die Arme von hinten um Elja gelegt.

»Solange noch keine Hilfe eingetroffen ist«, fuhr Spiridonow fort, »und wir rechnen mit deren Eintreffen, sobald der Kontakt wiederhergestellt ist, verlässt niemand das Hotel. Und niemand begibt sich weiter als bis zum ersten Stock hinunter. Weiter unten herrscht eine hohe Gaskonzentration. Sie ist gesundheitsgefährdend.«

»Wie gefährlich ist sie?«, fragte jemand aus der Menge.

»Sehr gefährlich. Wenn Sie es nicht glauben, können Sie es ja ausprobieren. Die Bewohner des ersten Stockwerkes begeben sich eine Etage höher. Sie können dort die leeren Zimmer belegen oder sich in den Fluren aufhalten.«

»Wie sieht es mit dem Wasser aus, kann man das benutzen?«

»Der Gebrauch von Wasser ist nicht zu empfehlen. Solange es nicht von Experten geprüft worden ist. Es gibt keinen Grund zur Panik. Ich befehle: Die Weisungen der administrativen Gruppe, die hier ihren Sitz hat, sind strikt zu befolgen. Ich bin Sergej

Iwanowitsch Spiridonow. Wenn es nötig sein sollte, wenden Sie sich an mich persönlich.«

Mit einem Ruck setzte die Menge sich zum Zentrum hin, zu dem Tisch, hinter dem Spiridonow stand, in Bewegung. Die Leute begannen, einander dabei unterbrechend, Fragen zu stellen. Fragen, die sich wiederholten: Was ist mit den Sachen, gibt es eine Strahlung? Spiridonow antwortete ausweichend und beschwor alle, auf den Zimmern zu bleiben. Aber kaum jemand ging dorthin. Man fragte einander aus, und niemand verstand auch nur das Geringste. Dann jedoch blickte jemand aus dem Fenster, stieß einen Laut der Überraschung aus, und alle begannen, sich um das Fenster zu drängen, wobei Schubin abgedrängt wurde. Über einen Kopf hinweg sagte er zu Spiridonow: »Ich gehe hinunter, geben Sie mir eine Lampe.«

»Wozu?«, fragte Spiridonow.

Schubin drängelte sich zum Tisch durch.

»Ich will mich vergewissern, ob das Gas auch nicht weiter steigt.«

»Ein vernünftiger Gedanke«, sagte Gronski.

Spiridonow ergriff eine der Lampen und reichte sie Schubin.

»Berichte mir persönlich, sodass niemand sonst etwas erfährt.« Und gleich darauf rief er: »Miliz, bist du hier?«

»Hier«, meldete sich der Sergeant von der Treppe.

»Niemanden nach unten lassen.«

»Zu Befehl.«

»Wieso denn das?«, fragte eine hohe Frauenstimme. »Ich habe doch meine Sachen noch nicht aus dem Zimmer geholt.«

»Die Sachen holen Sie morgen!«, rief Spiridonow.

»Dort sind Tote! Die sind ja alle tot!«, erklang es vom Fenster her.

Schubin ging zur Treppe. Elja folgte ihm auf den Fersen wie ein junges Hündchen.

»Ich gehe und schaue, wie es dort unten aussieht«, sagte er zu dem Milizionär.

»Seien Sie nur vorsichtig«, entgegnete dieser.

»Danke.«

»Vielleicht ist es besser, wenn Sie Ihr Mädchen hierlassen?«

»Sie kann ruhig mitkommen, sie ist meine Fahrerin.«

»Fahrerin?«, wunderte sich der Milizionär. »Mir hat man gesagt, dass wäre eine … aus der Bahnhofswirtschaft.«

»Das wurde Ihnen gesagt?!«, fuhr Elja auf. »Denen werde ich es noch zeigen.«

»Werden Sie nicht«, sagte der Milizionär. »Er liegt dort.«

Sie gelangten lediglich bis zum ersten Stockwerk. Drei Stufen tiefer erblickte Schubin im Licht der Kerosinlampe bereits das butterfarbene Flimmern. Irgendetwas war geschehen, das den Nebel in Bewegung versetzt und ihn zum Höhersteigen veranlasst hatte. Natürlich, wenn die Quelle des Nebels, jener Ort, an dem tödliche Reaktion ablief, noch aktiv war – und warum sollte sie das nicht sein –, dann füllte das Gas allmählich den Talkessel der Stadt. Die Menschen, die in eingeschossigen Häusern wohnten, waren längst tot. Davon musste man ausgehen. Und sie dürften nicht einmal bemerkt haben, wie es passierte.

»Es steigt«, sagte Elja. »Warum steigt es?«

»Ich weiß nicht.«

»Und wie weit wird es noch steigen?«

»Das ist wohl die Grenze, denke ich«, sagte Schubin. »Das Gas wird sich in der Breite verteilen – es hat die Senke schon ausgefüllt und wird nun überfließen.«

»Und die töten, die sich höher befinden?«

Schubin bereute, Elja mitgenommen zu haben. Sie zitterte, ihre Stimme war brüchig.

»Wir müssen uns mit Spiridonow beraten«, sagte er. »Lass uns zurückgehen.«

Der Milizionär beugte sich vor, als er Schubin mit der Lampe in der Hand emporkommen sah. Hinter seinem Rücken herrschte ein unentwirrbares Stimmengemenge.

»Na, wie sieht's aus?«, fragte er.

»Es ist etwas gestiegen«, antwortete Schubin. »Der erste Stock sollte besser nicht betreten werden.«

»Haben Sie nicht etwas zu rauchen?«

»Verdammt, das geht dem Ende zu«, fluchte Schubin, als er die hervorgeholte Packung betrachtete.

»Dann lassen Sie.«

»Nein, nehmen Sie. Ich hole noch eine Schachtel aus dem Zimmer.«

»Geh nicht dahin«, sagte Elja.

»Hören Sie, wir beide haben doch jetzt eigentlich Bekanntschaft geschlossen«, sagte Schubin zu dem Milizionär. »Und ich weiß immer noch nicht, wie Sie heißen.«

»Sergeant Wassiltschenko.«

»Und unter Freunden?«

»Unter Freunden Kolja. Kolja Wassiltschenko.«

»Ich bin Jura.«

»Da hätten wir uns also bekannt gemacht, es ist schon ein bisschen komisch«, sagte der Milizionär. »Eigentlich wart ihr ja zunächst einmal Vorschriftsverletzer, und jetzt sind wir Freunde.«

»Du hast es auf den Punkt gebracht«, sagte Schubin. »Nur erkläre mir bei Gelegenheit einmal, was ich mir habe zuschulden kommen lassen.«

»Das wisst ihr doch selbst«, entgegnete Kolja mit einem kurzen Blick auf Elja.

»Nun gut, lassen wir das. Hör zu, Kolja, Elja bleibt bei dir. Je eher ich mich in mein Zimmer aufmache, desto besser. Hast du noch irgendetwas dagelassen, Elja?«

»Nein. Ich hatte nur die Tasche.«

Er schob Elja zum Milizionär und stieg schnell hinab.

Das Flämmchen in der Lampe flackerte und wurde ein wenig kleiner. Das fehlte noch, dass die jetzt ausging. Schubin schüttelte die Lampe. Es schien zu gluckern.

Auf dem Treppenvorplatz des ersten Stockes stoppte er und blickte erneut hinunter. Der gelbe Nebel lag friedlich zu seinen Füßen. Seine Ausdünstungen rochen nach Tod. Das ist wie Wasser, dachte Schubin. Wie ein Ozean oder ein See. Auf seinem Grund liegen ertrunkene Menschen. Es hat einen Schiffbruch gegeben, das Schiff ist untergegangen, und da liegen die Menschen nun.

Und zwischen mir und ihnen ist das Wasser. Und dieses Wasser erstreckt sich weit. Wie weit, das weiß wohl noch niemand genau. Es hat viele Häuser verschluckt … Überschwemmung im Ural, könnte man im Fernsehen berichten. Aber Überschwemmungen ereignen sich üblicherweise in Bangladesch. Ja, es wäre schon besser, wenn es eine Überschwemmung wäre oder auch ein Erdbeben. Daran träfe niemanden die Schuld. Aber dieser lautlose, heimtückische Tod war Menschenwerk.

Er ging den Korridor entlang. Vor Kurzem noch waren hier Menschen gewesen, sogar ihre Gerüche hingen noch in der Luft. Jetzt aber herrschte die Stille und Verödung eines verlassenen Schiffes, das sich wie durch ein Wunder noch über Wasser hielt. Im Zimmer öffnete Schubin den Koffer. Was mitnehmen? Am vernünftigsten wäre es wohl, den ganzen Koffer nach oben zu tragen. Aber ihm war nicht wohl bei dem Gedanken, es könnte ihn jemand dabei bemerken. Dann nämlich würde alle Welt herabeilen. Nein, was für alle gilt, das gilt auch für mich, dachte Schubin. Er konnte eigentlich nicht von sich behaupten, sonderlich große Erfahrung mit Katastrophensituationen zu haben, und war selbst über seine Entscheidung erstaunt – dein Gewissen ist also wachsam, Jura, sagte er sich.

Er nahm die Zigaretten aus dem Koffer, dann steckte er noch die Kaffeebüchse in eine Tasche seiner Pelzjacke. Und die Papiere hatte er auch. Mehr brauchte ein Mensch auf einem Floß im offenen Meer nicht. Er wollte schon gehen, als ihm ein Gedanke kam: Und was, wenn die Dinge, die in das gelbe Flimmern gerieten, verseucht wurden? Dann würde er den Koffer nicht mehr wiedersehen. Schade, es war ein guter Koffer, nicht sonderlich groß, aber stabil und schön. Er hatte ihn in Köln gekauft. Und so schwang er ihn auf den Schrank hinauf. Immerhin anderthalb Meter mehr, vielleicht hatte er ja Glück. Dann schaute er ins Bad und nahm Zahnbürste und Zahnpasta mit.

Bevor er das Zimmer nun endgültig verließ, kehrte er noch einmal an das Fenster zurück. Der Platz war noch immer derselbe – vom Mondlicht erhellt und von Schatten durchschnitten.

In dem leeren Bus brannte noch immer Licht. Die Menschen lagen noch immer genauso gefügig und unbeweglich im Schnee wie zuvor. Auf dem Dach des Bahnhofs bemerkte Schubin eine Bewegung. Dort war ein Mensch. Nein, zwei. Ihnen wird ganz schön kalt sein, dachte Schubin.

Wo waren Bruni, Boris und Natascha jetzt? Wenn sie aufs Revier gebracht worden waren, dann waren sie jetzt wahrscheinlich schon nicht mehr am Leben. Schubin dachte abstrakt darüber nach, so als würde er eine Logikaufgabe lösen. Wenn man sie freigelassen hätte, dann wäre es gut. Dann sind sie jetzt zu Hause. Und wenn Bruni, bevor das Licht ausging, gesehen hat, was sich da zusammenbraute, dann mochte er es geschafft haben, nach Moskau oder Swerdlowsk zu telefonieren. Irgendjemand muss das doch bemerkt haben! Die Eisenbahn, der Flugplatz, die Militärgarnison – die Stadt stand doch durch ein dichtes Netz von Verbindungen in ständigem Kontakt mit der Außenwelt. Folglich war inzwischen längst Alarm ausgelöst worden, liefen die Telefone heiß und waren Flugzeuge unterwegs …

Schubin besann sich. Es war Zeit zu gehen. Elja machte sich bestimmt schon Sorgen. Gestern hatte es Elja für ihn noch nicht gegeben. Jetzt aber war er sich sicher, dass sie sich um ihn sorgte. Und er fand das nicht einmal verwunderlich. Seine Frau hatte ihm wohl nie so nahe gestanden, denn in den elf Jahren hatte er sich nicht ein einziges Mal um sie Sorgen gemacht, und auch sie hatte nie gebangt, ob er denn wohl noch am Leben sei. Sogar als die Tochter geboren wurde, war er im Ausland. Er hatte durch ein Telegramm von dem freudigen Ereignis erfahren und war in keiner Weise unruhig gewesen. Auch die Trennung war völlig undramatisch vonstatten gegangen. Er wusste, dass sie ein Verhältnis hatte, war sich sogar fast sicher, mit wem, und begriff auch, dass der andere stärker war und ihm Dascha wegnehmen würde. Wenn er Dascha wollte, dann würde er sie zu sich nehmen. Und so war es dann auch geschehen.

Die beiden Leute gingen den First des Bahnhofsdachs entlang. Schubin schloss die Zimmertür. In diesem Moment verlosch die

Kerosinlampe. Er schüttelte sie. Kein Gluckern. Den Rückweg musste er sich an der Wand entlangtasten. Im Vorraum, am Tisch der Etagenaufsicht, bekam er es dann mit der Angst. Er stellte sich vor, dass der gelbe Nebel den Treppenabsatz erreicht hatte und ihn schweigend erwartete. Schubin atmete tief ein und hielt dann die Luft an. Er ging mit vorangestreckten Armen. Das Herz begann zu hämmern, die Luft wurde knapp. Es schien ihm die Brust zu sprengen, so stark war der Drang nach Luft. Und dann strömte der Sauerstoff gegen seinen Willen in die Lungen. Es rauschte ihm in den Ohren. Doch nichts geschah. Schubin ertastete die erste Stufe und begann, die von der Furcht geschwächte Hand an das Geländer geklammert, hinaufzusteigen.

»Bist du es?«, flüsterte Elja von oben.

»Die Lampe ist ausgegangen«, sagte Schubin. Seine Stimme war brüchig. Er hustete. »Alles in Ordnung. Nur die Lampe ist ausgegangen, das Kerosin war alle.«

Elja stürzte zu ihm. Sie weinte.

»Ich wollte zu dir«, sagte sie. »Aber Kolja hat mich nicht durchgelassen.«

»Sie hat ja kein Licht«, erklang neben ihr die Stimme Koljas, der in der Dunkelheit nicht zu erkennen war. Die beiden waren auf den Zwischenabsatz hinabgestiegen, um ihn zu erwarten.

»Was sollte mir denn passieren?«, fragte Schubin. »Hier besteht doch keine Gefahr.«

»Beinahe hätte ich es vergessen«, fügte er hinzu. »Nimm. Die Zigaretten.«

»Oh, danke«, freute sich Kolja. »Und ich hatte gedacht, Sie würden es vergessen.«

»Wie sieht es mit Streichhölzern aus?«

»Hab ich.«

Gemeinsam mit Elja gingen sie weiter hinauf. Die Lampe auf dem Tisch flackerte. Auch in ihr ging das Kerosin zu Ende. Man konnte die Silhouette Spiridonows erkennen, der mit auf die Platte gestützten Händen am Tisch stand. Neben ihm waren ein paar schwarze Gestalten. Die Menge hatte sich irgendwohin zerstreut.

»Das Zeug basiert offenbar auf Schwefelwasserstoff«, murmelte Gronski vor sich hin. »Das allein ist schon gefährlich. Aber ohne Analyse kann ich dazu nichts weiter sagen.«

»Du bist doch Chemiker. Denk nach, was zu tun ist«, sagte Spiridonow.

»Ich bin nicht Chemiker, sondern Koordinator. Aber auch ein Chemiker wird Ihnen nichts anderes sagen.«

»Verdammt noch mal! Ihr habt doch den Scheiß hier verursacht!« Spiridonow bemerkte Schubins Näherkommen.

»Wohin waren Sie denn verschwunden?«, fragte er brummig.

»Zigaretten holen«, entgegnete Schubin. »Noch ist es nicht so weit gestiegen.«

»Gib doch mal eine«, sagte Spiridonow. »Ich habe zwar eigentlich aufgehört, aber was soll's.«

Schubin öffnete die Packung. Spiridonow nahm sich eine Zigarette.

»›Marlboro‹«, sagte er. »Du rauchst wohl auch nicht alles, was?«

Aus der Dunkelheit griffen noch zwei Hände nach den Zigaretten.

»Möchten Sie?«, wandte Schubin sich an Gronski.

»Ich rauche nicht«, entgegnete dieser in einem Ton, als hätte Schubin ihm etwas Unanständiges vorgeschlagen.

Der köstliche Rauch breitete sich aus.

Das schwache Flämmchen der Kerosinlampe, die Leuchtpunkte der Zigaretten ringsumher, die Stille, jemandes erzählende Stimme ganz in der Nähe: »Und dann ist mir noch einmal Folgendes passiert. Ich war auf einer Dienstreise in Kurgan…« – all dies zusammen schuf eine eigenartig harmonische, perfekte nächtliche Welt, und wenn man nicht daran dachte, dass dort unten, unter der Schicht des gelben Wassers, Ertrunkene lagen, dann hätte man einen völlig harmlosen, alltäglichen Anlass unterstellen können, der diese wartenden, aber keineswegs beunruhigten Menschen zusammengeführt hatte.

»Sergej Iwanowitsch«, sagte Schubin. »Ich möchte auf das Dach steigen.«

»Wozu? Aber du hast recht, wir sollten uns mal umschauen. Geh. Ich erwarte deinen Bericht. Und nimm noch jemanden mit. Geh nicht allein.«

»Ich nehme den Milizionär mit«, sagte Schubin. »Der ist von hier und hat Ortskenntnis.«

»Das ist vernünftig. Geht. Plotnikow, löse den Milizionär an der Treppe ab!«

Elja wurde von Schubin angewiesen, unten zu bleiben, weil sie ohne Mantel war. Sie widersprach nicht. Sie sagte, sie wolle sich ein leeres Zimmer suchen und sich ein wenig hinlegen.

Mit ihnen ging die Etagenaufsicht des ersten Stockes. Im folgenden Stockwerk fanden sie eine Lampe. Im vierten und im fünften – dem letzten – Stock brannten Lampen. In allen Treppenhallen hatten sich die Leute versammelt. Die Menschen hatten Angst davor, in ihre finsteren Zimmer zu gehen. Beim Anblick des Milizionärs und Schubins wandten sich die Leute zu ihnen um, standen auf, fragten, was es Neues gebe. Eine Frau sagte: »Ich habe Feuer gesehen. Aus meinem Fenster.«

»Danke, wir werden uns von oben aus umschauen«, entgegnete Schubin.

Im fünften Stock spielte Musik. Sie kam aus der Tiefe des Flurs. Es war moderne, abgehackte Musik mit Schreien dazwischen.

»Was ist denn da los?«, fragte Schubin den Alten, der am Aufsichtstisch saß und im Schein der Kerosinlampe las.

»Die feiern«, gab der Alte gleichmütig zur Antwort. »Sie haben offenbar große Alkoholvorräte. Und beschlossen, die zu vernichten.«

»Vor Angst, oder was?«, fragte die Etagenaufseherin.

»Die sehen doch von hier oben gar nicht, was da unten los ist«, sagte der Alte und blätterte um.

»Und was lesen Sie da?«, fragte Schubin.

»Die Bibel«, antwortete dieser. Er blätterte erneut um.

»Ein wunderlicher Kerl«, sagte der Milizionär, als sie die Diensttreppe hinaufstiegen. Die Etagenaufsicht zeigte die Tür zum Dachboden. Sie war verschlossen und versiegelt.

»Da ist ein Siegel«, teilte Kolja mit.

»Das sehe ich«, sagte Schubin. »Machen Sie es ab.«

Der Milizionär zögerte. Schubin streckte die Hand aus und erbrach das Siegel. Er drückte gegen die Tür, doch die gab nicht nach.

»Lassen Sie mich«, sagte der Milizionär. Er lehnte sich zurück und stieß dann mit der Schulter gegen die Tür. Die gab nun nach.

Die Aufsicht sagte: »Dort drüben finden Sie den Ausgang. Ich komme nicht mit. Ich bin nicht dazu angezogen. Ich warte hier. Brauchen Sie die Lampe unbedingt?«

Den Ausstieg aufs Dach fanden sie leicht.

Es war kalt, aber windstill. Die meisten Häuser in der Stadt waren kleiner als das Hotel. Daher war die ganze Stadt bis hin zu den seichten Hängen, welche die durch den Fluss zerschnittene Senke umschlossen, zu überschauen.

Die Sicht war gut. Der Mond leuchtete, und jenseits des Flusses loderte ein Feuer. Die Höfe und Dächer der Stadt waren schneebedeckt. So war die Stadt fast so gut wie am Tag zu erkennen.

Das Dach war flach, der Schnee lag gleichmäßig und unberührt auf ihm – niemand war innerhalb des letzten Tages hier heraufgestiegen.

Die Stadt schlief. In keinem einzigen der Häuser brannte Licht. Doch nein, wenn man ganz scharf hinsah, konnte man in der Ferne, wo die Fünfgeschosser standen, in einem oder zwei Fenstern ein schwaches Flackern wahrnehmen – jemand hatte Kerzen angezündet.

Schubin schaute nach unten auf die Straße, die vom Bahnhof ins Zentrum führte. Sofort erblickte er jene Spielzeugfigürchen, die sich als schwarze Streifen oder Häkchen auf dem Schnee und auf dem matschigen Bürgersteig abzeichneten – überall lagen Menschen. Es war allerdings keine besonders große Zahl, da das Unglück spät am Abend geschehen war und die Stadt so ab elf schlafen ging. Dennoch waren Dutzende Körper im Sichtbereich. Mehrere Menschen lagen dicht beisammen an einer Bushaltestelle, und dort stand auch der Bus selbst. Die Fenster waren erleuchtet wie bei jenem am Bahnhof.

Weiter entfernt, in den Höfen und Gassen, die nur gelegentlich einsehbar waren, lagen nur sehr wenige Leichen. Doch die Gassen wurden von eingeschossigen Häusern gerahmt, in die das Gas eingedrungen sein musste.

Man konnte erahnen, wo das Gas war. Weniger sehen als wirklich nur erahnen, so durchscheinend war es. Es bedeckte das Stadtzentrum mit einer glatten, ruhigen Schicht wie klares Wasser. In der Hauptstraße reichte es bis zur Mitte der Fenster der Erdgeschosse, in den weiter entfernten Nebenstraßen waren die eingeschossigen Gebäude zuweilen bis zum Dach überflutet. Das Gelände senkte sich zum Fluss hin, der sich als schwarzer Streifen hinter den Häusern abzeichnete, langsam ab. Dort unten am Fluss hatte der Nebel sogar schon die zweite Etage erreicht.

Über dem Wasser war er zu dichten Schwaden geballt, er bewegte sich, schien eine aus dem Nass geborene Wesenheit zu sein, aufspritzend und sich wieder beruhigend wie Wasser, das aus einer unterirdischen Spalte hervorsprudelt und sich dann in alle Richtungen ausbreitet. Linker Hand mündete der Fluss in den schwarzen, eisfreien See, auf dem ebenfalls ein gelbes Nebelkissen lag.

Also, begriff Schubin, dauerte der Prozess der Gasentstehung an, und es würde allmählich weiter ansteigen. Im gelben Nebel hinter dem Fluss spielte der Widerschein eines Feuers. Ein großes dreigeschossiges Gebäude stand in Brand, in seinen breiten Fenstern loderte ein Höllenfeuer, dessen Flammen auch schon durch das Dach züngelten. Schwarzer Rauch verdunkelte zuweilen den Mond.

»Was ist das?«, fragte Schubin.

»Die Textilfabrik«, antwortete Kolja.

Verblüffend war die Einsamkeit des Feuers, schließlich erregten Brände doch stets Aufmerksamkeit – nicht nur die der Feuerwehr, auch Gaffer umringten für gewöhnlich den Ort des Geschehens. Dieses Feuer jedoch loderte in absoluter Stille in einer gleichgültigen Stadt.

Schubin versuchte zu erkennen, ob sich der gelbe Nebel in der Nähe des Feuers verdünnte, doch auf diese Entfernung war es unmöglich, die dünne Materie des Gases und die Aura des Feuers voneinander zu unterscheiden.

Etwas weiter weg loderte ein zweites Feuer auf. Dort brannte ein Wohnhaus, einer der standardisierten Fünfgeschosser. Er war zum Teil durch andere Häuser verdeckt, sodass der Boden um ihn herum nicht zu sehen war. Und selbst wenn, so hätte man doch besser nicht hingeschaut, denn die aus dem Haus flüchtenden Menschen starben wahrscheinlich sofort durch das Gas – das Haus stand unweit des Flusses.

Jenseits des Flusses erklomm die Stadt mit genauso stummen und finsteren Vierteln wie diesseits den sanften Hang. Auch hier waren die eingeschossigen Häuser, die die zum See führenden Straßen säumten, im Nebel versunken. Hinter diesen Häusern begannen die Werksgebäude. Über dem Schornsteinwald stand kein Rauch, in den Fenstern dafür aber Finsternis. Ob dort Menschen waren und wenn ja, was sie taten, das war von hier aus nicht herauszubekommen.

»Jura, bist du hier?«

Elja war auf das Dach geklettert und lief zu ihm. Sie war nur im Kleid.

»Warum bist du hierhergekommen? Hier droht mir keinerlei Gefahr«, schimpfte Schubin. »Und nun geh wieder zurück, du wirst dich erkälten.«

»Na und?«, sagte Elja. Sie winkte ab und schaute zum Fluss, in Richtung des brennendes Hauses.

»Was ist mit dir?«

Elja hatte einen Laut des Erschreckens von sich gegeben.

»Ist das dein Haus?« Zum ersten Mal in dieser Nacht verspürte Schubin kalten Schrecken in seiner Brust.

»Nein, das ist die Zwanzig«, sagte Elja. »Meins ist rechts dahinter.«

»Du brauchst keine Angst zu haben, das Feuer wird nicht überspringen«, beeilte Schubin sich zu sagen. »Du siehst ja, dazwischen liegt der Platz.«

»Aber da wohnt doch Werka … du kennst sie ja nicht. Meine Freundin.«

»Geh runter!«, befahl der Milizionär auf einmal. »Geh vom Dach, sonst bring ich dich weg.«

»Nein, nicht, ich habe Angst, dort ist es dunkel. Bitte, nicht.« Schubin zog den Pelzmantel aus und legte ihn Elja über die Schultern.

»Kolja«, fragte er vorsichtig, »und wo wohnst du?«

»Im Wohnheim«, antwortete der Milizionär. »Das ist von hier aus nicht zu sehen. Hinter diesen Häusern da. Ich habe niemanden, um den ich mir Sorgen machen müsste. Wie Sie.«

»Aber warum ist es in Brand geraten?«, fragte Elja.

»Es kann jemand ein Bügeleisen oder eine Kochplatte angelassen haben …«

»Bevor er umgekommen ist, ja?«

»Still!«

Von hoch oben war ein entferntes Geräusch zu vernehmen. Es kam näher. Über ihren Köpfen flog ein Flugzeug.

»Nein«, sagte der Milizionär. »Es ist ein Linienflugzeug. Es fliegt sehr hoch.«

»Wenn sich vielleicht auch niemand daran stößt, dass es keinen Strom gibt«, sagte Spiridonow, der ebenfalls auf das Dach getreten war, »so muss doch aber zumindest das Feuer bemerkt werden. Es ist ganz sicher schon bemerkt worden.«

»Gut, wenn es bemerkt worden ist, aber schlecht, wenn sie hingehen, es zu löschen«, sagte Schubin.

»Ja, sie werden nicht weit kommen«, stimmte Spiridonow zu.

Spiridonow stand mit aufgeknöpftem Jackett da, der voluminöse Bauch war unbedeckt. Der Schlips war auf die Seite gerutscht.

»Jetzt brauchen wir erst mal einen Schluck«, sagte er. »Wo hast du dein Glas gelassen?«

»Im ersten Stock.«

»Ist die Flasche auch da?«

»Ich denke, ja.«

»Na gut, ich hole sie nachher.«

Währenddessen ließ Spiridonow seinen Blick über die Stadt schweifen. Er hatte Probleme, den Kopf zu drehen, und bewegte daher den ganzen Körper.

»Ist es weit bis zur Garnison?«, fragte Spiridonow den Milizionär.

»Etwa zwanzig Kilometer.« Kolja zeigte in die Richtung des Werks.

»Den Qualm sollten sie bemerken. Den müssen sie bemerken. Und wo ist der Flughafen?«

»Auch in dieser Richtung, nur etwas näher«, sagte der Milizionär. »Gerade ist ein Flugzeug vorbeigeflogen.«

»Warum haben Sie nichts gesagt? Und wo ist es hingeflogen?«

»Es war wohl ein Linienflug«, sagte Schubin. »Es war sehr hoch.«

»Es gefällt mir nicht, die Hände in den Schoß zu legen und abzuwarten, bis es uns erwischt«, sagte Spiridonow. »Das gefällt mir überhaupt nicht. Was meinst du, ob es einen Schutz gegen das Gift gibt?«

»Ich weiß nicht.«

»Ich habe unten gefragt, ob ein Chemiker da ist. Einer hat sich gemeldet, er konnte aber nichts sagen. Und dann hat er sich irgendwohin verdrückt.«

»Wir müssen Stelzen machen«, sagte der Milizionär. »Möglichst lange, damit der Kopf hochkommt.«

»Eine gute Idee«, sagte Spiridonow. »Und dann?«

»Dann können wir hier weg.«

»Bist du schon oft in deinem Leben auf Stelzen gegangen?«

»Nein, noch gar nicht.«

»Und Geige hast du auch noch nicht gespielt?«

»Nein, wieso?«

»Weil man alles erst einmal lernen muss. Du gehst mit den Stelzen auf den Platz hinaus, stolperst beim dritten Schritt und tschüss.«

Spiridonow war an den Rand des Daches getreten, und Schubin war ihm gefolgt. Von hier aus sah man die Gleise mit den dunklen Waggons, die Leichen auf den Schienen und weiter entfernt die bis zur halben Höhe im gelben Nebel stehenden Häuser und Schuppen … Auf dieser Seite lag der Stadtrand näher, wenn man sich anstrengte, konnte man in der Finsternis den Wald ausmachen.

»Ich überlege Folgendes«, sagte Spiridonow. »Hier im Hotel muss doch ein Zivilverteidigungsstützpunkt sein. Miliz, weißt du nicht, wo der ist?«

»Nein, das weiß ich nicht.«

Der Milizionär war ebenfalls zu ihnen getreten. Auf der anderen Seite des Daches war lediglich Elja verblieben. Sie schaute noch immer zu ihrem Haus und dem benachbarten, in Flammen stehenden.

»Schade«, sagte Spiridonow. »Aber er wird wohl höchstwahrscheinlich im Erdgeschoss sein. Warum zum Teufel nur müssen die alle Lager im Erdgeschoss unterbringen?«

»Weil die Städte nur selten überflutet werden«, antwortete Schubin.

»Ich wette, wenn wir das Erdgeschoss absuchen würden, dann würden wir ganz sicher auf einen Stapel vor sich hin gammelnder Gasmasken stoßen.«

»Wobei aber noch nicht sicher wäre, dass die Masken vor dem Zeug schützen«, sagte Schubin. »Dafür gibt es keine Garantie. Man bräuchte welche mit autonomer Luftversorgung.«

»Aber wir würden es probieren. Wir würden Gronski einen Schnuffi anlegen und ihn losschicken. Bleibt er am Leben, dann sind wir alle gerettet, kommt er um, so bekommt er ein Begräbnis mit allen Ehren.«

»Schade, aber Ihr Plan funktioniert nicht.«

»Das ist mir klar, dass er nicht funktioniert. Aber wie wäre es mit einem nassen Handtuch vor der Klappe? Ich habe das irgendwo gelesen.«

»Und wo wollen Sie dann hin?«

»Ich hole den Bus heran …«

Von hinten überraschte sie ein dröhnender Klang. Noch ein Schlag, noch einer …

Sie eilten zu der Seite, auf der Elja stand.

»Was ist das?«, fragte Spiridonow.

»Das ist in der Kirche«, antwortete Elja. »Jemand läutet.«

»Warum?«, fragte Spiridonow. »Warum denn?«

»Das ist Alarmläuten«, sagte Schubin. »Hören Sie, es läutet schnell hintereinander und scheint nicht aufhören zu wollen.«

»Wer hat das erlaubt?« Doch Spiridonow besann sich sogleich und winkte ab.

»Seltsam«, bemerkte Schubin. »Er muss doch irgendwie zur Kirche hingelangt sein.«

»Die Kirche steht auf einem Hügel«, sagte Elja. »Und er wohnt wahrscheinlich in dem Haus neben der Kirche. Da ist so ein rotes Haus«

»Genauso ist es«, bestätigte der Milizionär. »Dort wohnt er.«

»Das Läuten hätte er sich sparen können«, sagte Spiridonow, »die Lage ist so schon schlimm genug.«

»Vielleicht will er damit warnen«, mutmaßte Schubin. »Oder auf sich aufmerksam machen.«

»Ich weiß es nicht, ich weiß es nicht«, sagte Spiridonow. »Wenn ein Ahnungsloser darauf hört und aus dem Haus läuft, dann war es das für ihn.«

Sie schwiegen, die Glocke jedoch fuhr fort in ihrem Versuch, die tote Stadt zu erwecken.

»Ich würde mein halbes Leben dafür geben, nur um jetzt nach Hause zu kommen«, sagte Elja.

»Du solltest nicht ganz so großzügig mit deinem Leben umgehen, Mädchen«, sagte Spiridonow. »Du wirst noch Kinder zur Welt bringen.«

Elja krümmte sich vor Kälte, gab sich aber den Anschein, nichts gehört zu haben.

Sie zupfte Schubin am Ärmel – sie wollte gehen.

»Es ist wirklich kalt«, sagte Spiridonow, der Eljas Geste bemerkt hatte. »Gehen wir, ich werde gleich mal einen Vorstoß in die erste Etage machen, damit uns die Flasche nicht umkommt.«

Es war ein Uhr durch. Das Foyer des fünften Stocks hatte sich geleert. Drei Leute schliefen in den Sesseln, um die sie ihre Sachen versammelt hatten. Der Rest hatte sich dann doch auf die Zimmer verteilt.

Im dritten Stock spielte noch immer Musik. Spiridonow fragte: »Sollte man die nicht lieber auseinanderjagen? Veranstalten hier ein Gelage in Zeiten der Pest.«

»Vergeudet eure Kräfte nicht, das macht nur unnötigen Ärger«, sagte der Alte, der noch immer in der Bibel las. »Sie wollen ihre Angst ersticken. Jeder macht das auf seine Art.«

»Aber es gibt für uns doch keinen Grund, Angst zu haben.«

»Die, die jetzt tot sind, haben gestern auch vor nichts Angst gehabt.«

Spiridonow runzelte die Stirn und sagte: »Gehen wir, es bringt doch nichts, wenn wir uns hier in Mystik ergehen.«

Im zweiten Stock standen Gronski und der Handlanger Plotnikow am Tisch und flüsterten miteinander.

»Sie waren aber lange weg«, sagte Gronski zu Spiridonow.

»Es hat in der Zwischenzeit keine besonderen Vorkommnisse gegeben.«

»Ruht euch aus«, sagte Spiridonow. »Morgen wird ein harter Tag.«

Der Glockenklang war hier nicht mehr zu hören.

»Ich geh mal eben in den ersten Stock«, sagte Spiridonow. »Ich will einen Kontrollgang machen.«

»Ich komme mit Ihnen«, erbot sich Gronski.

»Ich komme alleine klar«, sagte Spiridonow.

Die Lampe war so gut wie leergebrannt und musste jeden Augenblick erlöschen.

»Geh lieber nach oben, Gronski«, sagte Spiridonow. »Hol eine andere Lampe, dort müsste eine übrig sein. Aber nimm nicht dem Alten seine weg.«

Er zwinkerte Schubin zu.

»Ich gebe Ihnen fünf Minuten«, sagte Schubin. »Dann schicke ich einen Rettungstrupp.«

»Ich bin selber auf einer Rettungsmission«, entgegnete Spiridonow. Er vergewisserte sich, dass Gronski und der Handlanger gegangen waren, und bewegte sich dann zielstrebig in Richtung Treppe.

Die Lampe nahm er mit. Es wurde dunkel.

»Ich habe ein Zimmer gefunden«, sagte Elja. »Komm, leg dich ein bisschen hin. Es ist gleich hier, das zweite.«

Schubin wollte nicht schlafen, ging aber dennoch gehorsam hinter Elja her. Sie sollte beschäftigt sein, dachte er, jedoch wollte ihm keine Beschäftigung einfallen, die geeignet gewesen wäre, sie von ihren Gedanken an zu Hause abzulenken.

Elja drückte die Tür auf. Das Zimmer war deutlich größer als das Schubins.

»Ein Luxuszimmer«, sagte sie. »Es war leer, sie halten immer Luxuszimmer für besondere Gäste wie Spiridonow bereit.«

»Wer ist dieser Spiridonow eigentlich, weißt du das?«

Schubin zog die schweren Vorhänge beiseite, um das Mondlicht ins Zimmer zu lassen.

»Er ist wohl ein hohes Tier aus der Hauptverwaltung in Moskau. Er ist Gronskis Chef.«

»Ein seltsamer Mensch. Er hat keinerlei Angst. Und auch keinerlei Schuldbewusstsein. Als wäre er auf einer Übung.«

»Ist das gut oder schlecht?« Elja verstand ihn nicht.

»Ich weiß nicht, aber ich weiß, dass es gut ist, dass er jetzt hier ist. Es gibt Menschen, die können einfach befehlen. Die scheinen dafür geboren zu sein.«

»Ja, der kann das ganz gewiss«, stimmte Elja zu.

Schubin zog Elja an sich und küsste sie auf die geschlossenen Augen. Sie ließ es regungslos geschehen. Dann sagte sie: »Jetzt bitte nicht, ja?«

»Was nicht?«, fragte Schubin, doch er kam sogleich darauf, lächelte und entgegnete: »Ich habe dich bloß geküsst. Verstehst du – einfach weil du schön bist und ich dich liebe.«

»Wirklich?«

»Ehrenwort.«

Er blickte ihr in die Augen. Erstaunlich, wie er sich an die Dunkelheit gewöhnt hatte, fast wie ein Lemur.

»Ich habe Angst«, sagte Elja. »Und doch bin ich glücklich. Ist das schlimm?«

»Warum sollte es?«

»Weil Mitka und Mama dort sind, ich aber glücklich bin.«

»Ihnen wird nichts geschehen. Ich gebe dir mein Wort.«

»Danke, du bist lieb.«

Schubin sah aus dem Fenster – was war mit den Leuten auf dem Bahnhofsdach?

Doch es war niemand zu sehen.

Und dann erstarrte er vor Erstaunen. Ein Güterzug näherte sich dem Bahnhof. Wie ein heller Stern erschien das Licht des Scheinwerfers. Es erfasste den Bahnhof. Selbst durch das Glas des Fensters war das Stuckern der Räder zu hören. Der Zug passierte den Bahnhof. In dem schmalen Durchblick zwischen dem Bahnhofsgebäude und der Gepäckaufbewahrung huschten die Waggons vorbei.

»Haben die denn gar nichts bemerkt?«, fragte Elja.

»Ein Halt wird hier nicht vorgesehen sein«, sagte Schubin. »Er wird wohl nur dann stoppen, wenn sich irgendein Hindernis auf den Gleisen befindet.«

»Was für ein Hindernis?«

»Nun, zum Beispiel ein nicht aus dem Weg geräumter Waggon oder ein auf den Gleisen liegender Mensch … Ich weiß es nicht.«

»Dann soll er lieber nicht anhalten müssen«, sagte Elja.

Wie zur Antwort auf ihre Worte erhob sich ein Kreischen in der Ferne. Die Waggons schienen ins Schlingern zu kommen, sie verlangsamten ihre Fahrt, der Zug bremste.

»Verdammt, das ist ja wie verhext«, murmelte Schubin.

Er stellte sich vor, wie der Lokführer den Zug eilig zum Halten zu bringen versuchte, weil er irgendein Hindernis erblickt hatte oder weil er wegen der fehlenden Beleuchtung des Bahnhofs und der Signalanlagen einfach vermutete, dass da etwas nicht stimmte. Er stoppt den Zug … gleich steht er. Dann sagt er zu seinem Gehilfen:

›Setz dich mit der Station in Verbindung, was ist da los, warum antworten die nicht?‹

Und wieder keine Antwort.

Er konnte sehen, wie sich die am Bahnhof vorbeiziehende Kette der Waggons immer weiter verlangsamte. Nun stand der Zug … Jetzt würde der Lokführer aus dem Führerstand springen … nun stürzte er zu Boden … Jetzt musste der Assistent hinabsteigen, um nachzusehen, was mit seinem Chef los ist …

»Das war's!«

»Was war's?«

»Nichts, ich habe nur laut nachgedacht. Wie viel Zeit ist schon vergangen? Ich gehe und schaue nach, was mit Spiridonow ist. Bleibst du hier?«

»Nein, hier will ich nicht bleiben. Ich geh lieber zur Aufsicht.«

Am Tisch der Aufsicht war Spiridonow nicht. Auch der Milizionär war nicht zu sehen. Wo war Kolja?

»Kolja!«, rief er. Der antwortete nicht.

Die Lampe hatte Spiridonow. Schubin erwartete, ihr Licht zu erblicken, sobald er eine halbe Treppe hinabstieg, doch das Foyer des ersten Stockwerkes war völlig finster. Wohin war der denn gegangen? Doch nicht etwa weiter nach unten?

»Sergej Iwanowitsch!«, rief Schubin.

Schubin erinnerte sich an das Feuerzeug. Er machte noch ein paar Schritte und stoppte dann – es war nicht auszuschließen, dass der gelbe Nebel bis zum Treppenabsatz gestiegen und Spiridonow in ihn hineingeraten war.

Das Feuerzeug brannte gleichmäßig, doch sein Licht war sehr schwach. Schubin hockte sich nieder – so weit das Licht reichte, war kein Nebel zu sehen. Schubin stieg weitere zwei Schritte hinab und leuchtete erneut. Auf diese Weise bewegte er sich bis zur ersten Etage hinunter, ohne auf den Nebel zu stoßen. Er richtete sich auf.

Ein schwaches Licht schien durch das Fenster herein. Auf dem Tisch standen die Wodkaflasche und ein leeres Glas.

Schubin lauschte. Aus dem Flur drangen unidentifizierbare Geräusche. Eine Tür schlug zu.

Schubin rief: »Sergej Iwanowitsch!« Jemand fluchte laut.

Schubin eilte in den Flur. Am anderen Ende erblickte er ein Licht. Auf dem Boden stand die Kerosinlampe. Daneben stand eine Zimmertür offen, und in der Tür machten sich dunkle Gestalten zu schaffen.

Schubin rannte zum Licht. Dort war eine Schlägerei im Gange.

*

Stöhnen, Schläge und Aufschreie hallten in der Dunkelheit wider.

Als Schubin näher gekommen war, ertönte ein hoher Schrei, wie von einem Kind. Einer der Kämpfenden stürzte zu Boden.

»Stehen bleiben!«, schrie Schubin. »Stehen bleiben, habe ich gesagt!«

Ein weiterer Mann versuchte, sich mit den Händen an der Wand abstützend, aufzustehen. Ein dritter rannte Schubin entgegen.

»Weg da!«, rief er im Laufen.

»Aufhalten! Aufhalten!«, rief jemand aus der offenen Tür. Schubin erkannte die Stimme Spiridonows.

Schubin warf sich dem Laufenden entgegen, der ruderte noch mit dem Arm, konnte aber die Wucht des Zusammenpralls nicht mehr ausgleichen, etwas schepperte auf den Boden, auch der Mann fiel, rutschte an der Wand hinunter, stand aber sofort wieder auf und lief humpelnd weiter.

Ein zweiter folgte ihm zusammengekrümmt. Nein, das war nicht Spiridonow – der hier war schlank und klein.

»Halt ihn doch fest, der Teufel soll dich holen!«

Spiridonow lag an der Tür und versuchte, sich kriechend fortzubewegen.

Augenblicklich verkrallte sich Schubin in den Flüchtenden, hängte sich an ihn. Der Mann riss sich aus der Umklammerung los, Schubin folgte ihm. Nein, da war für ihn nichts mehr zu machen. Der andere war jung und in Panik.

»Wohin läufst du?!« Das war die Stimme des Milizionärs Kolja. Sie kam von oben.

Der Milizionär stand mit erhobener Kerosinlampe auf der Treppe. Schubin konnte ein flaches, von der Schlägerei und von Verzweiflung verunstaltetes Gesicht erkennen. In diesem Moment kam auch der Zweite, der, den Schubin verfolgt hatte, sich die Seite haltend hervorgerannt.

»Stehen bleiben, oder ich schieße!«, rief Kolja.

Und beide Flüchtlinge jagten ahnungslos und nur an ihre Rettung denkend die Treppe hinunter.

»Nicht dahin!«, schrie Schubin. »Nicht!«

Von unten war ein Stöhnen zu hören, dann der dumpfe Aufschlag eines Körpers auf den Boden. Und noch ein Aufschlag.

»Das war's«, sagte Schubin. »Diese Idioten.«

»Was war denn mit denen los, wollten die das nicht begreifen?«, fragte der Milizionär.

Schubin sagte: »Gib mir die Lampe.«

»Was ist denn da passiert?«

»Irgendwas ist mit Spiridonow.«

Er nahm die Lampe und ging als Erster in den Flur. Kolja folgte ihm und stellte dumme Fragen: »Hör mal, wer waren die denn? Hast du sie verschreckt? Und hast du sehen können, ob es Hotelgäste waren oder welche von draußen?«

»Wie denn von draußen?«, brummte Schubin. »Vom Dach, oder wie?«

Spiridonow konnten sie nicht gleich ausmachen, weil zwischen ihnen und ihm ein Feuerstreifen loderte: Die Kerosinlampe war bei der Auseinandersetzung umgefallen. Es war zwar nur noch wenig Brennstoff in ihr gewesen, genug jedoch, um den Fußbodenbelag im Flur in einen stark qualmenden Brand zu setzen.

»Ein Feuer hat uns noch gefehlt!«, rief Schubin aus. Er machte sich daran, die Brandflecken auszutreten. Aus ihnen stoben Funken empor. Schubin hielt die Lampe hoch, damit die Funken sie nicht erreichten.

Ein Stückchen weiter vorn begann auch der Milizionär zu trampeln. Der Flur war völlig verraucht, der Fußbodenbelag stank bestialisch.

»Nachher!«, rief Schubin. Er sprang über den Feuerstreifen und beugte sich über Spiridonow. Der lehnte halb liegend, halb sitzend an der Wand, die Augen geschlossen, die dicken starken Finger an die Seite gepresst. Die Finger waren dunkel vor Blut.

»Sergej Iwanowitsch!«, sprach Schubin ihn an. »Was ist mit Ihnen?«

Spiridonow antwortete kaum die Lippen bewegend: »Die hatten ein Messer, die Hunde.«

Der Milizionär stampfte weiter auf den Brandherden herum.

»Ich dachte schon, ich muss hier verbrennen«, sagte Spiridonow.

»Tut es sehr weh?«, fragte Schubin.

»Nein, nicht sehr. Aber mir ist so übel.«

»Das ist vom Rauch«, meldete sich der Milizionär zu Wort. »Lassen Sie mich das mal anschauen.«

Mühsam, wie beim Erwachen aus einem Schlaf, öffnete Spiridonow seine kleinen hellen Augen.

»Hast du denn Ahnung?«

»Man hat uns beigebracht, Erste Hilfe zu leisten.«

»Dann leiste.«

Schubin und der Milizionär halfen Spiridonow, sich auf den Rücken zu legen. Der Milizionär schob das Jackett und das Hemd hoch, um die Wunde betrachten zu können.

»He!«, sagte Spiridonow. »Das Feuer ist wieder aufgeflammt.« Schubin stand auf und traktierte den verdammten Bodenbelag.

»Nun, wie sieht's aus?«, fragte Spiridonow. »Ich werd's jedenfalls überleben, wie man so schön sagt.«

»Ich kann nichts Genaues sagen«, antwortete Kolja. »Die Wunde ist klein. Aber ich weiß nicht, wie tief sie ist.«

»Mich muss der Teufel geritten haben«, sagte Spiridonow. »Ich hörte, wie sie hier herumwirtschafteten, und habe mich gewundert. Nanu, denke ich, wer ist denn um diese Zeit hier zu Werke? Ich dachte, es seien wohl Hotelgäste, die sich entschlossen hatten, ihre Sächelchen hinaufzubringen. Aber die … aber die … Hör mal, du Schinder, ob du wohl besser aufhörst, da mit den Fingern rumzupulen? Das tut doch weh! Du bringst da noch Mikroben rein!«

»Ich habe ein Taschentuch genommen«, entgegnete der Milizionär.

Schubin blickte sich um. An einigen Stellen schwelte der Fußbodenbelag noch. Jetzt bräuchte man Wasser.

»Wir müssen den Genossen nach oben bringen«, sagte der Milizionär.

Spiridonow hustete unter großer Anstrengung. Erneut fasste er sich an die bloßgelegte schmutzige Seite, und es war zu sehen, wie Blut zwischen den Fingern hervorquoll.

»Es ist vielleicht besser, wenn ihr mich hier liegen lasst«, meinte er.

»Nein«, entschied Schubin. »Das Gas kann jeden Moment hierher vordringen. Und verqualmt ist es hier auch.«

»Ihr schafft mich nicht.«

Der Belag qualmte derart stark, dass es in der Tat schwerfiel zu atmen. Der Milizionär war hinter dem Rauchvorhang verschwunden.

»Wir machen das mit einer Decke«, sagte er. »Ich hole eine aus dem Zimmer.«

Er suchte die Zimmertür, stolperte über irgendetwas und fluchte. Spiridonow stöhnte auf.

»So ein verdammter Mist aber auch«, sagte er.

»Es ist doch nicht zu glauben«, sagte Schubin. »Da waren das doch tatsächlich Plünderer. In einer solchen Stunde.«

»Warum nicht?«, entgegnete Spiridonow. »Unter solchen Umständen zu plündern, ist doch besonders cool. Ihr habt sie nicht erwischt, was?«

»Nein«, antwortete Schubin.

»Das ist dumm. Jetzt werden sie auf einer anderen Etage weitermachen.«

»Nein, sie sind hinuntergerannt.«

»Verstehe … Da haben wir sie also ordentlich erschreckt … verdammt, tut das weh. Hätte ich das gewusst, hätte ich mich nicht eingemischt. Verstehst du, ich dachte, das sind welche von den Hotelgästen …«

Spiridonow verstummte. Er atmete schwer und schnell.

Der Milizionär tauchte wieder auf. Er zog eine Decke hinter sich her. In der Tür stieß er wieder gegen den Koffer, den die Plünderer offenbar hier zurückgelassen hatten. Mit der Gleichgültigkeit eines unbeteiligten Beobachters registrierte Schubin, dass dies sein Koffer war. Der gute, in Köln gekaufte und jetzt völlig unnütze.

Sie zerrten Spiridonow, der schwer wie ein Feldstein war, auf die Decke. Dann mussten sie ihn erst einmal liegen lassen, um erneut Glimmstellen auszutreten.

»Und kein Eimer da«, klagte der Milizionär.

»Gleich, wir tragen ihn jetzt zur Treppe, dort rufen wir die Leute zusammen, mit Eimern. Das kriegen wir schon gelöscht.«

Sie schleiften Spiridonow auf der Decke durch den Korridor. Die Finger schmerzten, mehrmals glitt ihnen der Stoff aus den Händen.

»Sie sind ja ein ganz schön strammer Kerl«, bemerkte der Milizionär.

»Jetzt tut es mir selber leid«, sagte Spiridonow. »Seht euch doch vor, ihr Teufel!«

Noch bevor sie den Treppenvorplatz erreichten, verließen Schubin die Kräfte. Noch ein Schritt, und das Herz schien zerspringen zu müssen.

Er ließ die Decke fallen und sagte zum Milizionär: »Warte einen Augenblick, gleich geht's weiter.«

Erst jetzt wurde ihm bewusst, dass der Milizionär ja die Lampe gar nicht zurückgelassen hatte. Er zog die Decke mit nur einer Hand, in der anderen hielt er die Leuchte. Alle Achtung!

Schubin stieg die Treppe hinauf. Ihm schien es, er würde rennen – die Luft war knapp, die Beine waren wie Watte. Am Tisch saßen nur Elja und die Aufsicht. Sie unterhielten sich über irgendetwas, und Elja wandte ruckartig den Kopf, als sie Schubins Schritte und sein Keuchen hörte.

»Was ist los?«

»Spiridonow ist verletzt. Gibt es hier einen Medikamentenkasten?« Schubin war ein paar Schritte unterhalb der Etage stehen geblieben und lehnte sich an die Wand.

»Müsste es eigentlich«, entgegnete die Aufsicht. »Ich geh und suche ihn.«

»Wir brauchen einen Arzt und einen kräftigen Mann, um ihn hier heraufzubringen. Wo sind die alle?«

»Einige sind weiter nach oben gegangen, andere in ihren Zimmern«, sagte die Aufsicht.

»Lauf die Zimmer ab!«, sagte Schubin zu Elja. »Such einen Arzt. Oder eine Krankenschwester oder irgendetwas in der Art. Und ruf die Männer zusammen. Wo sind Gronski und der Handlanger?«

Elja eilte durch den Flur, hämmerte an die Türen, und es war zu hören, wie sie fragte: »Gibt es hier einen Arzt? Wir haben einen Verletzten! Und wir brauchen Männer zum Helfen.«

Eigentlich sollte er eine Etage hinaufsteigen und dort das Gleiche tun, doch seine Beine wollten ihm nicht gehorchen.

Die Aufsicht sagte: »Hier ist der Verbandskasten, ich habe mich schon gewundert, wo ich ihn wohl hingetan habe – gestern hatte ich ihn ja noch gesehen, und – siehe da – im unteren Fach war er. Ein Kopf wie ein Sieb.«

Schubin legte den Kopf in den Nacken und rief den Spalt im Treppenhaus hinauf: »Wenn dort oben ein Arzt ist, dann soll er herunterkommen in den zweiten Stock. Und ein Mann, um den Verletzten hochzutragen.«

»Ich komme, ich komme«, war von oben zu hören.

Schnellen Schrittes kam der Alte, der in der Bibel gelesen hatte, herab. Er trug eine Lampe. Ihm folgte der Dienstreisende.

»Sind Sie Arzt?«, fragte Schubin.

»Nein, aber ich wollte helfen.«

Schubin öffnete das Verbandskästchen und schüttete den Inhalt auf dem Tisch aus. Aspirin, Hustenbonbons, Jod … Er nahm nur ein Päckchen Watte mit.

Unten war es verraucht.

Der Milizionär hockte neben Spiridonow und hielt ihm den Kopf hoch. Spiridonow stöhnte leise, in seiner Kehle gluckste es. Schubin schaute nach unten und sah, dass der gelbe Dunst, wie eine Brühe, die eine Tasse bis zum Rand ausfüllte, just die Kante des Treppenabsatzes erreicht hatte. Jeden Moment musste er überschwappen.

Die anderen hatten das nicht bemerkt. Schubin reichte Spiridonow etwas von der Watte, und der hielt sie sich mit blutüberströmter Hand an die Seite. Während sie Spiridonow zur Treppe schleppten, rief Schubin immer wieder: »Höher halten, höher!«

Er hatte Angst, dass die unter dem Gewicht Spiridonows durchhängende Decke den gelben Nebel berühren könnte.

Eine halbe Treppe höher kamen ihnen Gronski und die dicke Vera entgegen. Gronski half mit, Spiridonow zu transportieren. Vera hatte Angst, Spiridonow könne sich über Gronski aufregen. Sie ging neben der Decke her und wiederholte immer wieder: »Das geht alles vorbei, Sie haben eine bemerkenswerte Konstitution … Was haben Sie sich da nur einfallen lassen …«

Und als sie Spiridonow, aneckend und ihm so Schmerzen zufügend, in das nächstgelegene Zimmer gebracht hatten, drängte

Gronski sich zu Spiridonow durch und sagte vorwurfsvoll: »Wie konnten Sie denn nur so unvorsichtig sein, Sergej Iwanowitsch!«

Spiridonow antwortete nicht. Er biss sich auf die Lippe, ein blutiges Rinnsal suchte sich seinen Weg über das Kinn.

Elja hatte unter den Hotelgästen eine Krankenschwester ausfindig gemacht, sie trieben alle aus dem Zimmer außer dem Milizionär Kolja, der ihnen half, Spiridonow zu entkleiden, und schlossen die Tür.

Dann erinnerte sich Schubin an das Feuer.

Er stand im Foyer, ringsumher waren Leute aufgetaucht. Der Lärm hatte jene angelockt, die in den Zimmern gesessen hatten.

»Wer geht mit mir in den ersten Stock?«, fragte Schubin und beendete damit das erwartungsvolle Schweigen. Niemand hatte ihn zum Stellvertreter Spiridonows ernannt, und dennoch hatten sie darauf gewartet, dass er etwas sagte.

»Ich gehe«, meldete sich der Alte, der in der Bibel gelesen hatte.

»Wir werden schnell nachschauen, was sich dort tut. Und die anderen suchen umgehend, verstehen Sie: umgehend, Eimer, Schüsseln, irgendwas. Ich hoffe, Sie begreifen, was ein Feuer für uns bedeutet?«

Von unten zog Rauch durch das Treppenhaus nach oben.

»Ich habe dort eine Brandschutztafel gesehen«, sagte der junge Grusinier mit der Schirmmütze. Ruslan hieß er wohl. »Da ist ein Feuerlöscher.«

»Das ist das Beste«, sagte Schubin.

Er schwankte, ob er von dem gelben Nebel erzählen sollte oder lieber nicht. Sie würden Angst bekommen.

Die Umstehenden bemerkten sein Zögern.

»Was ist? Was ist noch?«, fragte jemand aus dem Dunkel.

»Folgendes ist noch: Das Gas hat das Niveau des Treppenkopfes des ersten Stocks erreicht. Passieren Sie den Treppenkopf schnell und ohne Aufenthalt.«

»Und wenn es an die Füße kommt?«, fragte eine Frauenstimme.

»An den Füßen ist es nicht gefährlich, so hoffe ich – so hoffe ich sehr. Aber garantieren kann ich das nicht. Und lassen Sie uns das

gleich klären: Wir gehen zum Feuer und sehen nach. Wenn keine Gefahr besteht, dann bleiben Sie oben. Wenn aber doch, dann brauchen wir Freiwillige.«

Schweigen ringsumher. Und in dieser plötzlich eingetretenen Stille waren hallende, schnelle Schritte zu vernehmen. Aus der Dunkelheit tauchte Ruslan auf. Er brachte einen Feuerlöscher und ein Beil.

»Ich hab's doch gesagt«, triumphierte er.

»Danke«, sagte Schubin und streckte die Hand aus.

»Nimm du das Beil«, sagte der Grusinier. »Den Feuerlöscher werde ich selber bedienen. Ich habe die Anleitung gelesen, du nicht.«

»Auf dem Treppenvorplatz ist Gas.«

»Aber du gehst?«, fragte der Grusinier beleidigt.

»Ich gehe.«

»Also gehe ich auch, klar?«

»Dann brauche ich Sie nicht«, sagte Schubin zu dem Alten.

»Machen Sie mir bitte keine Vorschriften, was notwendig ist und was nicht«, entgegnete der Alte tonlos.

Schubin hatte keine Lust, sich zu streiten.

Er nahm die Lampe und ließ das Foyer des zweiten Stocks in Dunkelheit zurück. Es war die letzte, wenn man von jener in dem Zimmer, in dem Spiridonow lag, absah.

Kurz vor dem ersten Stock stoppte Schubin. Der Grusinier und der Alte warteten hinter ihm. Hier war verdammt viel Rauch. Sosehr Schubin sich auch bemühte, er konnte nicht erkennen, ob der gelbe Nebel noch weiter gestiegen war.

»Nichts zu sehen?«, fragte Ruslan.

»Ich gehe«, sagte Schubin.

»Warten Sie«, meldete sich der Alte zu Wort. »Ich werde Ihre Hand nehmen. Wenn Ihnen, was Gott verhüten möge, schlecht wird, ziehe ich Sie heraus.«

»Danke, aber das ist nicht nötig«, entgegnete Schubin, streckte aber dennoch den Arm aus. Die Finger des Alten waren stark und kühl.

»Ich fasse auch mit an«, sagte Ruslan.

Er stieg auf den Treppenkopf hinab. Nichts geschah.

»Gehen wir«, sagte er.

Und so überquerten sie den Treppenkopf, zu dritt an den Händen gefasst.

Nun wurde es so rauchig, dass das Licht der Lampe nicht weiter als zwei Meter reichte.

»Ich mach jetzt den Feuerlöscher an«, sagte Ruslan.

»Das ist zu früh«, meinte Schubin. »Bis zum Brandherd sind es noch gut zwanzig Meter.«

»Vielleicht aber auch nicht«, sagte Ruslan. Sie gingen noch etwa zehn Meter und hörten dann ganz nah das Prasseln eines ausgewachsenen Brandes.

»Es sieht schlecht aus«, sagte Schubin.

Hier war es deutlich wärmer als an der Treppe, ein heißer Wind blies ihnen ins Gesicht, durch den Rauch zeichnete sich ein orangefarbenes Flimmern ab.

»Aber jetzt ist es nicht mehr zu früh«, sagte Ruslan. Er richtete den Löscher aus und handelte nach der Anleitung. Schubin dachte, dass der Löscher nach dem Gesetz des Butterbrotes eigentlich defekt sein müsste. Er selbst hatte lediglich das Beil in der Hand, ein für die Feuerbekämpfung in einem Hotelflur nutzloses Werkzeug.

»Ich gehe die Zimmer ab«, sagte der Alte.

»Wozu?«

»Man muss überall das Wasser aufdrehen. Soll es doch überlaufen.«

»Die Zimmer sind verschlossen«, wandte Schubin ein.

»Ah«, raunte Ruslan erfreut. Der Feuerlöscher wand sich in seinen Händen und spie einen schaumigen Strahl aus.

Schubin hatte aus irgendeinem Grunde gehofft, dass sich der Rauch lichten würde, doch der Schaum vermischte sich mit dem Rauch, und der blieb. Es war unmöglich zu atmen, die Augen brannten derart, dass man sie kaum aufbekam. Der Alte trat mit dem Fuß gegen eine Tür. Die Tür ging auf, und der Alte verschwand in der Dunkelheit.

Dann war das Rauschen von Wasser aus dem Bad zu vernehmen, dieses Geräusch übertönte das Knistern des Feuers und das Zischen des Löschers.

»Warte«, Schubin zog Ruslan am Ärmel. »Nicht gleich alles.«

»Verstehe«, sagte dieser und verschwand im Rauch. Der Alte kam aus dem Zimmer. Er brachte ein weißes Knäuel mit.

»Ich habe Handtücher nass gemacht«, sagte er. »Zum besseren Atmen.«

Er zog eines aus dem Knäuel, und Schubin band es sich dankbar vor das Gesicht. Es ging in der Tat besser.

»He, Genazwale!«* rief er. »Hol dir deine Gasmaske ab!« Ruslan tauchte aus dem Qualm auf.

»Was für eine Gasmaske?«, rief er zurück. Schubin reichte ihm das nasse Handtuch. Hinter ihnen schrie jemand: »Wo sind Sie?«

Das war der Dienstreisende. Er brachte einen Eimer.

»Wir wollten nicht warten, bis Sie zurückkommen«, sagte er. »Was ist zu tun?«

»Dort steht eine Tür offen«, sagte der Alte. »Da fließt Wasser.«

»Alles klar«, entgegnete der Dienstreisende.

Eine weitere Person tauchte auf. In dem Rauch war nicht zu erkennen, wer es war. Sie eilte ebenfalls in das Zimmer mit dem Wasser und stieß in der Tür mit dem Dienstreisenden zusammen. Der kippte daraufhin schwungvoll das Wasser vor sich auf den Boden.

»Bis zum Feuer ist es noch ein Stück«, sagte Schubin.

»Das weiß ich auch ohne Sie«, brüllte der Dienstreisende und verschwand wieder im Zimmer.

»Verzeihen Sie«, sagte der Alte, »ob Sie mir wohl dabei behilflich sein könnten, ein wenig beiseitezugehen?«

Der Alte lehnte an der Wand, den Kopf gesenkt, die Augen über dem weißen Handtuch waren stumpf.

»Ist Ihnen nicht gut?«

»Es geht gleich wieder vorbei.«

---

* Genazwale: grusinisch: Freund

»Hat denn niemand einen Eimer?«, fragte jemand in unmittelbarer Nähe.

»Nehmen Sie das Beil«, sagte Schubin.

Er half dem Alten ins Foyer, was sehr schwierig war, da ihnen Leute entgegengerannt kamen und sie in dem Rauch und der Dunkelheit aufeinanderprallten. Als er die Lampe hob, um einem Menschen auszuweichen, der auf sie zukam, erkannte Schubin den Milizionär. Der hatte irgendwo eine große Schüssel aufgetrieben.

»Kolja?«, freute Schubin sich. »Wie geht es Spiridonow?«

»Keine Ahnung. Er liegt halt da.«

»Na ja, egal. Nimm die Lampe und versuche, die Leute irgendwie zu organisieren«, sagte Schubin. »Ich glaube, sonst behindern sie einander nur.«

»Zu Befehl«, antwortete der Milizionär.

In völliger Finsternis führte Schubin den Alten ins Foyer, doch auch hier konnten sie nicht bleiben – der Qualm machte das Atmen zur Qual. Ringsumher erschollen Schreie, und Menschen eilten vorbei. Schubin dachte, dass das Feuer für sie eine begreifbare und sogar rettende Erscheinung war. Untätig herumzusitzen und zu warten in einer Situation, wo man jederzeit ans Fenster gehen und die Toten auf der Straße sehen konnte, war viel schlimmer. Die Menschen rannten dem Feuer wütend, aber ohne Furcht entgegen, denn so ein Feuer war ein erklärbares Unglück, und jeder wusste, dass man Feuer löschen konnte.

Schubin half dem Alten in die nächste Etage. Auch hier war viel Rauch, aber man konnte zumindest atmen.

»Ist hier jemand?«, fragte Schubin.

»Ich halte die Stellung«, antwortete ihm die Etagenaufsicht, und nun konnte Schubin auch ihre Silhouette hinter dem Tisch ausmachen.

»Irgendwo war hier ein Sessel«, sagte der Alte und machte sich von Schubin los.

»Wie geht es Ihnen?«

»Besser, ich danke Ihnen. Ich sitze schon. Sie können sich wieder Ihren Angelegenheiten widmen.«

Schubin schöpfte Atem, das Herz hämmerte noch, die Beine zitterten, und er musste überlegen, was nun zu tun war.

»Sie können wirklich gehen«, missdeutete der Alte sein Zögern.

»Sofort … Sagen Sie, was sind Sie eigentlich von Beruf?«

»Warum fragen Sie?«

»Sie haben in der Bibel gelesen.«

»Nein, ich bin kein Geistlicher. Ich bin Pianist. Ich bin zu einem Gastspiel hier. Mein Name ist Wolodijewski, vielleicht haben Sie ihn ja schon einmal gehört?«

»Oh, ich habe leider kaum Ahnung von ernster Musik.«

»Mich erwähnt nur selten mal jemand«, sagte der Alte. »Ich war mein ganzes Leben lang vielversprechend. Aber nie mehr. Aber es ist schon sehr angenehm, wenn mal jemand zu mir sagt: ›Ja, habe ich gehört, und das sind Sie?‹«

»Ich komme nachher noch einmal zu Ihnen«, sagte Schubin. Er wandte sich zur Aufsicht und fügte hinzu: »Haben Sie da in Ihrer Hausapotheke irgendetwas fürs Herz?«

»Nicht nötig«, meldete sich Wolodijewski. »Ich habe schon Nitroglyzerin genommen.«

Schubin ging zu Spiridonow.

Die Zimmertür war zu. Er klopfte.

»Herein«, sagte Elja.

Schubin schloss die Tür wieder hinter sich, um nicht den Rauch hereindringen zu lassen.

Auf dem Nachttisch brannte eine Kerosinlampe. Elja saß auf einem Stuhl und hielt Spiridonow die Hand. Der lag auf dem Rücken und blickte zur Zimmerdecke.

»Bist du das, Schubin?«, fragte er. »Nun, wie ist die Lage?«

»Es brennt«, berichtete Schubin. »Aber es sind so viele Freiwillige da, dass wir es vielleicht schaffen können.«

»Wenn es einmal richtig zu brennen begonnen hat, dann haben wir keine Chance, es zu löschen«, sagte Spiridonow. »Es ist dumm gelaufen.«

»Wieso dumm?«

Elja stand von ihrem Stuhl auf.

»Setz du dich«, sagte sie. »Soll ich dir Wasser bringen? Es ist freilich nur aus dem Hahn.«

Elja hatte noch immer den Pelzmantel an.

»Hör zu.« Schubin erinnerte sich. »Da in der Tasche ist noch die Dose mit dem löslichen Kaffee. Lös mir etwas davon in kaltem Wasser auf.«

»Gut«, sagte Elja. Sie ging ins Bad.

»Ich fürchte, ich werde sterben«, sagte Spiridonow.

»Das fehlte noch.«

»Du denkst, ich sei noch jung?«, fragte er. »Ich bin an der Front gewesen. Ich habe schon viele Wunden gesehen. Dieses Schwein hat sehr tief gestochen, zu tief. Sie haben das Bluten nicht stoppen können. Sie haben mich verbunden, haben alles getan, was sie konnten, aber es läuft weiter. Ich habe schon die Hand unter die Decke genommen, um das Blut unter mich zu schieben. Wozu die Leute beunruhigen?«

»Nein, das wird nicht geschehen«, sagte Schubin in einem Ton, als hebe er ein Urteil auf.

»Du bist ein Dummkopf«, sagte Spiridonow. »Vielleicht habe ich es ja auch so verdient. Weshalb brennt es denn? Weil ich meine Nase unnötigerweise in Dinge gesteckt habe, die mich nichts angehen, und dann die Lampe umgestoßen habe. Wenn ihr umkommt, dann habt ihr das mir zu verdanken.«

»Sie haben nur das Beste gewollt.«

»Ich habe mein ganzes Leben lang nur das Beste gewollt. Aber es hat sich leider nicht so ergeben … Weißt du, es ist mir lieber, sozusagen auf dem Gefechtsposten zu sterben … Ich meine das ernst, Schubin. Ich wusste doch, was Gronski für seine Beförderung nach Moskau brauchte. Er war übereifrig und hat die zweite Produktionslinie ohne Filteranlage in Betrieb genommen – aber Erfolgsmeldung erstattet. Ich wusste, dass das getürkt war. Ich wusste auch von der Öffentlichkeit und von dem Meeting. Ich wusste alles, habe aber Gronski zu verstehen gegeben, dass ich nichts bemerken würde. Dass ich selbst den Gestank, in dem die Menschen leben, nicht bemerke. Ich dachte, es würde sich schon legen. Ich musste ja meinerseits auch Bericht erstatten – dem Minister. Und ich habe schon das Rentenalter erreicht, verstehst du? Wenn wir den Plan nicht erfüllen, dann muss ich gehen. Aber ich hatte doch noch Kraft, und die Arbeit machte mir Spaß … was erzähle ich dir das … Ich habe dich ja auch nicht nach Moskau anrufen lassen, erinnerst du dich?«

Das Wasserplätschern im Bad hörte auf, in der Leitung röchelte es.

»Na also«, konstatierte Spiridonow.

»Was?« Schubin verstand nicht.

»Darauf habe ich gewartet«, sagte Spiridonow. »Das musste ja kommen.«

»Das Wasser?«

»Natürlich. Die Pumpstation. Schon gleich als ihr mit Löschen angefangen habt, habe ich gedacht: Das ist das Ende … En-de … En-de …«

Spiridonow schien mit dem Wort zu spielen. Er sprach es immer undeutlicher und leiser aus.

Elja kehrte ins Zimmer zurück.

»Es gibt kein Wasser mehr«, sagte sie.

»Das ist schlecht«, konstatierte Schubin. »Wenn sie das Feuer noch nicht haben löschen können … ich weiß nicht, wohin wir flüchten könnten.«

»Jura«, sagte Elja.

»Ja?«

»Ich liebe dich.«

»Ich will nur hoffen, dass du in deinem Leben noch des Öfteren Anlass haben wirst, das zu sagen.«

»Ich liebe dich wirklich.«

Spiridonow stöhnte leise und hoch wie ein Kind.

»Wir werden ihn aufs Dach schleppen müssen«, sprach Schubin den schrecklichen Gedanken aus. Elja konnte nicht ermessen, was es bedeutete, Spiridonow zu transportieren.

»Warum aufs Dach?«

»Das ist unsere einzige Chance«, sagte Schubin. »Nach unten

können wir nicht. Das wäre unser sofortiger Tod. Und wenn schon Alarm ausgelöst worden ist, dann wird man auf den Dächern suchen.«

»Mit Hubschraubern?«

»Wahrscheinlich … Und das Feuer wird noch etwas brauchen, bis es dorthin vordringt.«

Mein Gott, wie wenig überzeugend das klingt, dachte Schubin. Ich muss bestimmter sprechen, damit Elja mir glaubt. Und gleich werden auch andere Leute da sein, und auch zu ihnen muss ich überzeugend sprechen, damit sie mir glauben.

Schubin trat ans Fenster. Der Blick aus diesem Zimmer zeigte leere Hausdächer, tote Straßen und den Widerschein von Bränden. Schubin schaute auf die Uhr. Noch nicht mal drei. Waren wirklich erst drei Stunden vergangen?

Elja stand neben ihm und berührte leicht seine Schulter.

»Elja«, hub Schubin an, »ich möchte dich um etwas bitten.«

»Ja?«

»Willst du meine Frau werden?«

»Du bist verrückt!«

»Es ist mir im ganzen Leben noch nie so ernst gewesen. Du bist mir der liebste Mensch auf Erden.«

»Und du mir auch. Mitka und du.«

Jemand rannte über den Flur. Er hielt an der Tür und fragte laut: »Hier?«

Die entfernte und kaum verständliche Stimme der Aufsicht antwortete: »Ja, da.«

Die Tür schwang auf. Es war der Milizionär. Schmutzig, rußbedeckt. Noch von der Schwelle rief er: »Kein Wasser mehr! Es läuft kein Wasser mehr!«

»Ich weiß«, entgegnete Schubin.

»Aber dort brennt es doch! Die ganze Etage brennt!«

»Sie haben es also nicht geschafft«, war eine schwache Stimme vom Bett her zu vernehmen.

»Was sollen wir tun?«

Schubin seufzte – es gab keinen Fluchtweg.

»Wir werden die Leute aufs Dach bringen«, sagte er. »Das verschafft uns noch etwas Zeit. Sag allen da unten Bescheid. Sie sollen hochkommen. Kontrolliert die Zimmer, dass niemand zurückbleibt. Ich komme gleich.«

»Wird gemacht«, entgegnete der Milizionär.

»Und du kommst gleich wieder her. Bring Gronski mit, nein, besser den Georgier, den mit dem Feuerlöscher … Wir werden Spiridonow hinauftragen.«

Schubin zeigte auf das Bett.

»Das ist nicht nötig«, meldete Spiridonow sich mit klarer Stimme. »Das ist völlig überflüssig. Ich bin schon so gut wie tot.«

»Nun geh schon«, drängte Schubin.

»Sofort.« Der Milizionär stampfte geräuschvoll durch den Korridor davon.

Elja trat ans Bett. Schubin schaute sich die Sache an und stellte fest, dass Laken und Decke klitschnass vor Blut waren und das Blut auf den Boden tropfte.

»Sergej Iwanowitsch«, sprach er ihn an. Spiridonow antwortete nicht.

»Er verliert Blut«, sagte Elja.

»Das sehe ich. Er wird eine Transfusion erhalten. Wir müssen ihn möglichst schnell hinaufbringen.«

»Aber dort ist doch Frost.«

»Warum zum Teufel zweifelst du?«, brüllte Schubin sie an. »Man darf nicht zweifeln. Wenn wir uns Zweifeln hingeben, dann bleiben wir in dieser Mausefalle zurück!«

»Ja«, sagte Elja mit schüchterner Stimme.

»Entschuldige.«

»Du hast recht.«

»Elja, wenn du denkst, dass ich das mit dem Heiraten nur wegen der Situation, in der wir uns befinden, gesagt habe – das ist nicht so!«

»Ich glaube dir, Jurotschka«, sagte Elja. »Du brauchst keine Angst zu haben, ich glaube dir natürlich.«

Wieder stampften Schritte durch den Flur. Der Milizionär trat ein und hinter ihm Ruslan. Ruslan war völlig schwarz, von der Mütze bis zu den Fersen. Und noch jemand stand in der Tür.

»Wir bringen Spiridonow nach oben«, sagte Schubin. »Wir brauchen sechs Leute, er ist schwer.«

»Die kommen gleich«, sagte Ruslan. Nur die Zähne und das Weiße in den Augen zeichneten sich heller ab. An wen erinnerte er ihn? An einen Bergmann, natürlich, an einen Bergmann!

»Wie sieht es mit dem Feuer aus?«, fragte Schubin.

»Es brennt«, antwortete Ruslan. »Und das ganz ordentlich.«

»Genaues ist nicht auszumachen«, sagte Kolja. »Der Rauch.«

Der Rauch drang nun auch in das Zimmer, denn die Tür stand offen. Alle drängten sich in dem engen Vorraum.

»Kommt rein«, sagte Schubin. »Einer an jede Ecke der Matratze und zwei in der Mitte.«

Spiridonow schwieg. Elja beugte sich über ihn und fühlte den Puls.

»Halt uns nicht auf!«, sagte Schubin. »Greif dir alle Decken. So viele, wie du kannst. Wir werden ihn einwickeln müssen.«

Es gelang ihnen nicht, Spiridonow bis aufs Dach zu bringen. Das erste Mal mussten sie zwischen dem dritten und dem vierten Stock anhalten. Spiridonow begann um sich zu schlagen, als wollte er sich befreien. Er fluchte, aber es war nicht zu verstehen, was er wollte. Elja, die eine Karaffe mit Wasser mitgenommen hatte, versuchte, ihm etwas zu trinken zu geben. Doch er trank nicht. Dann war er plötzlich wieder ruhig und still und lag lang ausgestreckt. Aber er lebte noch.

»Schubin«, flüsterte er. »Schubin, bist du da?«

»Ich bin hier, Sergej Iwanowitsch.«

»Verzeih mir, Schubin«, flüsterte Spiridonow. Alle waren still, damit Schubin die Worte verstehen konnte. Spiridonow atmete schnell und flach. Dann sprach er weiter: »Nimm dich vor Gronski in Acht. Er wird überleben. Er wird alles daransetzen, die Sache zu vertuschen … zu neutralisieren. Verstehst du? Sag alles … ich kann es nicht mehr, aber du musst alles sagen … nur sei vorsichtig, meine Frau wird es schon überstehen … nimm meinen Ausweis.«

Dann verstummte er abrupt. Und er hörte auf zu atmen. Im selben Augenblick. Sie standen um ihn herum und warteten auf irgendetwas. Elja stellte die Karaffe auf den Boden und beugte sich über sein Gesicht. Sie lauschte. Dann beugte sie sich noch tiefer und drückte ihr Ohr an seine Brust.

»Nichts«, sagte sie.

Schubin bemerkte, dass Spiridonows Augen halb offen standen. Er legte ihm die Hand auf die Augen, und die Lider schlossen sich fügsam. Spiridonows Stirn war heiß.

»Das war's«, konstatierte der Milizionär.

Leute gingen an ihnen vorbei, umgingen sie auf ihrem Weg nach oben. Einige trugen Gegenstände. Sie bemühten sich, nicht auf den Liegenden zu schauen. Und niemand stellte eine Frage.

Schubin nahm die erschöpfte Abgestumpftheit der Vorbeigehenden wahr. Es war schon keine Angst mehr, es war eine Mattigkeit, in der ihnen alles egal war.

»Tragen wir ihn hoch?«, fragte Schubin.

»Was soll denn das, bist du noch bei Trost?«, wunderte sich Ruslan. »Warum sollen wir uns mit einem Toten abschleppen? Er kann doch genauso gut hier liegen bleiben.«

Er zog die Decke über Spiridonows Gesicht. Und sie gingen nach oben, aufs Dach.

Auf dem Dach war schon viel Volk versammelt. Einige hatten Decken mitgebracht und sich, auf Koffern sitzend, eingemummelt, andere standen oder gingen umher, den Blick in die Ferne gerichtet, in den Himmel, von wo die Rettung kommen sollte.

Man sprach leise miteinander.

»Der Alte«, erinnerte Schubin sich plötzlich, »der Alte sitzt noch da.«

»Wo?« Elja verstand nicht.

Aber die Etagenaufsicht hatte ihn verstanden. Sie stand in unmittelbarer Nähe und war in eine Decke eingewickelt, die ihr wie eine Kapuze in die Augen hing.

»Der Alte ist gestorben, Sie sind gegangen, und er ist gestorben«, sagte sie. »Ich weiß es ganz sicher.«

»Wieso wissen Sie das?«

»Weil er vom Stuhl gekippt ist. Ich hörte, wie er vom Stuhl fiel, und da war er tot. Infarkt wahrscheinlich.«

»Nein, geh nicht dahin«, bat ihn Elja. »Du kannst ihm doch nicht mehr helfen.«

»Wir alle werden sterben und für unsere Sünden büßen«, sagte die Aufsicht. »Keiner wird überleben.«

Schubin überlegte. Irgendetwas fehlte, etwas, das er erwartet hatte. Er begriff: Die Kirchenglocke war verstummt.

»Nimm die Jacke«, sagte Elja.

»Nicht nötig, mir ist nicht kalt.«

»Nimm, ich habe doch die Decke.«

»Wenn ich zurück bin, dann nehme ich sie.«

»Wo willst du hin? Der Alte ist tot. Ich habe es selbst gesehen.«

Schubin hatte Gronski erblickt. Der stand am Dachrand, hinter ihm der Handlanger Plotnikow. Und zwei dicke Frauen. Sie trugen Straßenkleidung, hatten also Zeit zum Anziehen gehabt. Schubin wurde klar, dass er Gronski schon lange nicht mehr gesehen hatte. Er hatte sie auch nicht überholt, als sie Spiridonow trugen. Folglich musste er also schon eher hinaufgestiegen sein.

Gronski hielt die behandschuhte Hand an die Bisammütze und blickte in die Ferne wie ein Seemann bei der Ausschau nach Land.

Schubin wollte ihm sagen, dass Spiridonow tot war, überlegte es sich dann aber anders: Wenn er nicht von sich aus fragte, dann dachte er offenbar gar nicht an seinen Vorgesetzten. Er würde sich schon noch an ihn erinnern.

Es war windig. Das war gut. Wind war gut. Warum? Das Gehirn arbeitete nur langsam. Der Wind war nötig, erklärte er sich selbst geduldig, um das Gas zu vertreiben, und dann können wir das Hotel verlassen. Das Gas verfliegt, und wir gehen raus. Zumindest wenn uns das Feuer nicht den Weg versperrt.

»Kolja«, rief er. »Wir gehen runter.«

»In Ordnung«, antwortete Kolja. »Wozu?«

»Nachschauen, wie weit das Feuer vorgedrungen ist. Und ob man aus dem Hotel hinauskommt.«

»Ich komme mit euch«, sagte Ruslan. »Hier ist es mir zu kalt.«

»Aber hinaus können wir doch nicht«, teilte der Milizionär mit, während er hinter Schubin die Treppe hinabstieg. »Dort ist das Gas.«

Es war dunkel, und sie mussten sich an der Wand orientieren.

»Der Wind«, erklärte Schubin. »Wenn er zunimmt, wird er das Gas forttreiben.«

Spiridonow lag auf dem Treppenabsatz, und Schubin konnte einfach nicht anders, als die bereits erkaltete schwere Hand zu ergreifen und nach dem Puls zu fühlen.

Ruslan und Kolja warteten schweigend.

»Gehen wir«, sagte Schubin.

Doch sie konnten bloß bis in den zweiten Stock vordringen. Dort war der Rauch bereits so dicht, dass sie nicht einmal das Foyer betreten konnten. Von unten war ein lautes Knacken zu hören – das Feuer verschlang die unteren Geschosse. Schubin war entsetzt darüber, als wie unzuverlässig sich das Leben doch erwies, darüber, dass das Feuer dabei war, den unteren Teil des Hotels zu entkernen, und bald, sehr bald, das Dach mit all den Menschen, auch mit Elja, auch mit ihm, in die orangefarbenen Flammen stürzen würde.

Schubin vergaß darüber sogar, dass er den alten Wolodijewski hatte suchen wollen.

»Das sieht nicht gut aus«, stellte Ruslan fest.

»Wir gehen hoch in den dritten Stock«, sagte Schubin.

Dort traten sie an ein Fenster, das auf den Platz hinausging. Der Mond hatte sich versteckt, und es war merklich dunkler geworden. Auch der Himmel leuchtete weniger. Teile des Platzes wurden durch Rauchschwaden verdeckt, die von unten heraufstiegen. Der Rauch behinderte die Sicht.

»Was wollen Sie?«, fragte Kolja.

»Ich versuche mitzubekommen, ob auf dem Platz Wind weht.«

Er starrte angespannt in die Lücken zwischen den Rauchschwaden und versuchte zu erkennen, in welchem Zustand sich das Gas befand. Ihm schien, dass der gelbe Dunst sich in kleinen

Wirbeln drehte … nein, diese Wahrnehmung war wohl von seinem Wunsch beeinflusst.

»Schau mal«, sagte er zu Kolja.

Der Milizionär und Ruslan drückten ihre Nasen an die Scheibe.

»Er bewegt sich«, sagte Ruslan. »Ich sage euch, er bewegt sich.«

»Ja, es sieht so aus«, meinte Kolja. »Ich weiß nur nicht, ob das gut ist oder schlecht.«

»Wieso?«, fragte Ruslan.

»Weil der Wind genauso gut noch mehr zusammentreiben kann«, teilte der Milizionär nüchtern seine Überlegung mit. »Du denkst, er treibt das Zeug weg, aber es kann genauso gut auch mehr werden.«

Das war ein vernünftiger, wenn auch nicht eben ermutigender Gedanke.

Der Rauch wurde immer dichter, und der Platz war nur noch in seltenen kurzen Durchblicken zu sehen.

»Gehen wir nach oben«, sagte Schubin. »Wir wissen, was wir wissen wollten.«

Auf dem Dach hatte sich kaum etwas verändert – lediglich die allgemeine Anspannung war weiter gestiegen. Viele standen am Rand und zeigten in die Tiefe. Schubin erkannte, dass auch viele andere von der Hoffnung auf den Wind erfüllt waren, der nicht nachlassen und das Gas vertreiben sollte.

Elja kam zu Schubin gelaufen.

»Es weht fort«, berichtete sie. »Weißt du das?«

»Es wäre gut, wenn es schneller ginge«, entgegnete Schubin.

»Es steht schon der zweite Stock in Brand.«

»Das kann doch nicht sein«, flüsterte Elja. Sie hatte sofort alles begriffen.

Eine hohe Rauchsäule erhob sich über das Dach, ein Windstoß wehte den Rauch auf die Leute, jemand hustete. Eine Frau schrie auf. Der aufgekommene Wind erweckte die Hoffnung auf Rettung. Die schwarze Rauchsäule erinnerte an die Gefahr.

Schubin schaute in die Ferne, zum Fluss, zum Werk. Der Widerschein des Feuers in der Textilfabrik hatte den Fluss erreicht, und

Schubin konnte schwören, dass er keine glatte gelbe Fläche, sondern vom Wind getriebene Nebelschwaden erblickte.

»Wir müssen runter«, sagte jemand.

Gronski trat an die Tür zum Treppenhaus. Er ging an Schubin vorbei, als hätte er ihn nicht bemerkt.

Ihm folgten die dicke Vera und deren Freundin, und der Handlanger Plotnikow beschloss den Reigen.

»Sie wollen hinuntergehen?«, fragte Schubin. »Ich komme gerade von dort. Es steht schon der zweite Stock in Brand. Sie kommen nicht durch.«

»Nun machen Sie mal keine Panik hier«, entgegnete Gronski verächtlich. »Wir machen Handtücher nass und rennen durch.«

»Haben Sie vergessen, dass es kein Wasser gibt?« Tat der nur so? Oder hatte er den Verstand verloren?

»Wie das, kein Wasser?« Gronski nahm die Brille ab und runzelte die Stirn.

Schubin begriff, dass Gronski schon lange auf dem Dach war. Er war noch vor dem Brand hier heraufgestiegen, um als Erster die rettenden Hubschrauber zu erblicken.

»Wasser gibt es schon lange nicht mehr«, sagte Schubin in dem Bewusstsein, dass ihm mehrere Dutzend Menschen zuhörten, die drauf und dran waren, ihrem Retter, Gronski, zu folgen. »Sie werden verbrennen. Es gibt schönere Tode.«

»Das kann doch nicht sein«, sagte Gronski, wobei er vergaß, auf seine Stimme zu achten. Die war, wie sich zeigte, in Wirklichkeit deutlich höher, als die versammelten Leute gedacht hatten.

»Drei Geschosse sind schon ausgebrannt«, mischte Ruslan sich fröhlich ein. »Aber Sie, Bürger, sind, während wir das Feuer zu löschen versuchten, auf dem Dach umherspaziert, ja? Da haben Sie das Interessanteste verpasst. Doch das macht nichts, bald wird das Dach einstürzen.«

»Er soll still sein!«, schrie die dicke Vera, die sich in einen Nerzmantel mummelte. »Sag ihm, dass er still sein soll.«

»Er hat völlig recht«, sagte Schubin. »Aber noch sind wir nicht tot. Noch haben wir Zeit, uns zu retten.«

Unruhe kam auf ringsumher, es war schwer, die anderen zu überschreien. Er musste die Leute beruhigen. Aber wie? Nur keine Panik aufkommen lassen!

»Ruhe! Ruhe!«, rief der Handlanger Plotnikow. »Unterbrechen Sie den Genossen Schubin nicht!«

»Es besteht keine Gefahr! Wir werden uns alle retten. Wenn Sie still sind und machen, was ich sage.«

Als Schubin zu sprechen begonnen hatte, hatte er noch nicht gewusst, was er den Leuten sagen sollte. Aber während er redete, kam ihm ein verblüffend einfacher Gedanke. Es gab tatsächlich eine Chance.

»Ja nun seid doch still!«, rief Gronski.

Diese verdammte zur Schau gestellte Erhabenheit seiner Züge war einer zähnefletschenden Grimasse gewichen, so als hätte sein Gesicht mit einem Schlag alles Fleisch verloren.

»Beruhigen Sie sich«, sagte Schubin in normaler Lautstärke, obwohl es ihn eigentlich drängte zu schreien. »Wir können uns nur dann retten, wenn wir absolute Disziplin bewahren. Völlige Selbstbeherrschung. Denn der Weg, den ich vorschlage, ist kompliziert. Wenn es zu einem Gedränge kommt, dann werden alle umkommen.«

Inzwischen war es schon still geworden um ihn herum. So still, dass das Prasseln des Feuers aus der Tiefe zu vernehmen war.

»Wir haben vergessen, dass es eine Feuerleiter gibt«, sagte Schubin. »Dort ist sie, auf der rechten Seite.«

Alles blickte dorthin, wo sich die Handgriffe der Feuerleiter wie das Vorderteil eines Schlittens über das Dach krümmten.

Und schon rannte jemand darauf zu.

»Wir können nicht sofort hinunter«, fuhr Schubin fort, »weil dort unten noch Gas ist. Wenn jemand lebensmüde ist, dann kann er es ja versuchen.«

Der auf die Leiter zueilende Mann stoppte zwei Schritte vor ihr.

»Wir müssen uns noch ein wenig gedulden«, sagte Schubin.

Er trat an den Rand des Daches und blickte hinunter. Eigentlich hatte er immer Höhenangst gehabt, doch nun war die Furcht verflogen, und es fiel ihm nicht einmal auf.

Zuerst erblickte er nicht die Leiter, sondern Flammenzungen, hell und fast rauchlos, die aus einem Fenster im ersten Stock loderten, das sich unmittelbar neben der Feuerleiter befand.

Zwischen dem ersten und dem zweiten Stock war die Feuerleiter mit Brettern unpassierbar gemacht worden – das war so üblich, um nicht Kriminellen darüber Zugang zu den Zimmern zu gewähren.

»Da sind Bretter. Die müssen abgerissen werden«, sagte Schubin in dem Bewusstsein, dass er nicht allzu lange auf die Leiter starren durfte. »Zuerst geht … Ruslan. Er wird sie entfernen. Schaffst du das?«

»Warum soll ich das nicht schaffen?«, entgegnete Ruslan.

»Und warum nicht ich?«, schrie plötzlich der Handlanger. Seine Ohren schauten im rechten Winkel unter der Pelzmütze hervor.

»Weil es dort brennt. Schauen Sie doch mal runter«, sagte Schubin. »Ruslan vertraue ich, er war schon im Feuer. Ihnen aber vertraue ich nicht, Sie werden bloß alles verderben und selbst dabei umkommen.«

Gronski trat an die Dachkante, hockte sich nieder und holte etwas aus der Tasche hervor. Zu Schubins Verblüffung handelte es sich dabei um eine Taschenlampe. Der Strahl glitt über die Sprossen der Leiter hinab bis zu dem Verschlag.

»Es stimmt«, sagte er. »Genosse Schubin hat recht.«

Wenn ich ihn jetzt hinunterstoßen würde, dachte Schubin, ich bekäme ganz sicher mildernde Umstände zuerkannt. Wie sehr hätten sie diese Lampe früher gebrauchen können! Freilich – was hätte sich dadurch geändert? Soll er leben.

Diese Gedanken liefen quasi nebenher und hinderten Schubin nicht daran, Elja zu fragen: »Wo hast du die Karaffe gelassen?«

»Ich habe sie mitgenommen«, antwortete Elja. »Ich dachte, vielleicht möchtest du auf einmal etwas zu trinken haben.«

»Ich brauche einen Schal«, sagte Schubin. Niemand rührte sich.

Da wählte Schubin racheerfüllt Gronski aus. Er trat zu ihm und riss dessen Schal an sich. Gronskis Kopf wirbelte herum, gerade so konnte er die Brille noch festhalten.

»Was denn? Was soll denn das?«, rief er kläglich.

»Elja«, sagte Schubin, ohne ihn eines Blickes zu würdigen, »mach den Schal nass und gib ihn Ruslan. Er soll ihn sich vor das Gesicht binden.«

»Mir macht das Feuer schon nichts mehr aus«, sagte Ruslan.

»Dort kann Gas sein«, sagte Schubin.

Ruslan gelangte schnell bis zum oberen Rand des Verschlages. Für einen Augenblick verschluckte ihn der Rauch. Elja zog Schubin an der Hand, er sollte nicht so dicht an der Kante stehen.

»Du wirst noch runterfallen, du bist doch müde«, sagte sie, als wollte sie sich entschuldigen. Sie verstand natürlich, dass Schubin hinunterschauen musste, hatte aber dennoch Angst.

Folgsam hockte Schubin sich hinter die niedrige Brüstung.

Ruslan begann, mit dem Absatz gegen die Enden der Bretter zu treten, die vertikal an der Leiter befestigt waren. Er musste noch weiter nach unten steigen, damit die Tritte mehr Kraft bekamen. Flammen loderten aus dem Fenster im ersten Stock, aber noch erreichte Ruslan nur der Rauch. Die Bretter machten keine Anstalten nachzugeben.

»Stärker!«, rief Gronski von oben. »Hab keine Angst!«

Ruslan reagierte nicht darauf. Er stieg noch weiter hinab und befühlte die Bretterenden mit den Händen. Dann ließ er sich geschickt, nur noch mit den Fußspitzen auf den Sprossen stehend, hinter den Verschlag hinab. Nur noch sein Kopf ragte über den oberen Rand. Schubin erriet, was los war: Die Bretter waren mit Draht an der Feuerleiter festgebunden.

Schubin war kalt. Er schlotterte in dem eisigen Wind. Hoffentlich überstand er das heil. Schließlich war es ja nicht die schlimmste Prüfung.

Schubin versuchte mitzubekommen, was mit dem gelben Nebel vor sich ging.

Ihm schien, dass ihn der Wind von dieser Seite des Gebäudes weggeweht hatte. Aber war das für lange?

»Ich helfe ihm«, sagte der Handlanger Plotnikow und beugte sich über den Rand, um ebenfalls hinabzusteigen. Er konnte es nicht abwarten, möglichst schnell auf den Boden zu kommen. Gronski begriff das, er fasste Plotnikow am Ärmel und fauchte den Handlanger derart an, dass sich die beiden Damen, die sich in Gronskis Nähe aufhielten, erschrocken umwandten. Der Handlanger trat eingeschüchtert zurück.

Von unten erscholl ein Schrei.

Schubin schaute hinab. Und war bestürzt. In den wenigen Sekunden, die er abgelenkt war, war das Feuer in die Zimmer des zweiten Stocks vorgedrungen, und die Flammen züngelten wie ein vernunftbegabtes Wesen aus dem Fenster und streckten sich neugierig Ruslan entgegen. Der war von diesem Angriff überrascht worden, hatte sich verbrannt und kletterte nun höher.

»Sei kein Feigling!«, rief Gronski, der aufmerksam beobachtet hatte, was dort unten vor sich ging. »Auf dich hoffen Frauen und Kinder.«

»Bist du mutiger?«, entgegnete Ruslan erbost. »Wenn du mutiger bist, warum kommst du dann nicht runter?«

Eine Flammenzunge beleckte die Bretter, schwärzte sie und verschwand dann wieder im Haus, einen schwarzen, den Atem nehmenden Rauchschwaden an ihrer Stelle hinterlassend.

Ruslan trat wütend gegen eines der Bretter. Der Draht hatte sich schon gelockert, das obere Ende des Brettes löste sich knirschend von der Leiter und wippte nun im rechten Winkel zum Gebäude in der Luft.

»Prima!«, rief Gronski. »Weiter so!«

Jemand von den Zuschauern, die sich am Dachrand versammelt hatten, klatschte.

Ruslan wollte wieder weiter hinabsteigen, doch er musste zurückweichen: Die Leiter wurde von Flammen umzüngelt, die so heiß waren, dass ihre Hitze sogar Schubin erreichte. Wie nur hielt Ruslan es dort aus?

Elja neigte die Karaffe. Der schmale Wasserstrahl schoss funkelnd an Ruslan vorbei.

»Das bringt doch nichts!«, regte Gronski sich auf.

Schubin wusste nicht, ob sich das nun auf Eljas unbedachte Handlung oder auf Ruslans Vorgehen bezog.

Ruslan hielt sich mit letzten Kräften, allein aus Starrsinn. Er wollte nicht unverrichteter Dinge zurückkommen. Ob es wohl im Georgischen ein besonderes Wort für diesen Zustand gab? Die Spanier nannten ihn ›malismo‹.

Ruslan kämpfte wieder mit den Brettern. Ein zweites löste sich. Eine Flammenzunge leckte über Ruslans Schulter.

»Zurück!«, schrie Schubin. »Schnell!«

»Aber warum denn?«, sagte Vera. »Sie stören ihn nur. Er hat es doch gleich geschafft.«

Sie begriff nicht, wie schmerzhaft das für Ruslan sein musste.

»Komm hoch!«, schrie Schubin. »Das ist ein Befehl.«

»Schade.« Gronski winkte ab, ohne allerdings Schubin zu widersprechen. »Es ist nur noch so wenig.«

Eines der gelösten Bretter, das vor dem Fenster schaukelte, begann zu brennen. Das Feuer hatte es beharrlich beleckt und schließlich gewonnen.

Im dritten Stock zersprang mit lautem Krachen das Fenster, und eine Funkengarbe stob hervor.

Ruslan kletterte zum Dach hinauf. Er war völlig entkräftet. Sofort streckten sich ihm mehrere Arme entgegen und zogen ihn aufs Dach. Ruslan hatte sich arg verbrannt, spürte es aber noch nicht.

»Wir können runter«, sagte er. »Ehrenwort. Und Gas ist auch keines da. Ich habe es gesehen.«

»Der Reihe nach!« Gronski zog das Kommando über den Abstieg an sich.

Schubin war alles egal. Die Leute versammelten sich um die Leiter. Einige hatten immer noch ihre Koffer dabei.

»Zuerst die Frauen«, ordnete Gronski an. »Und Kinder.« Kinder waren zum Glück nicht da. Die Frauen zögerten.

»Zuerst werde ich gehen«, erklärte Schubin da. »Jemand muss die restlichen Bretter abreißen.«

»Reißen Sie sich zusammen«, sagte Gronski. »Drängeln Sie nicht die Schwachen vom Rettungsboot weg. Zuerst gehen die Frauen.«

»Idiot, siehst du denn nicht, dass der Verschlag brennt?! Wie sollen deine Frauen da durchkommen?«

»Streite dich nicht, Jura«, mischte sich der Milizionär ein. »Das ist meine Arbeit. Ich werde gehen. Ich steige hinunter und werde die Leute in Empfang nehmen.«

»Dann los«, sagte Schubin. »Danke für alles … Überzeuge dich, dass kein Gas da ist.«

»Ich schaue nach«, antwortete Kolja. »Du bist kein Feigling.«

Er knöpfte den Mantel zu, zog das Koppel straff und stülpte die verdreckte Uniformmütze bis über die Ohren. Gronski schwieg, mischte sich nicht ein.

Der Milizionär stieg schnell hinab. Und es klappte alles wie geschmiert. Der Draht war wohl durch das Feuer in Mitleidenschaft gezogen worden, jedenfalls lösten sich die verbliebenen Bretter gleich beim ersten Tritt. Für einige Sekunden verschluckte der Rauch den Gesetzeshüter, dann tauchte dieser weiter unten wieder auf.

Kolja stand auf der letzten Sprosse, anderthalb Meter über dem Boden, und blickte konzentriert nach unten. Er hatte Angst.

»Na los!«, schrie Gronski. »Nur zu!«

Der Milizionär folgte der Anweisung, stieß sich von der Leiter ab und fiel in den Schnee. Er stand sofort wieder auf. Er blickte hinauf.

»Alles in Ordnung!«, rief er.

Der Ruf war nur schwach zu hören, weil das Feuer inzwischen mit neuer Kraft aufheulte.

»Aber jetzt die Frauen«, sagte Gronski. »Verotschka, komm her.«

Erst jetzt begriff Schubin, dass diese Matrone im Nerzmantel Gronskis Frau war.

»Nein!«, schrie Verotschka plötzlich. »Um keinen Preis! Lieber sterbe ich!«

Gronski zerrte sie fluchend zum Dachrand, doch sie kämpfte sich frei.

»Gehst du?«, fragte Schubin Elja.

»Später«, antwortete sie. »Sollen die erst einmal gehen.«

Aus der Tür, durch die sie auf das Dach gelangt waren, drang Qualm hervor.

Schubin hatte keine sonderliche Lust, an Gronski heranzutreten, aber es war wohl nicht zu vermeiden. Die Zeit drängte. In diesem Augenblick eilte eine kleine Frau in einem Synthetikpelz auf die Leiter zu und begann hinabzusteigen.

Schubin erschrak. Dieser Mantel war entflammbar wie ein Streichholz.

Er schrie: »Ziehen Sie den Mantel aus! Hören Sie, ziehen Sie den Mantel aus! Werfen Sie ihn hinunter!«

Entweder hörte die Frau Schubin nicht, oder sie wollte ihn nicht hören.

Viele der anderen hatten mitbekommen, worum es Schubin ging, und riefen nun ebenfalls: »Den Mantel weg!«

»Diese blöde Kuh!«, fluchte Ruslan, der eben noch neben Schubin gesessen und leise stöhnend versucht hatte, mit den Schmerzen in seinen verbrannten Händen fertigzuwerden. Er schwang sich über die Brüstung und begann hinabzusteigen, um die Frau noch einzuholen, bevor sie den Feuergürtel erreichte.

Auch er schrie. Alle schrien. Aber die Frau hörte nicht. Ob sie nun den Mantel so sehr schätzte, dass sie sich scheute, sich von ihm zu trennen, oder aber darauf hoffte, dass gerade er sie schützen werde.

Die Frau hatte den zweiten Stock glücklich passiert, aber eine Flammenzunge erwischte sie, als sie schon in Höhe des ersten Stockwerkes war. Statt nun schnellstens hinabzusteigen, hielt die Frau plötzlich an, löste eine Hand von der Leiter und versuchte, die Flammen auszuschlagen, die sie in einer Funken sprühenden Kugel umgaben.

Ruslan, der sie schon fast erreicht hatte, entschloss sich zu einer Verzweiflungstat. Er sprang hinunter, erfasste in diesem Sprung die Frau und riss sie von der Leiter.

Kolja hatte die Arme vorgestreckt, um die beiden abzufangen, doch sie stürzten neben ihm nieder.

Die Frau begann gellend zu schreien.

Ruslan rappelte sich mühsam auf und fiel sofort wieder hin – der Fuß war weggeknickt. Er schien gebrochen zu sein.

Kolja zerrte zuerst die kreischende Frau beiseite und half dann Ruslan, sich davonzuschleppen.

Die Leute standen an der Leiter und warteten auf irgendetwas. Gronski versuchte noch immer, seine Frau zu überzeugen: »Ich werde dich abstützen, ich pass auf dich auf.«

»Nein!«, schrie sie. »Du hast doch selbst gesagt, dass man uns retten wird. Wir werden warten, bis man uns rettet …«

Und da – als hätte der Himmel Verotschkas Flehen erhört – erschien plötzlich ein Hubschrauber über ihnen.

In dem Brausen des Feuers und bei all dem Geschrei hatten sie ihn bisher nicht bemerkt, erst als der Strahl eines Scheinwerfers auf das Dach fiel, begriffen alle, dass die Rettung vom Himmel kam.

Es war ein großer Militärhubschrauber. Er war dunkler als der Himmel. Er hing unmittelbar über dem Dach und erschien riesig wie ein Luftschiff.

Im Bauch des Hubschraubers bildete sich ein lichterfülltes Quadrat. Alle auf dem Dach streckten sich mit erhobenen Armen dem Licht entgegen. Stille trat ein.

Jetzt erst war das Rattern des Hubschraubers zu vernehmen. An einer Strickleiter, die sich sanft auf das Dach senkte, kam ein Offizier in Fliegerkleidung zu ihnen herab.

»Ganz ruhig«, sagte er, nachdem er heruntergesprungen war. »Keine Panik, Genossen.«

»Ich bin Gronski, der Direktor des Chemiewerkes.« Irgendwie war er als Erster zu dem Offizier gelangt.

»Ja.« Der Offizier warf einen Blick auf die zu ihm hin strebende Menschenansammlung. Er wirkte müde, und Schubin vermutete, dass es wohl nicht der erste derartige Einsatz heute für ihn war.

»Ich muss dringend in den Stab«, sagte Gronski. »Ist der bereits eingerichtet?«

»Ja«, antwortete der Offizier. »Aber lassen Sie uns zuerst die Frauen holen.«

»Selbstverständlich«, sagte Gronski. »Verotschka, beeil dich, man wartet schon auf dich.«

Verotschka tat diesmal lautstark ihre Befürchtung kund, dass sie hinunterfallen werde.

Durch das Gezeter drang Gronskis barsche Stimme: »Genosse Hauptmann, können Sie die Maschine denn nicht etwas tiefer kommen lassen? Sie sehen doch, in welchem Zustand die Frauen sind.«

Die Leute drängten sich um die Strickleiter, viele hielten sie mit den Händen fest, als wollten sie verhindern, dass der Hubschrauber plötzlich wieder davonfliegt.

»Drängeln Sie nicht!«, rief der Offizier. »Je disziplinierter Sie sich verhalten, desto eher haben wir Sie alle verladen.«

Gronski kletterte bereits die Strickleiter hinauf, buchstäblich am Rockzipfel seiner Frau. Der Offizier hielt die Leiter unten fest, Verotschka zeterte, und aus der Luke beugte sich ein Soldat, um die ersten Flüchtlinge in Empfang zu nehmen.

»Wir sind achtundsechzig Personen«, sagte Schubin.

»Hast du sie alle durchgezählt?«, wunderte sich Elja.

»Ich habe gut aufgepasst in der Schule. Kannst du dich durchkämpfen? Er wird nicht alle mit einem Mal fortschaffen können.«

»Nein, ich bleibe bei dir«, sagte Elja.

»Dann hätte ich da einen Vorschlag«, sagte Schubin.

»Ja, beeilen wir uns«, sagte Elja. »solange man noch hinunterkommt.«

Er zog ihr die Kapuze über den Kopf und zog den Reißverschluss zu. Dann zwickte er sie in die Nasenspitze.

Elja lächelte.

Schubin stieg als Erster hinab. Elja folgte ihm. Schubin wollte Elja sichern können, und Elja kletterte so, dass sie ihm die Hand reichen konnte, falls er stürzen sollte.

Flammen umloderten die Leiter. Es war höllisch heiß.

»Halte durch!«, schrie Schubin, doch Elja hörte ihn nicht. Schubin fühlte sich wie in einer Backröhre. Die Haare entzündeten sich – er vermutete das, weil es auf dem Kopf so sehr zu schmerzen begann. Für eine bestimmte Zeit wurde ihm so heiß und war die Luft, die er atmen musste, so brennend, dass er Elja aus dem Blick verlor.

Wer weiß, ob sie davongekommen wären, wenn nicht eine starke Windböe die Flammen von der Leiter weggedrückt hätte … Und dann kam die letzte Stufe. Schubin wusste nicht, dass es die letzte war. Er stürzte. Aber Kolja war da, er stand noch immer an der Leiter. Er fing Schubin auf und danach Elja.

»Dir sind die Haare abgebrannt«, das waren Eljas erste Worte.

»Umso besser werden sie wieder wachsen«, sagte Kolja. »Das ist wie mit dem Wald.«

Schubin fuhr sich mit der Hand über den Kopf. In den Ohren hatte er ein schreckliches Sausen. Die Haare waren kurz, ungleichmäßig, igelschnittartig.

»Es tut weh«, sagte er.

»Das geht vorbei«, tröstete ihn Elja. »Mutter hat eine Salbe gegen Verbrennungen. Aus Kräutern.«

Nachdem sie ›Mutter‹ gesagt hatte, hatte Elja sich gedanklich nach Hause versetzt. Schubin schien vor ihren Augen zu verblassen, sie hatte es auf einmal eilig.

»Ich muss los«, sagte sie. »Ich muss los, Jurotschka, sei mir nicht böse.«

»Auf Wiedersehen.«

»Warte«, sagte Kolja. »Es ist gefährlich, jetzt durch die Stadt zu gehen. Wer weiß, wo sich das Gas versteckt hat.«

»Kolja hat recht«, bestätigte Schubin. »Warte, ich muss mich nur einen Augenblick verschnaufen, dann gehen wir gemeinsam.«

Elja antwortete nicht. Schubin hatte sie noch gar nicht gefragt, ob sie sich verbrannt hatte. Ein Ärmel war geschmolzen, verschmortes Futter schaute hervor.

Ruslan lag im Schnee und fauchte durch die zusammengebissenen Zähne.

»Halt aus«, sagte Schubin. »Wir rufen einen Rettungswagen.«

»Ich bin sicher, dass ihr hier einen finden werdet«, erwiderte Ruslan verbittert. »Mein Bein ist gebrochen, verstehst du?«

»Geht ihr mal«, sagte Kolja. »Ich weiß ja, dass Elja ein Kind zu Hause hat, das weiß ich ja. Aber ich geh nicht weg. Ich werde Hilfe holen.«

»Wir sehen uns noch«, sagte Schubin, während er Kolja die Hand drückte.

»Unbedingt«, antwortete Kolja mit einem Lächeln, so offen, als hätte er alles Schlechte in seinem Leben nun endgültig hinter sich gelassen. »Wenn Sie mich wiedererkennen natürlich.«

Schubin schaute nach oben. Der Hubschrauber schwebte noch immer über dem Dach, und an dem Teil der Strickleiter, der von unten aus sichtbar war, hingen Menschen. Sie kletterten nur sehr langsam hinauf. Windböen brachten die Strickleiter zum Schlingern und ließen die Leute immer wieder, sich in die Querseile klammernd, anhalten.

Plötzlich wurde der Hubschrauber lauter, er übertönte den Lärm des Feuers und stieg rasch in die Höhe.

»Sieh nur, was das Schwein macht!«, rief Ruslan, der ebenfalls zu dem Hubschrauber blickte.

Und erst im nächsten Moment begriff Schubin, was geschehen war.

An der Stelle, an der sich Sekunden zuvor der Hubschrauber befunden hatte, loderte ein Meer aus rauchigen Flammen empor. Ein unheilvolles Krachen verschlang alle anderen Geräusche. Das Dach war ins Innere des Gebäudes gestürzt.

Der Hubschrauber entfernte sich schnell tiefer gehend zur Seite. Die Menschen, die an der sich aufschaukelnden Strickleiter hingen, wirkten wie Läuse. Schubin erkannte, dass der Pilot so schnell wie möglich auf dem Bahnhofsplatz landen wollte, um die Menschen zu retten.

Und dann sah er, wie sich einer der schwarzen Kleckse von der Leiter löste und mit ausgebreiteten Armen in die Tiefe fiel …

Was weiter geschah, konnte Schubin nicht mehr sehen. Der Hubschrauber verschwand aus seinem Blickfeld.

Ruslan schrie wütend etwas auf Georgisch.

Schubin wusste nicht, ob Elja die Szene mit angesehen hatte. Sie hatte sich über die weinende Frau in dem verbrannten Kunstpelz gebeugt.

Doch wie sich herausstellte, hatte sie alles mitbekommen, denn sie sagte zu dem zu ihr herantretenden Schubin: »Es war umsichtig von dir, dass du mich zur Feuerleiter geführt hast. Sonst wären wir jetzt ganz sicher tot. Wir waren die Letzten, die hinabgestiegen sind, nicht wahr?«

Sie zogen Ruslan und die Frau weiter vom Gebäude weg, denn es wurde heiß. Das Hotel schien hell erleuchtet zu sein – in den Fenstern brannte gelbes und oranges Licht.

Die Strapazen dieser noch immer nicht zu Ende gegangenen Nacht – es war halb vier, noch lange hin bis zum Sonnenaufgang – begannen sich bemerkbar zu machen. Schubin fror ganz erbärmlich.

Elja sagte: »Es ist nicht weit, wenn du mit mir kommen willst.«

»Natürlich komme ich mit«, antwortete Schubin, der begriff, wie sehr sie sich davor fürchtete, allein nach Hause zu gehen.

»Aber du wirst es nicht schaffen«, sagte sie. »Du wirst unterwegs erfrieren.«

»Komm, im Laufschritt«, erwiderte Schubin.

Sie bogen auf die Straße hinaus. Es war windig hier. Am Ausgang aus dem Hotelhof lag ein Mann, zusammengekrümmt, als versuchte er sich zu wärmen. Er war schon mit einer dünnen Schneeschicht zugeweht. Die Fellmütze war zur Seite gerollt und lag da wie ein leeres Vogelnest.

Elja hockte sich nieder, hob die Mütze auf und klopfte sie an ihrer Hüfte ab.

»Nimm«, sagte sie. »Der braucht sie nicht mehr.«

»Nein, lass mal«, sagte Schubin.

»Nun mach schon.« Elja stellte sich auf die Zehenspitzen und zog die Mütze mit beiden Händen auf Schubins wunden, verbrannten Kopf.

»Du tust mir weh«, beschwerte er sich.

Er rückte die Mütze zurecht. Sie war zu klein.

»Eigentlich ist das Plündern«, meinte er.

»Deine hat auch irgendjemand«, entgegnete Elja.

Elja schaute auf die Straße hinaus, blickte nach rechts und nach links. Es war dunkel. Die den Himmel verhängenden Wolken schimmerten im Widerschein der Brände, und über verschneite Flächen huschten orange Lichtflecken.

Sie kamen zur Bushaltestelle. Hier lagen die Leute seltsam auf einem Haufen, einer auf dem anderen, so als wollten sie einander wärmen. Der Bus stand mit einem Vorderrad auf dem Bürgersteig, die Tür war offen, er war frontal gegen einen Mast gefahren.

Elja sagte: »Du wirst es natürlich wieder nicht wollen, aber wäre es nicht besser, wenn wir einen Mantel nehmen würden?«

»Hör auf«, sagte Schubin. »Wo geht's lang?«

Die Mütze wärmte den Kopf, natürlich wärmte sie, doch es war nicht seine, sie roch unangenehm …

Schubin kam wieder zur Besinnung.

Er lag auf der Straße. Elja kniete neben ihm, sie hatte seinen Kopf angehoben und ihre Lippen an seine Wange gedrückt.

»Liebster«, sagte sie, »Liebster, nein, das darfst du nicht, was machst du denn?«

Der Kopf schmerzte derart, dass er ihn nicht zu bewegen vermochte, doch Elja hatte den Versuch registriert und begann plötzlich zu schimpfen: »Was soll das?«, fragte sie erbost. »Warum verstellst du dich? Ich denke, dass du ausgerutscht bist, ich kann nicht mehr … aber so nicht. Steh auf, steh auf, du verkühlst dich. Was ist mit dir, ist dir schlecht geworden? Na komm, halt noch ein wenig aus, wenn wir nach Hause kommen, dann mache ich dir Tee …«

Mit Eljas Hilfe setzte Schubin sich auf. Ihm war übel.

»Entschuldige«, sagte er. »Schau weg.«

Er drehte sich auf alle viere und begann zu würgen. Es war quälend, denn es wollte nicht aufhören, solange noch irgendetwas in ihm war. Elja wollte etwas für ihn tun, doch Schubin fand zumindest so viel Kraft, um abzuwinken und sie wegzuschieben.

Um ihren Blicken voller – wie es Schubin schien – unnötiger Sorge auszuweichen, bemühte er sich, in den Pausen zwischen den Würganfällen davonzukrabbeln, doch seine Hand stieß auf ein kaltes Hindernis – eine schöne junge Frau lag auf der Seite, und ihre toten Augen schauten Schubin aufmerksam an.

Schubin zuckte zurück, und in diesem Augenblick überkam ihn ein weiterer Anfall.

Schubin sah, dass Elja mit etwas Schnee zu ihm kam, den sie an den Begrenzungspfählen der Haltestelle aufgenommen hatte, wo er nicht festgetreten worden war. Er stieß schwach gegen ihre Hand, der Schnee rieselte zu Boden.

»Was machst du denn? Das ist wie Wasser, er kühlt«, sagte Elja wie zu einem kranken Kind, ohne verärgert zu sein.

»Dummchen«, sagte Schubin, während er aufzustehen versuchte. »Hast du denn nicht begriffen? Da drin ist Gas zurückgeblieben.«

»Ja«, stimmte Elja zu, ohne aber wirklich verstanden zu haben. Sie hob die Mütze vom Asphalt auf und reichte sie Schubin.

»Elja«, sagte er, bemüht, verständlich und überzeugend zu sprechen, »wirf sie weg und fass nichts an, das auf dem Boden gelegen hat. Nichts. Ich habe auch nicht gleich daran gedacht. Selbst als mir bewusst wurde, dass die Mütze stank … Offenbar hat sie sich auf meinem Kopf erwärmt … Nur gut, dass die Dosis so klein war. Verstehst du?«

»Oh!« Elja schleuderte die Mütze auf die Straße, wo sie gegen den Boden eines auf der Seite liegenden Autos flog. Ein zweiter Wagen war mit diesem kollidiert, dessen Kühlergrill war zerknautscht, die Fahrertür stand offen, und ein Mann, der auf dem Sitz lag, hielt noch immer mit zusammengekrallten Fingern den Türgriff fest.

»Streich dir die Hände am Mantel ab«, sagte Schubin. »Gründlich. Und lass uns weitergehen.«

Ihm war immer noch schlecht, im Mund hatte er einen widerwärtigen Geschmack, doch er ging los, den Körpern ausweichend, die hier besonders dicht lagen. Schubin konnte sich nicht erklären, wieso gerade an dieser Stelle derart viele Menschen umgekommen waren. Aber Elja, die ihn eingeholt hatte, sagte: »Hier ist das Kino ›Kosmos‹, verstehst du? Sie sind aus der letzten Vorstellung gekommen.«

»Bewegen wir uns schneller«, schlug Schubin vor, der das Gefühl hatte, im nächsten Augenblick zu erstarren.

Ihm schien es, als würde er rennen, aber in Wirklichkeit trabte er nur wenig schneller als beim normalen Gehen. Elja konnte zügigen Schrittes mit ihm mithalten.

»Jetzt nach rechts«, sagte sie. »Wir gehen über die Höfe.« Rechter Hand brannte das Haus nieder, in dem Eljas Freundin Walja wohnte … oder war es Larissa? Es konnte also nicht mehr weit sein. Hier, zwischen den Häusern, wuchsen Pappeln, kahl und nass, leer waren die von einer dünnen Schneedecke überzogenen Bänke und die Kinderschaukeln. Hier gab es keine Toten, und es schien, dass die Häuser friedlich in den Morgen schliefen.

Sie passierten einen weiteren Block. Den Weg am Haus entlang standen leere Autos aufgereiht. Auf einer Bank an einer Rabatte saß ein umschlungenes Paar. Die beiden saßen so friedlich und entspannt da, dass Schubin einen Schritt auf sie zu machte und sie ansprechen wollte.

Doch dann erkannte er, dass er sich getäuscht hatte. Sowohl der junge Mann, der seinen Arm um die Schulter des Mädchens gelegt hatte, als auch das Mädchen, dessen Kopf an seiner Brust ruhte, waren tot.

»Was ist mit dir?«, fragte Elja, die schon an der Hausecke angelangt war.

Sie hatte die beiden nicht bemerkt. Schubin eilte ihr nach.

Elja hatte an der Ecke gestoppt. Vor ihnen lag ein Querweg, und auf der gegenüberliegenden Seite stand ein weiterer Block.

»Hier wohne ich«, flüsterte Elja.

Schubin hatte erwartet, dass sie nun zu ihrem Haus rennen würde, doch auf einmal hatten Elja die Kräfte verlassen, und sie hing buchstäblich in seinen Armen.

»Ich kann nicht«, sagte sie.

Das Haus war dunkel, es schlief. Bei einigen Fenstern waren die Oberflügel geöffnet.

»Dritter Stock?«, fragte Schubin.

»Diese Fenster da.«

»Gehen wir.«

Schubin fasste sie unter und zog sie buchstäblich über die Straße.

Doch in diesem Augenblick veranlasste ihn irgendetwas, nach rechts zu schauen, von wo ein neuerlicher Schneeschwall herankam.

Das rettete ihnen das Leben. Die Schneewolke war gelb.

Das mit dem Schnee vermischte Gas, das der Wind irgendwoher vom See oder aus der Flussniederung herangetragen hatte, ballte sich zu einer gigantischen Kugel von mehreren Metern Durchmesser, die geradezu anmutig, im Widerschein des Feuers funkelnd, mit hoher Geschwindigkeit die Straße entlang auf sie zugejagt kam.

»Zurück!«, schrie Schubin und riss Elja mit der Kraft der äußersten Verzweiflung zu dem Haus, von dem sie gerade gekommen waren. Elja verstand nicht, sie versuchte sich zu befreien, doch der entsetzte Schubin war auf einmal so stark, dass er sie vom Boden hob und hinter die Hausecke warf, bevor er selbst auf sie fiel.

Und all das geschah so schnell, dass er nichts weiter hatte sagen können. Doch im Liegen, das Gesicht von der Kugel abgewandt, röchelte er: »Nicht atmen!«

Auch er selbst versuchte, die Luft anzuhalten. War es eine Minute, die so verging?

Schubin hob den Kopf. Die Straße war leer. Der Wind hatte sich gelegt.

Schubin stand als Erster auf, dann half er Elja. Sie hielt sich den Ellenbogen, an dem sie sich wehgetan hatte.

»Was machst du denn?«, fragte sie. »Was war denn da?«

»Gas«, sagte Schubin.

»Woher denn?«

»Es ist die Straße entlanggetrieben.«

Eilig überquerten sie die Fahrbahn, sich dabei in alle Richtungen umblickend, als fürchteten sie einen Hinterhalt des Gases. Sie bogen in den Hof und betraten den Hauseingang.

Schubin ließ Elja nicht als Erste das Haus betreten. Zuerst öffnete er die Haustür und zählte bis fünfzig.

»Fürchtest du Gas?«, fragte Elja.

Sie trat vor Ungeduld von einem Fuß auf den anderen. Sie versuchte, Schubin wegzustoßen. Sie verstand, dass er recht hatte, doch ihre Geduld war restlos erschöpft.

Sie riss sich los und verschwand in der Finsternis des Treppenhauses.

Ihre Absätze klapperten auf den Stufen.

Schubin folgte ihr. Er versuchte nicht, Elja einzuholen. Er fürchtete sich vor dem Danach.

Schubin hatte Mühe beim Erklimmen der Treppe. Ihm war wieder schwindlig, der Atem ging schnell, die Luft wurde ihm knapp.

Er nahm den Geruch des gelben Gases im Aufgang wahr, besonders in den ersten beiden Geschossen, beschleunigte seine Schritte aber dennoch nicht, weil ihm einfach die Kraft dazu fehlte.

Er erreichte Elja vor ihrer Wohnungstür.

Eine normale Tür, ohne Spion, braun angestrichen und mit der Nummer »15« versehen.

Elja wandte sich um, als sie seine Schritte hörte, und sagte: »Ich habe keinen Schlüssel … Das Bund ist in der Tasche … oder im Mantel. Ich weiß es nicht.«

»Dann läute.«

Elja drückte auf den Klingelknopf, doch es blieb nach wie vor totenstill.

»Ach, wir Dummköpfe«, sagte Schubin, der sich mit der Handfläche am Türrahmen abstützte, um nicht hinzufallen. »Es gibt doch keinen Strom. Klopf.«

Elja klopfte. Stille.

»Sie schlafen«, sagte Schubin. »Klopf stärker.« Elja klopfte kräftiger.

»Sie schlafen nicht«, flüsterte sie.

Mehr vermochte sie nicht zu sagen. Ihr Gesicht war regungslos, über die schmutzigen Wangen liefen Tränen.

Schubin schlug mit der Faust gegen die Tür. Und noch einmal, er begann zu hämmern, nur um die hohen, klagenden Laute zu übertönen, die aus Eljas Mund drangen.

Und er hämmerte derart, dass er die Frauenstimme überhörte, die sich hinter der Tür meldete: »Wer ist da?«

»Hör auf!« Elja umklammerte seinen Arm. »Ich bin's, ich bin's, Mutti! Wo ist Mitka? Ich bin's, Mutti!«

»Warte doch, und mach nicht solchen Krach«, antwortete die Stimme, das Schloss knackte, die Tür ging auf, und Eljas Mutter sprach eine Frage aus, die sie noch vor dem Öffnen erdacht hatte und die jetzt wie aus einer anderen Welt zu kommen schien: »Was ist mit dir, hast wieder die Schlüssel vergessen?«

Und da erblickte sie Elja und diesen furchteinflößenden Mann. Erst nachdem Schubin sich nachher im Spiegel betrachtet hatte, begriff er, wie schlimm er aussah.

»O Gott!«, sagte sie.

Hinter der Nachbartür erklang eine verärgerte Männerstimme: »Was ist denn das für ein Lärm, wissen Sie nicht, wie spät es ist?«

»Entschuldigen Sie«, antwortete Schubin der Stimme. »Sie haben völlig recht. Es ist alles in Ordnung.«

Elja stürzte hinein, fiel der Mutter um den Hals und begann wie von Sinnen zu lachen. Schubin schob sie weiter in die Wohnung und schlug eilig die Tür hinter sich zu. Es war stockfinster. Nur Eljas hysterisches Lachen war zu hören, unterbrochen von den Ausrufen der Mutter: »Was ist denn, was ist mit dir?« Und von Eljas Versuchen zu fragen: »Und Mitka, wo ist Mitka?«

Und wieder Gelächter.

»Lassen Sie sie sich irgendwo hinlegen«, sagte Schubin. »Sie muss sich hinlegen.«

Doch Elja riss sich los – sie stürzte, die Tür weit aufstoßend, in eines der Zimmer. Im Lichte des verlöschenden Feuers war ein Bett zu erkennen. Darin schlief ein Junge. Elja hob ihn hoch, der Junge begann zu blinzeln. Schubin jedoch zerrte Elja zurück und schrie sie an: »Fass ihn nicht an! Fass ihn nicht an! An dir kann Gas sein.«

Elja ließ den Jungen auf das Bett sinken. Sie selbst aber sank ruhig, still und friedlich vor dem Bett auf dem Teppich nieder, so als würde sie einschlafen. Tatsächlich jedoch war es eine tiefe Ohnmacht. Schubin fasste sie unter den Achseln und fragte die

Mutter, deren weißes Nachthemd wie ein Gespenst in der Finsternis schimmerte: »Wo kann ich sie hinlegen?«

»Oi, was ist mit ihr?«

Die Mutter hatte noch immer nichts verstanden – wie denn auch?

»Wo ist die Couch?«

»Neben Ihnen, da können Sie sie hinlegen.«

Sie war aufgebracht, weil sie inzwischen wohl zu der Überzeugung gekommen war, dass sich ihre liederliche Tochter irgendwo betrunken habe, dann in Schwierigkeiten gekommen sei und nun randaliere. Schubin hatte keine Ahnung, ob das bei Elja vorkam – er wusste überhaupt nichts über seine zukünftige Frau. Mit Mühe zerrte er sie auf die Couch.

»Haben Sie Baldrian?«

»Wer sind Sie denn eigentlich?«, fragte Eljas Mutter, in der die Abneigung gegen diesen Vagabunden, den Elja angeschleppt gebracht hatte, wuchs.

»Tun Sie ein paar Tropfen Baldrian in ein Glas. Oder etwas Validol. Es ist nichts Schlimmes. Sie ist einfach sehr erschöpft. Und sie hat sich zu sehr aufgeregt.«

Schubin sagte das nachdrücklich genug, dass sie, irgendetwas brummelnd, in ein anderes Zimmer ging und mit den Lichtschaltern zu klacken begann.

»Es gibt keinen Strom«, sagte Schubin. Er hatte sich vor der Couch niedergehockt und seine Hand auf Eljas warme Wange gelegt. Und Elja, die noch immer nicht wieder zu sich gekommen war, hob ihre Hand und berührte mit ihren schwachen Fingern die seine.

»Warum ist kein Strom da?«, fragte die Mutter aus dem anderen Zimmer.

»Wasser fließt auch nicht«, sagte Schubin. »Und falls doch, dann sollte man es besser nicht trinken. Ist vielleicht noch etwas im Teekessel? Nehmen Sie das aus dem Teekessel.«

Mitka drehte sich im Bett auf die andere Seite und murmelte im Schlaf irgendetwas vor sich hin.

»Nun sagen Sie mir doch endlich einmal, was hier los ist«, verlangte die Mutter aus dem anderen Zimmer. Sie kramte offenbar in den Medikamenten auf der Suche nach dem Baldrian.

»Eine Havarie«, sagte Schubin. »Eine Havarie. Bleiben Sie im Haus, und schließen Sie alle Fenster …«

Die Mutter schlurfte mit ihren Pantoffeln in der Küche herum und schepperte mit dem Teekessel.

Schubin lauschte Eljas Atemzügen. Sie schien zu schlafen.

»Es ist schon gut«, sagte er. »Sie ist eingeschlafen …«

Die Mutter war bereits wieder im Zimmer. Schubin hatte ihr Kommen nicht bemerkt. In sein Bewusstsein hatten sich Lücken eingeschlichen.

»Dann trinken Sie es selbst«, sagte die Mutter, nun schon ohne jede Verärgerung. »Sie können es auch brauchen.«

Sie gab ihm das Gläschen mit dem Baldrian in die Hand.

»Wo ist denn die Havarie? Es ist wohl was Ernstes, wie? Im Chemiewerk?«

»Ja, ernst«, sagte Schubin. Und schlief ein, vor der Couch sitzend, den Kopf auf die Hände gelegt, mit denen er Eljas Hand berührte.

Es war fünf Uhr früh. Die Stadtbewohner, die überlebt hatten, schliefen noch.

Schubin wachte auf, und ihm schien es, er hätte gar nicht geschlafen, sondern nur für einen Moment die Augen geschlossen.

Er erinnerte sich sofort daran, wo er war, und sein erster Gedanke war ein erfreulicher: Es war ausgestanden.

Er lag auf jener Couch, vor der er auf dem Boden sitzend weggetreten war. Das Zimmer lag in morgendlichem Halbdunkel, der Himmel hinter dem Fenster war kaltblau. Nachdem er den Kopf umgewandt hatte, erblickte Schubin das Bett und den auf ihm schlafenden Mitka, den er ja noch gar nicht richtig gesehen hatte.

Hinter der Wand wurde leise gesprochen.

Schubin erinnerte sich daran, dass er sich beim Abstieg vom Dach verbrannt hatte. Er fuhr sich mit der Hand über den stoppeligen Kopf.

Er hob die Uhr vor die Augen, aber es war zu dunkel im Zimmer. Er konnte nichts erkennen. Er stand auf und geriet derart ins Taumeln, dass er sich beinahe wieder hingesetzt hätte. In seinem Kopf drehte sich alles.

Elja hatte ihn gehört und kam ins Zimmer.

»Warum bist du aufgestanden?«, flüsterte sie.

»Du schläfst doch auch nicht«, entgegnete Schubin.

Er ging in die Küche, wo auf einem Hocker Eljas Mutter saß, eine gewöhnliche füllige Frau, ebenso schwarzhaarig und mit ebensolchen hervorstehenden Wangenknochen. Nur ihre Lippen waren im Unterschied zu denen Eljas vertrocknet und zerfurcht. Ihre Augen waren verweint.

Auf dem Küchentisch brannten zwei Kerzen. Das Wachs war bereits auf die Untertasse getropft.

»Guten Tag«, sagte Schubin. »Es tut mir leid, dass wir uns unter diesen Umständen kennenlernen mussten.«

»Wir haben Ihnen zu danken, Juri Sergejewitsch«, sagte Eljas Mutter. Sie schluchzte. »Elja hat mir alles erzählt. Und nun sitzen wir hier und haben Angst.«

»Gehen Sie besser nicht hinaus«, sagte Schubin.

»Es ist kein Wasser da«, sagte die Mutter, »und Gas, wissen Sie, gibt es auch nicht. Was denken Sie, wann es wieder funktionieren wird?«

»Und kalt ist es, einfach schrecklich«, fügte Elja hinzu.

Durch das blaue Fenster war zu sehen, dass draußen Schneetreiben herrschte.

Über ihnen ging jemand und schepperte mit Geschirr. Das Haus hatte sehr dünne Wände, jedes noch so leise Geräusch war zu hören.

»Wie spät ist es?«, fragte Schubin.

Elja schaute auf die Wanduhr, die über dem Tisch hing. Schubin sah es selbst: halb acht.

»Um diese Zeit ist sonst schon Verkehr auf der Straße«, sagte Elja, »die Leute sind auf dem Weg zur Arbeit. Aber Mutter will mir einfach nicht glauben.«

»Warum soll ich dir denn nicht glauben?«, erwiderte diese. »Es haben viele davor gewarnt, dass uns dieses Werk umbringen wird. Die Kinder sind weggebracht worden. Haben Sie davon gehört?«

»Ja, ich habe es sogar gesehen.«

»Aber die hat das ja alles kaltgelassen. Elja hat gesagt, es sind viele Menschen umgekommen.«

»Ja«, sagte Schubin. »Es sind viele umgekommen.«

Er schaute zu Elja. Sie begegnete seinem Blick sehr aufmerksam.

Es war bereits ein neuer Tag angebrochen, es war ein anderes Leben, und er fühlte sich nur als Gast in ihm. Was auch sollte er in Anwesenheit der Mutter sagen?

Schubin trat ans Fenster. Die Straße, zu der es hinausging, war leer. Von dort, hinter der Hausecke auf der anderen Seite, hatten sie die Straße zu überqueren versucht und sich dann vor der gelben Kugel geflüchtet. Er sah den niedergdrückten Schnee, dort hatten sie gelegen und sich davor gefürchtet, den Kopf zu heben. Und ein Stückchen weiter, hinter dem Haus, war das Bänkchen, auf dem das Liebespaar sitzt.

»Ich gehe«, sagte Schubin.

»Was?«

Elja verstand nicht.

»Ich gehe. Du wirst doch verstehen, dass ich nicht hier herumsitzen kann.«

»Ich lasse Sie nirgendwohin, Juri Sergejewitsch«, sagte Elja, wieder zum ›Sie‹ wechselnd. »Schauen Sie sich doch einmal im Spiegel an. Sie sind doch fix und fertig.«

»Ich bin fit«, behauptete Schubin. »Ich habe mehr als zwei Stunden geschlafen.«

»Dann komme ich mit.«

»Das schlag dir aus dem Kopf«, intervenierte die Mutter. Und auch Schubin wiederholte wie ein Echo diesen Satz: »Das schlag dir aus dem Kopf.«

»Na dann eben nicht«, fügte sich Elja.

»Ich möchte Sie inständig bitten, unter keinen Umständen das Haus zu verlassen«, sagte Schubin. »Sie wohnen im dritten Stock, das war die Rettung. Wir wissen nicht, ob schon alles vorbei ist oder noch etwas kommt.«

»Es ist doch kalt«, beschwerte sich die Mutter. »Wann wird denn wieder geheizt werden?«

»Ich bringe das in Erfahrung und komme zurück«, versprach Schubin.

»Das ist gut«, sagte die Mutter. »Gehen Sie, schauen Sie sich um, und kommen Sie dann zurück.«

Schubin nahm sich eine Kerze und marschierte barfuß ins Bad. Es gab kein Wasser. Konnte es ja auch nicht. Er hob den Kopf, schaute in den Spiegel und sah sich zum ersten Mal seit gestern Abend. Er erkannte sich nicht sofort, denn in den neununddreißig Jahren seines Lebens hatte er sich an jemand anderen gewöhnt.

Ein schmutziges, stoppelbewachsenes Wesen blickte ihn an. Haare, Brauen und Wimpern waren abgesengt. Vom Haupthaar war nur hier und da noch ein Büschelchen übrig geblieben. Auf Schläfen und Wangen klebte getrocknetes Blut. Und wie aus purer Bosheit gab es kein Wasser.

»Juri Sergejewitsch«, erklang Eljas Stimme von hinter der Tür.

»Wir haben hier im Topf noch ein bisschen Wasser. Sie werden es sicher brauchen können.«

Eigentlich wollte Schubin das Angebot dankbar annehmen, doch er sagte: »Gieß mir ein wenig in ein Glas. Wer weiß, wann das Wasser wieder läuft. Vielleicht müssen wir uns noch den ganzen Tag gedulden … oder noch länger. Die Leitungen könnten ja vergiftet sein.«

»Ich verstehe«, sagte Elja. »Nehmen Sie die grüne Zahnbürste, das ist meine.«

Er öffnete die Tür. Sie reichte ihm das gefüllte Glas. Aus der Küche war die Stimme der Mutter zu hören.

»Im Teekessel ist auch noch etwas. Verschütte es nicht.«

Es war Schubin unangenehm, dass er nach der Toilettenbenutzung nicht spülen konnte. Er klappte lediglich den Deckel zu. Dann putzte er sich die Zähne, feuchtete einen Zipfel des

Handtuchs an und wischte sich damit recht und schlecht das Gesicht. Auf dem Handtuch blieben Ruß- und Blutflecken zurück.

Während Schubin sich die Schuhe anzog, putzte Elja ihm das Jackett ab und versuchte ihn zu überreden, ein Stück kaltes Fleisch zu essen. Aber er hatte absolut kein Verlangen danach, etwas zu essen. Er hätte gern noch einen Schluck Wasser getrunken, wagte es aber nicht, darum zu bitten.

Elja stand unschlüssig vor dem Kleiderständer, denn Schubin brauchte eigentlich etwas zum Umziehen, es waren aber keine Männersachen im Haus. Sie redete auf ihn ein, er möge doch ihren dicken Pullover unter seine zerrissene Jacke ziehen, und Schubin tat das. Dann hatte sie irgendwo eine weiße Strickmütze hervorgekramt und sagte: »Stör dich nicht daran, dass es eine Frauenmütze ist, viele junge Männer hier tragen so etwas.«

Auf der Mütze waren die olympischen Ringe abgebildet.

»Auf Wiedersehen«, sagte Schubin zu der Mutter, die in der Küchentür stand.

»Kommen Sie wieder«, entgegnete diese zurückhaltend. Elja begleitete Schubin auf die Treppe hinaus.

Er zog sich die Skimütze weiter in die Stirn.

»Hast du dir die Adresse gemerkt?«, fragte sie plötzlich. »Baustraße 12, Trakt 2, Wohnung Nummer 15. Soll ich es dir aufschreiben?«

»Nein, ich merk mir das«, sagte Schubin. »Aber geh bitte nicht hinaus. Das ist überhaupt nicht nötig. Und lass auch deine Mutter nicht raus. Geh nicht raus, bis ich zurück bin, versprichst du mir das?«

»Ich versprech's dir.« Elja lächelte. Zum ersten Mal seit gestern Abend sah er sie lächeln. Die Goldkrone funkelte. Er hatte ganz vergessen, dass sie eine Goldkrone hatte.

Die Tür gegenüber ging auf, und ein sperriger Mann im Schlafanzug schaute hervor.

»Grüß dich«, sagte er. »Na, bringst du den Besuch hinaus?«

Die abschätzige Haltung gegenüber der Nachbarin, die in dieser Frage steckte, war nur schlecht verborgen.

»Guten Morgen, Wassili Karpowitsch«, sagte Elja, ohne Schubins Hände loszulassen.

Dieser verschlafene Mann war aus der anderen, normalen, der gestrigen Welt.

»Warum ist kein Strom da?«, fragte er. »Hast du eine Ahnung?«

»Wenn Sie es probieren, dann werden Sie feststellen, dass es auch kein Wasser und kein Gas gibt und auch das Telefon nicht funktioniert«, sagte Schubin.

»Was?« Der Mann glaubte es sofort und erschrak. »Es ist etwas passiert, nicht wahr?«

»Elja«, sagte Schubin und ließ ihre Hand los. »Ich möchte dich bitten: Geh die Wohnungen ab, oder noch besser – nimm dir einen Mann mit, auf den Verlass ist. Die Leute werden jetzt aufstehen, und sie wissen von nichts. Es könnte eine Panik ausbrechen, jemand könnte die Nerven verlieren … Nun, dir brauche ich das ja nicht zu sagen.«

»Ist gut, Juri Sergejewitsch«, stimmte Elja zu.

Sie wollte noch etwas sagen, aber Wassili Karpowitsch aus der Nachbarwohnung ließ sie nicht.

»Ich möchte endlich wissen, was passiert ist!« Er schrie fast. »Würdest du mir das mal in allgemein verständlicher Sprache erklären?«

Zwei Stufen auf einmal nehmend eilte Schubin die Treppe hinab. Die braune Haustür schlug hinter ihm zu.

Ein kalter Wind stach ihm ins Gesicht. Er trug stachlige Schneeflocken mit sich. Schubin zog die Kapuze seiner Jacke hoch.

Es tagte bereits. Er überquerte die Straße und blickte zurück. Elja stand am Fenster. Sie schaute ihm nach. Neben ihr tauchte jetzt das Gesicht Wassili Karpowitschs auf, der also schon in ihre Wohnung vorgedrungen war.

Schubin kam an die Ecke des Nachbarhauses und blieb dort stehen, ohne sich jedoch noch einmal umzuschauen. Er begriff, dass er nach wenigen Schritten diese Alltagswelt verlassen würde, in der noch nichts passiert war und die jetzt erst begann, Stück für Stück das Ausmaß der Katastrophe zu entdecken. So als lägen viele Kilometer, die die Nachricht von dem Unglück erst noch zurückzulegen hatte, zwischen dem Hotel, in dem sie die Nacht zugebracht hatten, und hier.

Schubin hätte natürlich auch bei Elja bleiben und noch ein paar Stunden schlafen können. Nein, er hätte wohl keinen Schlaf mehr gefunden. Er wusste ja, dass das Leben in diesem und den Nachbarhäusern nur ein trügerischer Schein war, die Realität aber, zu der er gehörte, gleich hinter der Straßenecke begann.

Und plötzlich schoss ihm ein unerwarteter Gedanke durch den Kopf und veranlasste ihn dazu, sich umzuschauen.

Er blickte zu Eljas Haus. Nein, nicht zum dritten Stock, sondern zum Erdgeschoss. In drei, nein, in vier Fenstern des Erdgeschosses waren die Lüftungsfensterchen geöffnet. Das bedeutete, dass dort mit sehr großer Wahrscheinlichkeit Tote ruhten. Sie lagen friedlich da, so als würden sie schlafen, doch bald schon würden die Türen aufgebrochen werden. Wo war die Flutmarke? Zwei Geschosse waren Leichenhallen, die drei oberen ganz normale Wohnungen, in denen die Menschen aufwachten und sich wunderten, warum es kein Wasser und keinen Strom gab. Die Flutmarke lag oberhalb des ersten Stocks.

Er konnte nicht länger hier herumstehen, er musste dort sein, wo viele andere Menschen waren, wo es etwas zu tun gab, wo er sich nützlich machen konnte.

Schubin trat in den nächsten Hof. Ein Schrei scholl ihm entgegen. An der Bank, auf der die beiden Verliebten saßen, stand mit erhobenen Armen eine Frau, die etwas Unverständliches schrie. Es war nur zu verstehen: »… mein Mädchen, Mädchen … Liduschka …«

Eine Tür schlug zu, aus dem Haus kam ein weiterer Mensch herausgelaufen, der auf die Bank zusteuerte. Schubin machte sich eilig davon, zur Hauptstraße, zum Bahnhof.

Über mehrere Höfe gelangte Schubin zur Hauptstraße, die zum Bahnhof führte. Er kam genau durch jenen Torbogen, durch den er sich vor dem Milizionär geflüchtet hatte.

Es schüttete nur so Schnee aus dem Himmel, ungleichmäßig, in geballten Ladungen. Es war ein hässliches Wetter. Vor dem Café, in dem er mit den Aktivisten der Bürgerbewegung gesessen hatte, lagen Körper. Neben ihnen standen zwei Menschen. Es war nicht klar, weshalb, sie schauten einfach nur.

An den Häusern entlang kam ein vielleicht fünfzehnjähriges Bürschlein die Straße hinunter, das einen prall gefüllten Plastikbeutel trug. Als es Schubins Blick auffing, ergriff es die Flucht, ein Griff des Beutels riss, und Pelzmützen quollen hervor und fielen zu Boden. Der Junge hielt an und machte sich daran, die Mützen wieder aufzusammeln, ohne Schubin dabei aus den Augen zu lassen.

»Lass sie besser liegen«, sagte Schubin. »Sie sind verseucht.« Den Beutel an den Bauch gedrückt, eilte der Junge durch den Torbogen davon.

Und da erblickte Schubin seine eigene Mütze. Sie lag am Rande des Bürgersteiges und war völlig schneebedeckt. Sie hatte auf ihn gewartet. Schubin ging zu ihr hin und hob sie auf. Der Schnee war an ihr angefroren, sie war hart und wirkte fremd.

In diesem Augenblick fing Schubin den Blick einer in ein graues Tuch gehüllten Frau auf. Ihr Blick drückte Missbilligung aus.

»Es sind Menschen zu Tode gekommen, und Sie nutzen das aus«, sagte die Frau.

»Das ist meine eigene Mütze«, sagte Schubin. »Ich habe sie gestern verloren.«

Er begriff, wie unglaubwürdig das klang.

»Ich verstehe schon, ich verstehe«, sagte die Frau.

»Nun gehen Sie doch weiter«, sagte Schubin verärgert. Die Frau hielt sich immer dicht an der Wand.

Ein gepanzerter Mannschaftswagen fuhr die Straße entlang. Auf ihm standen zwei Soldaten. Sie blickten seitwärts und erkundeten offenbar die Lage.

Schubin schaute ihnen nach. Er wandte sich dorthin, wohin auch der Wagen fuhr – zum Bahnhof. Er passierte das Kino »Kosmos« und die Bushaltestelle. Der Bus stand noch immer mit einem

Vorderrad auf dem Gehweg, doch die zusammengestoßenen Personenwagen waren von der Straße geräumt, und auch die Leichen waren verschwunden.

›Die sind ja schnell‹, dachte Schubin. ›Prachtkerle.‹ Wer die Prachtkerle waren und warum sie so schnell waren, darüber machte er sich keine Gedanken. Er freute sich, dass jemand sich Gedanken machte und Maßnahmen ergriff.

An der Haltestelle stand ein alter Mann in einem Militärmantel und mit einer Hasenfellmütze auf dem Kopf.

»Junger Mann!«, sprach er Schubin an. »Warum kommt denn kein Bus? Ich warte schon zwanzig Minuten.«

»Es fahren keine Busse mehr«, antwortete Schubin und ging weiter.

»Warum? Können Sie mir sagen, warum?« Der Alte stieß mit seinem Stock auf den Boden.

Schubin sah jetzt, wo die Leichen hingebracht worden waren. Wie sich herausstellte, hatte man es noch nicht geschafft, sie wegzufahren. In einem Zwischenraum zwischen zwei großen Häusern türmten sie sich zu einem Berg, der zum Teil von einem Bulldozer verdeckt wurde, mit dem man sie offenbar auch dort hingeschoben hatte. Der Bulldozer war leer, doch neben ihm stand ein Milizionär und rauchte.

Als er sah, dass Schubin stehen geblieben war, sagte er müde: »Gehen Sie weiter, Bürger, Sie dürfen hier nicht gucken.«

»Ich geh ja schon«, fügte sich Schubin.

Ein Lastwagen fuhr langsam die Straße entlang. Die heruntergeklappte hintere Ladeluke gab den Blick ins Innere frei. Auch hier lagen Leichen.

Eine zerzauste Frau ohne Kopfbedeckung lief mit offenem Pelzmantel mitten auf der Straße dem Lastwagen entgegen und schrie, mit weit aufgerissenem Mund, immer in demselben Ton. Der Wagen bremste und hupte, doch sie beachtete ihn nicht. Der Fahrer wartete, bis sie vorbei war, und gab dann wieder Gas.

Die Fenster des Lebensmittelladens, den Schubin jetzt passierte, waren eingeschlagen, große Glasscherben bedeckten den Bürgersteig. Drinnen machten sich irgendwelche dunklen Gestalten zu schaffen.

Eigentlich hätte jetzt das Hotel sichtbar werden müssen, aber es war nicht da. Nachdem Schubin das letzte große Gebäude vor dem Bahnhofsplatz hinter sich gelassen hatte, erkannte er, was geschehen war: Das Hotel war auf die Hälfte seiner ursprünglichen Größe geschrumpft. Das einstürzende Dach hatte die beiden obersten Etagen mit in die Tiefe gerissen. Es sah aus, als hätte eine Bombe eingeschlagen.

Noch immer stieg Rauch aus der Ruine auf, der Schnee ringsum war tiefschwarz.

Schubin trat auf den Platz hinaus. Der Vorbau des Hotels war seltsamerweise vom Feuer verschont geblieben. Sogar die Glastüren und an den Seiten die gläsernen Schilder mit dem Hotelnamen waren unzerstört. Doch durch die Tür war ein schwarzes Gewirr aus heruntergestürzten Trägern zu erkennen.

Der Bahnhofsplatz war seltsam belebt. Aus irgendeinem organisatorischen Grunde befand sich der Stab, der die Rettungsarbeiten leitete, ausgerechnet im Bahnhof. Zwischen den verlassenen Bussen standen mehrere gepanzerte Mannschaftswagen und ein Pulk geschlossener Militärlastwagen. Am Arbeiterdenkmal stand ein Panzer. Seine mit einer Plane verhüllte Kanone ragte hoch in den Himmel. Am Eingang des Bahnhofs erblickte Schubin mehrere Personenwagen, darunter zwei oder drei schwarze Wolga.

Richtig, erkannte Schubin, der quer über den Platz auf den Bahnhof zusteuerte. Der Bahnhof war die Verbindung mit den anderen Städten. Hier musste es auch Dampfloks geben, mit denen man sich ohne Strom behelfen konnte, bis das Kraftwerk wieder in Betrieb genommen wurde.

Die Leichen vom Platz waren bereits fortgeräumt worden, und Schubin schaute auch gar nicht danach aus, wo sie wohl liegen würden. Er ging am Panzer vorbei. Dessen Luke stand offen, auf dem Rand saß ein Soldat mit Haube und rauchte. Daneben stand ein Bus, seine Türen waren geöffnet, auf dem Boden lag – den Kopf zur offenen Tür gerichtet – ein Mensch.

»Juri Sergejewitsch!«, vernahm Schubin. »Juri Sergejewitsch, sind Sie das?«

Boris kam auf ihn zugelaufen.

Er sah schon im normalen Leben ungepflegt, ja sogar etwas Furcht einflößend aus, jetzt aber wirkte er wie ein Ungeheuer aus der Unterwelt. Das lange schwarze Haar war schier unentwirrbar verfilzt, dem Mantel fehlte ein Ärmel, an dessen Stelle ein Holzfällerhemd hervorquoll. Unter einem Auge prangte ein großes Veilchen.

Boris ergriff Schubins Hand und begann sie zu schütteln. Der Soldat blickte vom Panzer auf sie herab, dann spuckte er die Kippe aus und verschwand im Turm.

»Ich dachte schon, Sie gäbe es nicht mehr, Sie wären umgekommen. Ich bin extra hierhergekommen, zum Hotel, ich bin schon eine Stunde hier, eigentlich hatte ich die Hoffnung schon aufgegeben. Niemand weiß etwas, man hat mir nur gesagt, dass sich in der Nacht, als das Hotel abbrannte, Leute vom Dach aus gerettet haben. Darauf habe ich gebaut.«

»Beruhigen Sie sich«, sagte Schubin. Er freute sich, diesen Verrückten zu sehen. »Was ist mit den anderen, was ist passiert?«

»Von Natascha weiß ich nichts«, sagte Boris. »Natascha haben sie laufen lassen. Sie haben natürlich Sie gesucht, dann haben sie mich verhört, aber das ist unwichtig, sie haben irgendetwas Kompromittierendes gesucht, aber eigentlich wollten sie Brunis Brief, sie dachten, Brunis Brief sei bei Ihnen.«

»Wer sind ›sie‹, was für Briefe?« Schubin sah sich um nach einem Ort, der etwas gemütlicher war als dieser eisige Platz.

»Lassen Sie uns in den Bahnhof gehen, vielleicht zieht es dort wenigstens nicht so.«

»Machen Sie keine Witze, wer lässt Sie denn dort rein? Dort ist doch der Stab. Da ist alles abgeschirmt. Wer soll uns denn da hineinlassen?«

Schubin blickte hinüber. Er hatte bisher einfach nicht auf die Soldaten geachtet, die jeder für sich zu stehen schienen, bei genauerem Hinsehen jedoch eine weitgliedrige Kette bildeten, die den

Platz etwa dort abriegelten, wo die Autos standen. In diesem Moment scherte einer der Wagen aus und jagte Staub aufwirbelnd vom Platz. Im Fond war das Profil Silantjews zu erkennen. Er war also am Leben geblieben.

Schubin führte Boris zur Seite, hin zu den Kiosken, die sich am Platz entlang zur Bushaltestelle hin aneinanderreihten.

»Was sollen wir da?«, fragte Boris. »Wir haben nicht viel Zeit.«

Schubin ging zu dem Bus, dessen Tür offen stand. Er stieg hinein und sagte zu Boris: »Kommen Sie, hier ist es nicht so windig.«

Im Gang lag ein Mann mit dem Gesicht nach unten. Hier hatten jene, welche die Leichen forträumten, also noch nicht hineingeschaut.

Boris ließ den Blick über den Toten schweifen.

»Sie waren dabei, über Ihre Freunde zu berichten«, erinnerte Schubin.

»Ja? Ich weiß nicht, was mit Natascha ist.«

»Das sagten Sie schon. Und weiter? Was ist mit den anderen?«

»Bruni und Syrin sind tot. Ich habe es gesehen. Mich hatten sie nach oben gebracht und dort verhört. Sie haben mich geschlagen, weil ich so abstoßend bin. Ich rufe Ablehnung hervor bei anderen Menschen, das weiß ich. Selbst bei Ihnen.«

»Nein, das stimmt nicht.«

»Sie sind übrigens im Augenblick auch kein Adonis«, bemerkte Boris.

»Sind sie auf dem Revier umgekommen?«

»Der Wachhabende führte mich nach oben, man hat mich verhört, dann war da unten irgendwelcher Lärm, der Wachhabende vermutete, dass da etwas nicht stimmte – das war um 11 Uhr 42. Sie verstehen?«

»Ich kann's mir denken.«

In dem Bus schien sich die Kälte der Nacht angesammelt zu haben. Über den Platz kam ein Rettungswagen, der vor dem Bahnhof hielt. Hier und da tauchten aus den Seitenstraßen Leute auf, die auf den Bahnhof zusteuerten, und Schubin sah, wie sie von den Soldaten angehalten und zurückgeschickt wurden.

»Es verging viel Zeit, aber er kam nicht zurück. Es war still. Ich schaute aus dem Fenster und erblickte den Nebel. Haben Sie den Nebel gesehen?«

»Ja, leider.«

»Ich sah, wie er die Menschen überfiel, die dann hinstürzten. Aber ich war in einer besseren Lage als der Wachhabende. Er wusste nicht, was ihn erwartete, ich aber habe schon über einen Monat darauf gewartet. Bruni hat es vorhergesagt, er hat drei Briefe darüber geschrieben. Die liegen bei denen in den Akten.«

»Bei wem?«

»Bei Gronski, bei Silantjew, beim Staatlichen Kontrollkomitee. Er hat sogar den Wirkungsmechanismus vorhergesagt – das Diffusionsprinzip. Genau so war es … Er hat es uns gesagt, aber Sie werden verstehen, dass es teilweise etwas sehr speziell war. Seine Berechnungen über das Zusammenwirken von Relief, Windrichtung und anderen Faktoren zum Beispiel … Erinnern Sie sich, dass wir Sie gestern baten, einen Brief mit nach Moskau zu nehmen? Stellen Sie sich vor, dort ist all das schon beschrieben! Auch dass es zu Todesfällen kommen kann. Er hat nur nicht gewusst, dass es solche Ausmaße annehmen wird. Sie haben die zweite Produktionslinie in Betrieb genommen, hatten es sehr eilig und haben dabei die kritische Menge überschritten … Ich habe gewartet und gewartet und dann die Tür aufgemacht – im Flur war niemand. Finsternis. Unten war alles still. Aber ich habe es ja gewusst.«

Boris holte Luft. Ihm war heiß.

»Ich bin nicht hinuntergegangen. Ich habe nur gesehen, dass der Hauptmann dort unten an der Treppe lag. Und noch ein Milizionär. Beide lagen da. Bruni und Paschka Syrin aber waren ja in der Zelle im Erdgeschoss und konnten nicht heraus. Es war mir gleich klar, dass sie keine Chance gehabt hatten. Dass ich nun allein war. Ich habe die ganze Nacht dort gesessen. Ich musste Sie finden, und wenn nicht, dann musste ich selbst versuchen, aus der Stadt zu kommen und nach Moskau zu gelangen. Aber besser Sie. Sie sind ein objektiver Mensch. Und Sie haben keine Kinder.«

»Was haben denn die Kinder damit zu tun?« Schubin schien es, dass Boris phantasierte.

»Habe ich es nicht gesagt?«

»Was?«

»Ich habe eine Frau und drei Kinder … ich war schon zu Hause.«

»Und?«

»Verstehen Sie, verzeihen Sie, aber meine Frau ist umgekommen. Die Kinder waren bei der Oma, wir wohnen im selben Aufgang, und sie hat sich wohl gesorgt, wo ich blieb. Sie ist runtergegangen – sie hat manchmal nach mir geschaut –, sie muss wohl sehr beunruhigt gewesen sein, was mir denn nun schon wieder zugestoßen ist. Und so lag sie dann an unserer Haustür – sie hatte den Mantel über den Morgenrock geworfen und war nach unten gegangen. Entschuldigen Sie bitte. Ich habe sie nach oben getragen, aber nicht in die Wohnung, weil die Kinder noch schliefen. Dann weckte ich Ninotschka, sie ist die Älteste, und sagte, dass ich bald wiederkomme und sie heute nicht in die Schule muss. Aber das interessiert Sie sicher nicht?«

»Was hat das mit Interesse oder Nichtinteresse zu tun?!«, schrie Schubin. »Ich verstehe nicht, was Sie hier machen! Gehen Sie nach Hause!«

»Ich gehe ja gleich, regen Sie sich nicht auf.«

»Glauben Sie denn wirklich, dass ich das in Moskau verheimlichen würde? Dass das überhaupt zu verheimlichen ist?«

»Bei uns geht alles zu verheimlichen«, sagte Boris. »Die Lager, die Zwangsumsiedlung ganzer Völker … alles.«

»Das war früher, aber die Zeiten haben sich geändert.«

»Ja, die Zeiten haben sich geändert. Deshalb können wir jetzt noch hier stehen und miteinander reden, deshalb habe ich auch noch Hoffnung. Aber das Prinzip des Vertuschens ist geblieben. Es wird nur berichtet, dass ein Unfall geschehen ist und Todesopfer zu beklagen sind. Das war's dann – der Rest ist Schweigen. Der Aralsee ist verschwunden! Aber: Pssst! Und in einer anderen Stadt, in Swerdlowsk oder Kurgan, sammeln sich in den Abwassertümpeln dieselben Flüssigkeiten, laufen dieselben Reaktionen ab, um dann mit einem Mal die Menschen zu überfallen … Bruni hat das alles beschrieben.«

»Nun, vielleicht hat man das ja inzwischen begriffen«, sagte Schubin wenig überzeugend.

»Begriffen?« Boris brach in lautes, gekünsteltes Gelächter aus wie in einem schlechten Theaterstück. »Hahaha! Den Buckligen biegt nur das Grab gerade! Was meinen Sie denn, was die jetzt gerade tun?«

»Was man in jedem Stab in Notzeiten macht«, sagte Schubin. »Es gibt bestimmte allgemeine Regeln, an die sich jeder Organisator in einer solchen Situation zu halten hat. Natürlich wird da jetzt ein großes Durcheinander sein, aber sie werden sich bemühen, die Situation unter Kontrolle zu bekommen.«

»Sie bemühen sich, die Situation so zu regeln, dass sie nicht ins Gefängnis gesteckt werden, das tun sie.«

»Wie Sie sehen, ist hier im Wesentlichen Armee.«

»Ja, denn die hat man herbeibeordert, die Dreckarbeit zu machen. Die Rekruten dürfen die Leichen wegräumen und werden dann zur Säuberung des Sees in den Tod gehen. Man wird es ihnen befehlen, und sie werden es tun. Und die Generäle werden gemeinsam mit Silantjew und Gronski Mittag essen und beraten, was zu tun ist, damit die imperialistische Propaganda keinen Lärm schlägt, das Volk nicht verschreckt wird und die großen Errungenschaften nicht in den Schatten einzelner Unzulänglichkeiten gestellt werden.«

»Und selbst wenn es so sein sollte, Boris«, sagte Schubin, »so steht das doch längst nicht mehr in ihrer Macht.«

»Warum denn nicht?« Boris fuhr sich mit gespreizten Fingern in das wirre Haar, verhakte sich und zerrte erbittert, um die Hand wieder zu befreien.

»Es hat zu viele Opfer gegeben. Das geht nicht mehr zu vertuschen.«

»Was wissen Sie denn, was schon alles vertuscht worden ist? Selbst von Tschernobyl hat man nicht gleich und nicht alles erfahren, obwohl es so dicht bei Kiew ist. Und haben nicht gekaufte Professoren und Akademiemitglieder im Fernsehen immer wieder versichert, dass keine Gefahr bestehe und es so gut wie keine Opfer gegeben habe … Vor zwei Jahren sind hier bei uns auf dem Rangierbahnhof Kesselwagen in die Luft geflogen – etwa zweihundert Häuser wurden zerstört, es sind viele Menschen umgekommen … Haben Sie etwas davon gehört? Man hat nach Moskau Bericht erstattet, und dort wurde zugestimmt. Verstehen Sie denn nicht, dass Katastrophen niemand braucht? Die verderben nur die Stimmung.«

»Dann können Sie und ich da auch nichts machen.«

»Ja, und meine Frau ist eben tot und Bruni auch. Und die anderen Menschen. Sie aber haben wohl die Nacht mit einer Tussi verbracht und nichts bemerkt, was? Und jetzt möchten Sie schnellstmöglich in die Schweiz, nicht wahr? Beim nächsten Mal werden die es derart knallen lassen, dass auch von der Schweiz nichts übrig bleibt. Die werden auch Sie erreichen, darauf gebe ich Ihnen Brief und Siegel!«

Boris hob den Arm und brach in ein Heulen aus. Er heulte wie ein alter jüdischer Prophet in der Wüste, er war bereit, in das Feuer zu gehen, dessen Widerschein Schubins übermüdetes Hirn ihm hinter dem Rücken seines Gegenübers vorgaukelte.

»Ich war bei keiner Tussi«, sagte Schubin. »Ich war im Hotel.« Er wies kraftlos auf die qualmenden Ruinen.

»Dann erst recht«, beharrte Boris. »Einen Scheiß haben Sie gesehen.«

Schubin begriff, dass es müßig war, ja dass es sich eigentlich verbot, mit ihm zu streiten. Er hatte das Monopol auf das größere Leid. Und außerdem hatte er recht.

»Gut«, gab Schubin nach. »Es tut mir sehr leid, dass Ihnen ein solches Unglück …«

»Es geht hier nicht um mein Unglück. Es geht um zukünftige Unglücke!«, schrie Boris wie ein Lehrer, der verzweifelt versuchte, einem begriffsstutzigen Schüler ein elementares Theorem einzuhämmern.

»Was kann ich tun?«

»Das, worum wir Sie gestern gebeten haben. Und Sie sollten das zum Gedenken an Bruni und all die anderen tun. Sie nehmen alle Unterlagen, alles, was Bruni geschrieben hat, die Kopien unserer Briefe, die Berechnungen, Prognosen … und auch das, was ich heute im Morgengrauen geschrieben habe. Ich habe es neben dem Leichnam meiner Frau geschrieben. Verstehen Sie? Und Sie werden es direkt im ZK abgeben, dem Generalsekretär persönlich, so hoch wie möglich. Das Land muss wachgerüttelt werden.«

»Ich verstehe«, sagte Schubin, dessen Kopf bei diesem hysterischen Geschrei zu zerspringen drohte. Er war so verdammt abstoßend, dieser Boris. Aber er hatte recht. Zumindest mehr als Schubin.

»Nehmen Sie die Papiere?«

»Ja, ich nehme sie.«

»Dann müssen Sie so schnell wie möglich hier weg. Bevor die Stadt abgeriegelt wird. Wenn sie das nicht schon ist.«

»Und wie?«

»Ich sage es Ihnen dann.«

»Und warum nicht jetzt?«

»Ich muss noch etwas vorbereiten. Ich habe die Papiere nicht dabei. Ich kann sie schließlich nicht mit mir durch die Stadt tragen, wo ich bekannt bin wie ein bunter Hund! Sie werden mich suchen lassen, früher oder später. Sie ahnen, was ich vorhabe.«

Schubin wollte sagen, dass jetzt wohl niemandem der Sinn nach Boris stehe, begriff aber, dass er damit nur einen weiteren Hysterieausbruch provozieren würde.

»Und was schlagen Sie vor?«

»In vierzig Minuten bin ich wieder hier. Hier in diesem Bus. In Ordnung? Und Sie verstecken sich inzwischen irgendwo. Man muss Sie hier nicht sehen. Wo ist Ihr Koffer?«

»Verbrannt.«

»Ach ja, natürlich. Macht nichts, Sie werden sich einen neuen kaufen, in der Schweiz.«

»Die Schweiz hat es Ihnen ja wohl mächtig angetan!«

»Schon gut, ich werde sie ebenso wenig zu Gesicht bekommen wie meine eigenen Ohren. Ich gehe jetzt. Und Sie rühren sich nicht vom Fleck.«

»Ich kann doch nicht die ganze Zeit hier herumsitzen.«

»Das wäre das Beste.«

»Ich muss mir so viel wie möglich mit eigenen Augen ansehen. Nichts wäre dümmer, als hier herumzusitzen. Ich kann mich dort nützlich machen.«

»Sie? Bei denen?«, fragte Boris sarkastisch. »Damit die Sie schnappen können?«

Boris trat an die Tür des Busses und hielt minutenlang wie in einem Kriminalfilm nach eventuellen Verfolgern Ausschau. Wer zufällig in seine Richtung blickte, der musste unweigerlich glauben, einen Kriminellen vor sich zu haben.

Schubin wartete nicht ab, bis Boris sich gebückt hätte und verstohlen in Verbrecherpose über den Platz davonschleichen würde. Er sprang aus dem eisig kalten Bus in den Schnee und hatte den Eindruck, dass es draußen ein wenig wärmer war als im Fahrzeug. Er steckte die Hände in die Jackentaschen in der Hoffnung, dort Zigaretten zu finden, stieß aber lediglich auf die Büchse mit dem löslichen Kaffee.

Zigaretten wären ihm jetzt lieber gewesen.

Da keine Zigaretten da waren, verlangte es ihn nun ganz gewaltig danach zu rauchen. Schubin ging zu dem Panzer und war gerade im Begriff, anzupochen und zu fragen, ob die Besatzung wohl etwas zum Rauchen habe, als er einen Tabakwarenkiosk erblickte. Der Kiosk hatte geöffnet.

Ohne sich auch nur im Geringsten zu wundern, steuerte Schubin auf ihn zu.

Im Kiosk war jemand.

»Könnte ich wohl ein Päckchen Zigaretten bekommen?«

Nach einer kurzen Pause fragte ein dünnes Stimmchen aus dem Inneren: »Welche Sorte wollen Sie denn?«

»Haben Sie ›Prima‹?«

»Augenblick.«

Eine schmale Kinderhand reichte ein rot-weißes Päckchen auf die Theke vor dem Fensterchen.

Schubin sagte ›Danke‹ und legte einen Rubel hin. Das Händchen strich den Rubel ein und verschwand.

»Kann ich auch Streichhölzer haben?«, fragte Schubin.

»Streichhölzer gibt's nicht.«

Das Fensterchen schlug geräuschvoll zu.

Schubin entfernte sich drei Schritte, riss das Päckchen auf und nahm eine Zigarette heraus.

Die Seitentür des Kioskes ging auf, und ein Knabenkopf mit Pudelmütze kam zum Vorschein. Der Junge zog einen Sack, der ganz offenkundig prall mit Zigarettenschachteln gefüllt war, und warf ihn geschickt hinter den Kiosk, aus Schubins Blickfeld. Als er bemerkte, dass Schubin ihn beobachtete, war er keineswegs erschrocken. Er öffnete vielmehr die Faust, in der eine Streichholzschachtel war, und warf sie Schubin zu. Der konnte gerade noch rechtzeitig die Hand vorstrecken und die Schachtel auffangen.

Hinter dem Jungen kam ein Mädchen mit einem ebensolchen Sack aus dem Kiosk. Die beiden verschwanden hinter dem Kiosk.

Schubin ging zum Bahnhof.

Ein Soldat mit Maschinenpistole, der neben den schwarzen Wolgas und den Militärlastwagen, deren Zahl während des Gespräches mit Boris angewachsen war, gestanden hatte, trat Schubin entgegen.

»Sie können hier nicht durch«, sagte er.

»Ich kann«, sagte Schubin. Er holte seinen Presseausweis aus der Jackentasche hervor. Der Soldat nahm den Ausweis, klappte ihn auf und begann mit sich bewegenden Lippen zu lesen. Dann verglich er Schubin mit der Fotografie, und Schubin begriff, dass der Soldat keinerlei Ähnlichkeit feststellen konnte. Er klappte den Ausweis zu und rief: »Welitschkin! Genosse Unteroffizier!«

Der Unteroffizier trug eine warme Jacke mit Tarnmuster und näherte sich gemächlichen Schrittes. Er trug keine Maschinenpistole, hatte jedoch ein Pistolenhalfter über die Jacke geschnallt.

»Du hast doch deinen Befehl – niemanden durchlassen«, sagte er.

Der Soldat reichte dem Unteroffizier Schubins Presseausweis und schaute schmachtend auf die qualmende Zigarette. Schubin holte die Packung hervor und streckte sie dem Soldaten entgegen.

Der nahm sich eine Zigarette, zündete sie aber nicht an. Er blickte zum Unteroffizier.

»Und was wollen Sie hier?«, fragte dieser.

»Ich muss in den Stab«, sagte Schubin. »Ich bin Journalist aus Moskau, Korrespondent. Ich bin dienstlich hier.«

»Dienstlich?«, fragte der Unteroffizier und ließ dabei seinen Blick über Schubin gleiten – von der Strickmütze über das stoppelige, zerkratzte Gesicht bis zur zerrissenen Jacke und der verdreckten Hose. »Sie sehen aber nicht so aus. Haben Sie den Personalausweis dabei?«

»Gibt es hier jemanden mit höherem Rang?«, fragte Schubin ruhig, während er dem Unteroffizier den Personalausweis aushändigte.

Der Soldat hielt die Zigarette auf eine Art, die die Bereitschaft ausdrückte, sie Schubin sofort zurückzugeben, falls dieser entlarvt werden sollte.

»Ich habe Befehl, niemanden passieren zu lassen«, sagte der Unteroffizier. »Eine Havarie.«

»Hör mal, Unteroffizier«, sagte Schubin. »Ich war die ganze Nacht mittendrin in dieser Havarie, während du in der Kaserne geschlafen hast. Und ich habe keine Zeit dazu gehabt, mich in Ordnung zu bringen. Ich war dort.« Schubin wies auf das Hotel. Der Soldat und der Unteroffizier blickten folgsam dorthin.

»Warten Sie«, sagte der Unteroffizier und ging mit dem Presseausweis zum Bahnhof.

»Genau die richtige Zeit für bürokratische Spielchen«, bemerkte Schubin und strich ein Streichholz an. Der Soldat nahm das Feuer an. Er stammte aus Mittelasien, er war verschreckt, ihm war kalt.

Ein Hubschrauber überquerte den Platz im Tiefflug. Hinter dem Bahnhof polterte ein Zug.

»Wie bist du da weggekommen?«, fragte der Soldat, auf das Hotel weisend.

»Über die Feuerleiter, vom Dach«, antwortete Schubin.

»Verstehe«, sagte der Soldat. »Und die Sachen sind verbrannt?«

»Die Sachen sind verbrannt.«

Ein Kleinbus fuhr vor. Aus ihm krochen mehrere verschlafene, verschreckte Personen, die offenbar nur wenig Zeit zum Ankleiden gehabt hatten. Aus dem Bahnhof kam der Handlanger Plotnikow gelaufen. Er winkte von Weitem mit dem Arm und rief den Leuten am Kleinbus zu: »Hierher, Genossen, in den Wartesaal, da werden Sie erwartet. Lassen Sie sie durch!«

Er verschwand so schnell wieder, dass es Schubin nicht gelang, sich bei ihm bemerkbar zu machen. Doch unter den Leuten am Kleinbus entdeckte Schubin Nikolaitschik. Der trottete mit den anderen zum Bahnhofsgebäude.

»Fjodor Semjonowitsch!«, rief Schubin. »Fjodor Semjonowitsch!«

Nikolaitschik blieb stehen. Die anderen wandten sich um. Schubin ging zu ihm hin.

»Schubin«, erkannte ihn Nikolaitschik. »In solch einem Aufzug? Was ist Ihnen denn zugestoßen?«

»Was allen zugestoßen ist.«

»Entsetzlich!«, sagte Nikolaitschik. »Sie können sich gar nicht vorstellen, wie entsetzlich das alles ist.«

»Doch, ich kann«, sagte Schubin.

»Nun ja, natürlich. Aber das hat sich doch niemand vorstellen können. Man hat mich vor einer Stunde aus dem Bett geholt und hierher bestellt, in den Stab. Es sind Todesopfer zu beklagen!« Den letzten Satz sprach Nikolaitschik ganz leise aus, so als vertraute er einer autorisierten Person ein Staatsgeheimnis an.

»Sogar bei Ihnen im Haus«, sagte Schubin.

»Was?«

»Die, die in den unteren Geschossen gewohnt haben.«

»Ich will hoffen, dass Sie sich irren, Juri Sergejewitsch«, sagte Nikolaitschik, mit einem Male hellwach.

»Nikolaitschik«, rief ihn jemand von den Vorausgegangen.

»Sofort. Und warum sind Sie hier, Juri Sergejewitsch? Wollen Sie abreisen?«

»Man lässt mich nicht durch.«

»Genosse Soldat«, sagte Nikolaitschik, »Sie müssen den Genossen Schubin durchlassen, er ist Korrespondent, aus Moskau.«

»Ich führe nur meine Befehle aus«, sagte der Soldat.

»Kommen Sie mit mir mit.« Nikolaitschik zog Schubin am Ärmel, doch als er sah, dass der zerfetzt und angesengt war, ließ er ihn los.

Der Soldat machte einen unentschlossenen Schritt, um Schubin den Weg zu versperren, aber Nikolaitschik blieb beharrlich, und der Soldat gab schließlich nach.

Nikolaitschik ging neben Schubin.

»Ein schreckliches Unglück«, sagte er, so als hielte er Schubin eine Lektion, »eine verhängnisvolle Verkettung unglücklicher Umstände.«

»Was heißt hier Verhängnis?!«, widersprach Schubin. »Das war doch absehbar.«

»So kann man das auf keinen Fall sagen«, erwiderte Nikolaitschik. »Wenn es irgendwelche Hinweise darauf gegeben hätte, meinen Sie nicht, dass Silantjew dann Maßnahmen getroffen hätte?«

»Er hat sie eben nicht getroffen.«

Nikolaitschik zog die Brauen hoch und schwieg. Er hatte einen bemerkenswerten Instinkt, dieser Nikolaitschik.

Sie betraten das Bahnhofsgebäude. Die langen Wartebänke, vor Kurzem noch randvoll besetzt, waren leer, nur hier und da standen Koffer und Taschen in den Durchgängen. Niemand, der umherschlenderte und die Zeit totschlug – alles war in Eile, im Laufschritt, geschäftig. Militär war nur wenig zu sehen, sie begegneten stattdessen Eisenbahnern und Milizionären. Die Hauptbewegungsrichtung verband den ersten Stock mit dem Bahnsteig – wie auf einer Ameisenstraße eilten die Menschen über die breite Treppe, doch der Sinn dieser Bewegung blieb Schubin unklar.

»Wo sind hier die Toiletten?«, fragte Nikolaitschik Schubin. Schubin antwortete nicht sofort. Er hatte gerade daran gedacht, wie viele Menschen hier wohl umgekommen sein mochten – die Wartesäle waren ja dicht gefüllt gewesen.

»Die Toiletten? Da, sehen Sie den Pfeil nach unten: Gepäckaufbewahrung, Toiletten. Aber denken Sie daran, dass kein Wasser fließt.«

»Aber ich muss doch!«, entgegnete Nikolaitschik störrisch. »Warten Sie hier auf mich!«

Er lief zur Treppe ins Untergeschoss, vorbei an einem an die Wand geklebten Blatt Papier mit der Aufschrift ›Zutritt verboten!‹. Neben Schubin blieben zwei Männer in weißen Kitteln stehen.

»In einer Hinsicht kann man vielleicht sogar noch von Glück sprechen«, sagte einer der beiden. »Fast niemand hat lange zu leiden gehabt. Es wirkte augenblicklich.«

»Fast niemand? Du warst wohl noch nicht im Krankenhaus Nr. 1?«

»Nein, ich bin von zu Hause geholt worden.«

»Dort sind Verbrannte und Verletzte. Sie liegen in den Gängen und in der Vorhalle. Und kein Personal da. Absolut niemand. Ich mag gar nicht daran denken, wie viele von uns umgekommen sein müssen.«

Unverhofft ging das Licht an. Schubin hatte sich so an das Halbdunkel gewöhnt, dass er blinzeln musste.

»Sie haben das Kraftwerk in Gang gebracht«, sagte einer der Mediziner.

»Wie sieht es bei dir zu Hause aus?«

»Glück gehabt.«

»Ohhh«, erscholl ein Schrei. Schubin wandte sich um. Nikolaitschik kam aus dem Keller gesprungen und rannte, die aufgeknöpfte Hose festhaltend, auf ihn zu.

»Da«, sagte er, »da.«

»Ich verstehe schon«, sagte Schubin. »Sie brauchen nichts zu erklären.«

»Da … Schrecklich … Sie können sich das nicht vorstellen! Dort sind Menschen!«

»Was dachten Sie denn, wo sie die Leichen von hier hingebracht haben?«, fragte Schubin. »Und man muss anerkennen, dass sie schnell waren.«

»Die Soldaten«, sagte der Mediziner. »Sie arbeiten jetzt an den Gleisen. Dort sind Flachwaggons bereitgestellt worden.«

»Und wie geht es weiter? Was wird mit ihnen? Haben Sie eine Ahnung?«

»Sie werden beerdigt«, sagte der Mediziner, sich eine Zigarette anzündend. »In Massengräbern. Und zwar so schnell wie möglich. Es ist schon angeordnet worden.«

»Wieso?« Nikolaitschik verstand nicht. »Wieso denn das?«

»Damit Ihnen nicht die Stimmung verdorben wird, Fjodor Semjonowitsch«, antwortete Schubin.

»So ist es«, bestätigte der Mediziner. »Aber das ist im Prinzip schon richtig, ich hätte das auch veranlasst. Wir wissen nicht, wie das Gas auf die Umgebung wirkt, die Körper könnten eine Gefahr darstellen. Von der Seuchengefahr ganz zu schweigen.«

»Die Soldaten haben jetzt erst Gasmasken ausgehändigt bekommen«, sagte der zweite Mediziner. »In ihrem Lager waren, wie sich herausstellte, keine mehr da …«

»Sie verstehen nicht«, sagte Nikolaitschik zu dem Mediziner. »Die liegen da in Massen, bis an die Decke gestapelt.«

»Ich kann mir das sehr wohl vorstellen. Ich war auf dem Flughafen«, sagte der Mediziner. »An solche Anblicke werden wir uns gewöhnen müssen.«

»Dort ist es auch hingekommen?«, fragte Schubin. »Ich dachte, der Flughafen liegt höher …«

»Soweit ich das verstehe, ist das Mistzeug dort hingeweht worden, als der Wind aufkam.«

»Und was tun Sie hier?«, erkundigte sich Schubin.

»Weiß der Teufel – Dienst. Ein Wagen wird beim Stab gebraucht, hieß es. Und da sind wir. Wir hätten es schlimmer treffen können.«

Die Mediziner gingen in den ersten Stock hinauf, Nikolaitschik aber hatte sich noch immer nicht gefasst: »Ich gehe da hinunter, verstehen Sie, Juri Sergejewitsch? Da ist es fast völlig finster. Und ein Geruch … so ein widerwärtiger Geruch. Ich spüre plötzlich, dass ich nicht weiterkomme – da war ein Hindernis. Ich tastete nach einem Durchgang. Ich begriff ja nicht, was das für ein Hindernis war. Sachen vielleicht, dachte ich … Es war ja völlig finster. Und auf einmal geht das Licht an. Ich stehe da, und ringsumher liegen Leichen, bis an die Decke, verstehen Sie? Und so ein ekelhafter Geruch …«

»Nikolaitschik!« Ein Schubin unbekannter Mann hatte sich oben über das Geländer gebeugt. »Wo bleiben Sie denn?«

»Entschuldigen Sie mich«, sagte Nikolaitschik. »Sie kommen zurecht?«

»Ich komme zurecht.« Ihm fiel plötzlich ein, dass sein Presseausweis noch bei dem Unteroffizier war. Er musste ihn sich holen. Er ging zum Ausgang.

Schubin blickte nach draußen – der Unteroffizier war nicht zu sehen. Hier musste doch irgendwo eine Kommandantur sein.

Schubin stieg in den ersten Stock hinauf.

Der Wartesaal war leergeräumt. Die jeweils zu Fünfergruppen miteinander verbundenen Stühle waren an die Wände geschoben worden. Doch nicht der Saal selbst war das Zentrum des geschäftigen Treibens, sondern der Raum für Frauen mit Kindern, dessen Tür offen stand, und ein zweiter Raum, über dem unangemessen grell der Neonschriftzug »Videosalon« leuchtete. Um den Schriftzug herum flammten nacheinander Lämpchen auf wie an einer Neujahrstanne.

Während Schubin unentschlossen verharrte und nicht wusste, welchen der beiden Räume er ansteuern sollte, kam aus dem Videosalon der Handlanger Plotnikow herausgelaufen. Ihm folgte ein kleiner schwitzender Eisenbahner.

»Was heißt durchfahren lassen? Es wollen doch Leute hier aussteigen«, sagte er.

»Durchfahren lassen ohne Halt. Und zwar alle Züge – habe ich mich nicht deutlich genug ausgedrückt? Wir haben eine Ausnahmesituation.«

»Wenn Sie mir das schriftlich geben könnten«, sagte der Kleine.

»Sie bekommen Ihr Papier, Sie bekommen es schon noch, aber Sie sehen doch, dass ich zu tun habe!«

Der Handlanger ließ den Eisenbahner stehen, der seufzend die kurzen Arme ausbreitete und wieder fallen ließ, und ging zurück in den Videosalon. Und da erblickte Plotnikow Schubin. Er lief erst an ihm vorbei, da er ihn nicht gleich erkannte, doch dann stoppte er und machte zwei Schritte rückwärts.

»Schubin?«, fragte er.

»Höchstpersönlich«, bestätigte Schubin. »Und lebendig.«

»Das sehe ich«, entgegnete der Handlanger. »Und es freut mich sehr. Es freut mich sehr, dass mit Ihnen alles in Ordnung ist. Und was machen Sie hier?«

»Ich möchte zum Chef des Stabes«, sagte Schubin. »Ich hoffe, mich nützlich machen zu können.«

»Wozu?«, fragte der Handlanger und eilte nun zur Tür des Mütteraufenthaltsraumes, statt seinen ursprünglichen Weg fortzusetzen.

Schubin folgte ihm. Er musste jedoch zurückbleiben – mehrere Soldaten schleppten eine schwere Kiste heran und versuchten, sie durch die Tür zu schieben, wo sie stecken blieb und das Kommen und Gehen der geschäftigen Menschen unterbrach.

Ein Stimmenwirrwarr brodelte ringsumher auf, Flüche und Ratschläge, die dazu führten, dass sich die Kiste noch stärker verkeilte. Über die Köpfe der Soldaten hinweg waren die Menschen zu sehen, die im Zimmer standen. Es waren viele. Schubin erblickte Gronski, zu dem Plotnikow hinlief und etwas sagte, woraufhin er den Kopf zur Tür wandte und Gronskis und Schubins Blicke sich trafen.

Gronski blickte sofort wieder weg und sagte etwas zu einem Schubin unbekannten Beamtentypen.

Schubin drängelte sich zu Gronski durch. Gronski sah müde aus, die Augen waren gerötet, und unter ihnen hingen dunkle Ringe.

Er gab Schubin die Hand. Die Hand war kalt und feucht.

»Wie ich sehe, sind Sie schon wieder auf den Beinen«, sagte Gronski. Dann fügte er an den stattlichen schnurrbärtigen Beamtentypen in finnischem Mantel und mit Hut gewandt, der neben ihm stand, hinzu: »Machen Sie sich bekannt: Genosse

Schubin, Journalist aus Moskau. Und das ist Nikolajew, Direktor des Futtermittelkombinates, stellvertretender Leiter des Katastrophenstabes.«

Nikolajews Hand fühlte sich ganz anders an, sie war fest und breit.

»Journalist?«, fragte Nikolajew ungläubig. Er wirkte nicht eben begeistert. Schubin konnte ihm die unausgesprochenen Fragen ›Wie kommt der hier rein? Wer hat den denn durchgelassen?‹ förmlich vom Gesicht ablesen.

Gronski bemerkte Nikolajews Verstimmung.

Als wollte er sich rechtfertigen, fügte er hinzu: »Genosse Schubin weilt hier zu Vorträgen über die internationale Lage. Und dabei ist er in diesen Schlamassel geraten. Wir waren beide gestern Nacht im Hotel.«

»Ach so, ein Auslandsberichterstatter«, konstatierte Nikolajew erleichtert und schrie unmittelbar darauf die Soldaten an, die inzwischen dabei waren, die Kiste auszupacken, in der irgendein Apparat mit einem Bildschirm und einer Vielzahl von Knöpfen steckte.

»Weiter nach rechts, weiter nach rechts, damit das Fenster nicht verstellt wird!«

Er hatte das Interesse an Schubin verloren.

»Wir statten uns mit Technik aus, die Armee hilft dabei«, sagte Gronski. »Nun, wie geht es Ihnen, haben Sie sich etwas ausgeruht?«

»Sie sind ja währenddessen energisch zur Tat geschritten.«

»Nur leider«, sagte Gronski, »wird uns niemand Anerkennung zollen für unsere operative Arbeit zur Rettung von Leben und Besitz der Bürger. Wie ist das denn bei uns? Köpfe müssen rollen für die Sünden der Vergangenheit, die Heldentaten von heute zählen nicht.«

Gronski lächelte traurig. Er war aufrichtig.

Schubin beneidete ihn: Er hatte eine Möglichkeit gefunden, sich zu rasieren.

»Wie geht es Ihrer Frau?«, erkundigte sich Schubin.

»Danke. Natürlich muss sie sich erst einmal erholen – der

Schock. Haben Sie mitbekommen, was für eine Tragödie sich am Hubschrauber abgespielt hat?«

»Ich habe es gesehen.«

»Wir sind nur wie durch ein Wunder mit dem Leben davongekommen.«

»Ich würde mich gern irgendwie nützlich machen«, sagte Schubin.

»Ja wie denn, wie denn bitte schön?«, fuhr Gronski plötzlich auf. Schubin war sich nicht bewusst, ihm irgendeinen Anlass für diesen Ausbruch gegeben zu haben. »Wollen Sie in einen Leichenräumtrupp? Oder zu den Feuerwehrleuten – uns fehlen Feuerwehrleute! Oder wollen Sie im Krankenhaus Blut spenden?«

»Nun beruhigen Sie sich doch«, sagte Schubin. »Ich verstehe ja, wie schwer es für Sie ist.«

»Und es wird noch schwerer werden. Mit jeder Stunde … Sie können das nicht verstehen.«

»Ich verstehe Sie«, sagte Schubin, der nun keinerlei Feindschaft mehr gegen diesen gequälten Mann verspürte. Die Feindschaft war in der gestrigen Nacht zurückgeblieben. Was, zum Teufel, war das denn für ein Mörder? Ein verschreckter Bürokrat, der sich um seine Frau sorgte und hoffte, dass es durch irgendein Wunder noch einmal glimpflich für ihn abgehen möge, der aber doch wusste, dass es diesen glimpflichen Ausgang nicht geben würde. Zumindest nicht für ihn.

»Warum mussten Sie denn auch ausgerechnet gestern hierherkommen«, sagte Gronski verbittert. »Sobald Sie zurück in Moskau sind, werden Sie anfangen herumzuwundern: ›Mein Gott, was habe ich gesehen, was musste ich mit ansehen!‹«

»Ich werde nicht herumwundern«, sagte Schubin. »Aber wenn Sie wirklich meinen, dass es hier für mich nichts zu tun gibt, dann helfen Sie mir dabei, dass ich nach Moskau abfliegen kann. Ich denke, dass ich Ihnen da irgendwie helfen könnte. Sie brauchen doch so vieles für die Stadt.«

»Wir brauchen alles!« Gronski schrie fast. «Wir haben keine Ärzte, keine Fahrer, nichts – wir können doch nicht alles nur mit Soldaten machen!«

»Es besteht kein Grund, so die Nerven zu verlieren«, sagte eine autoritäre Stimme.

Silantjew hatte mit einem kleinen Gefolge aus Militärs und zivilen Chargen den Raum betreten.

»Von Ihnen hätte ich solche kapitulatorischen Äußerungen nicht erwartet.«

Silantjew würdigte Schubin keines Blickes, vielleicht hatte er ihn auch tatsächlich nicht erkannt. Im Unterschied zu Gronski hatte er den Korrespondenten ja nur in seinem Büro in respektablem Aufzug gesehen.

»Das sind keine kapitulatorischen Äußerungen«, widersprach Gronski, »das ist eine Einschätzung der Situation.«

»Die Situation ist kritisch, aber doch nicht tragisch«, sagte Silantjew.

Er wandte sich an einen neben ihm stehenden Generalmajor, einen großen braunhaarigen Mann mit schwarzen Augen und stoppelblauen Wangen: »Habe ich recht?«

»Ich kann keine weiteren Soldaten mehr zur Verfügung stellen«, antwortete der General, offenbar in Fortführung des früheren Gespräches.

»Du sollst mir keine weiteren geben«, sagte Silantjew, »sondern alle, die du hast.«

»Wie lange schon schleppen die Leute da draußen bei diesem Frost die Leichen weg«, sagte der General. »Sie brauchen eine Pause, zu essen haben sie auch noch nichts bekommen.«

»Was hast du da, einen Kindergarten oder was?«, gab Silantjew verärgert zurück. »Und wenn wir Krieg hätten?«

»Wir haben keinen Krieg«, sagte der General. Er sprach mit einem leichten östlichen Akzent. »Wir haben eine ungeregelte Situation.«

»Noch ein Kapitulant«, sagte Silantjew und breitete die Arme aus, als wollte er alle Umstehenden dazu auffordern zu bezeugen, wie schwer er es doch mit solchen Leuten hatte.

»Sie haben offenbar keine Vorstellung von den Ausmaßen der Katastrophe, Wassili Grigorjewitsch«, sagte der General.

»Niemand hat eine genaue Vorstellung. Aber wir werden das konkretisieren. Und an deine Helden werden wir etwas aus den eisernen Reserven austeilen. Wir kümmern uns um sie.«

»Das sind Soldaten«, sagte der General, »Spezialisten, keine Totengräber.«

»Wollen wir uns hier streiten?«, fragte Silantjew, während er die Hand auf die Schulter des Generals legte. »Du brauchst doch nicht mit mir zu streiten. Wir alle haben es schwer. Und ich am meisten. Das ist meine Stadt, mein Volk!«

Schubin begegnete zufällig dem Blick des Generals. Trauer lag in diesem Blick. Oder gar Verzweiflung. Genau wie in dem Blick Gronskis. Und wie in dem der anderen Menschen – der Mediziner, Nikolaitschiks, sogar der Soldaten auf dem Platz. In Silantjews Blick lag keine Trauer. Sein Blick war klar.

Eine Frau kam herbeigelaufen, in weißen Stiefeln und einer Pelzjacke. Ihr langer Schal hatte sich abgewickelt und baumelte bis zu den Knien herunter.

»Wassili Grigorjewitsch, ein Telex«, sagte sie. Silantjew entfaltete das Blatt und überflog es.

»Nun gut«, sagte er. »Wir werden uns darauf vorbereiten.«

»Was ist?«, fragte Gronski. »Wer kommt?«

»Der Bezirk«, antwortete Silantjew. »In vierzig Minuten ist das Flugzeug hier.«

»Wir sind überhaupt nicht vorbereitet«, sagte Gronski.

»Wo empfangen wir sie am besten?«, fragte Silantjew die Frau mit der Pelzjacke.

»Im Stadtkomitee geht es nicht«, sagte die. »Dort ist nichts vorbereitet.«

»Ich weiß. Wir bringen sie vom Flughafen direkt hierher. Dir, Melkonjan, kommt dabei eine wichtige Rolle zu.« Das war an den General gerichtet. »Sorge dafür, dass vorneweg ein gepanzerter Mannschaftswagen und hinterdrein ein Panzer fährt – das wird eine psychologische Attacke auf höchstem Niveau. Ich werde sie abholen. Silina, du kommst zu mir in den Wagen. Und du fährst auch mit mir, Gronski, du bist ja nervlich völlig am Boden. Nikolajew fährt mit Nemtschenko im zweiten. Alles klar?«

»Alles klar«, bestätigte Nikolajew.

»Wir müssen vor allem darauf achten, dass sie möglichst wenig in der Gegend herumglotzen. Und gnade dir Gott, wenn auch nur ein einziger lebloser Körper an der Strecke liegt.« Silantjew ballte die Faust.

Es war unklar, an wen sich das richtete, jedoch antwortete der General.

»In der Puschkin- und der Sowjetstraße haben wir alles gesäubert«, sagte er. »Aber für die Chaussee kann ich nicht garantieren.«

»Da war sowieso niemand«, sagte Nikolajew. »Hauptsache, mit den Bushaltestellen geht alles klar.«

»Melkonjan, schick einen zuverlässigen Mann, der die gesamte Strecke kontrolliert. Sofort. Die ganze. Und wenn etwas ist – ab in die Büsche damit. Hast du verstanden?«

»Ich schicke jemanden«, antwortete Melkonjan, ohne Silantjew dabei anzusehen.

»Gut. Wer hat die Zahlen vorbereitet?«, fragte Silantjew.

»Ich habe sie«, sagte die Frau in der Pelzjacke. Sie reichte Silantjew ein zerknittertes Blatt. »Hier sind die geschätzten Zahlen der Opfer, der Brände und so weiter.«

Silantjew schaute auf das Blatt. Alles wartete.

»Bis zu hundert Tote?«, fragte er die Frau. »Ja bist du denn verrückt geworden! Die machen sich doch in die Hosen. So was müssen die doch sofort nach Moskau melden.«

»Wir haben ›ungefähr‹ geschrieben«, sagte die Frau.

»Die sind doch auch nicht mit dem Klammerbeutel gepudert. Wenn wir sagen, dass es hundert Todesfälle gegeben hat, dann schauen die sich doch ganz genau um. Wir machen das so: Es hat Opfer gegeben, wir sind beim Zählen … Ich mache das schon. Iwanow!«

Iwanow, ein unförmiger Mann in einem abgetragenen Anzug und mit einem goldenen Ring am Ringfinger, trat von der Wand vor.

»Flitz zur Residenz. In zwei Stunden muss das Mittagessen fertig sein. Nimm den Kleinbus und drei Milizionäre. Überzeuge dich davon, dass ringsum alles ruhig ist. Und ihr geht an die Arbeit, Genossen«, wandte er sich an die Soldaten. »In einer Stunde, wenn wir zurückkommen, muss hier alles blitzen und funktionieren, damit sich die Genossen vom Bezirk ein zutreffendes Bild von der Lage hier bei uns machen.«

»Und wenn sie mich nach der Zahl der Toten fragen?«, erkundigte sich die Frau.

»Das ist Sache des Arztes der Gesundheitsbehörde. Kannst du berichten?«

Schubin hatte den Mann schon gesehen, er war in Silantjews Arbeitszimmer gewesen, als er das Gespräch mitgehört hatte.

»Ich ziehe es vor, mich einer Einschätzung zu enthalten«, sagte der Arzt.

»Ich hoffe, dass ihr alle an diese weisen Worte denken werdet.« Ein zustimmendes Raunen ging durch die Menge rings um Silantjew.

»Und du, Schubin?« Schubin war unklar, wann Silantjew ihn angesehen und erkannt hatte. Jedenfalls nicht erst in diesem Moment, denn während er diese letzten Worte aussprach, blickte er bereits zur Tür.

Schubin sollte wohl besser schweigen. Nicht nur seiner selbst wegen, sondern auch im Interesse der Sache. Ob er nun jetzt etwas sagte oder nicht, das würde ohnehin nichts an Silantjews Verhalten ändern. Und so würde Schubin sich aus der Stadt schleichen können. Wenn er Silantjew nicht unterschätzt und der nicht bereits beschlossen hatte, ihn nicht hinauszulassen.

Schubin sagte: »In allen Erdgeschossen liegen Tote.«

»Wie bitte? Ich habe nicht verstanden.«

»Die Menschen beginnen jetzt damit, die Erdgeschosse aufzubrechen, und sie werden dort lauter Leichen finden.«

»Schubin, verschreck doch die Leute nicht«, sagte Silantjew friedlich. Er hakte Schubin unter und führte ihn zur Tür. »Du weißt es ja nicht, aber ich weiß es – dieses Mistzeug dringt nicht durch Glas. Und die Nacht war kalt, die Lüftungsfenster waren geschlossen. Ja, und auch unter unseren Genossen hier gibt es viele, die im Parterre wohnen. Nicht wahr, Genossen?«

Es war absolut still im Saal. Niemand, so schien es, wollte auch nur ein Wort Silantjews verpassen.

Niemand antwortete. Silantjew wandte sich abrupt zu der Menge um, die ihm langsam nachgeflossen war.

»Ich hoffe doch, unter euch sind welche, die in den unteren Geschossen wohnen?«

Und wieder kam keine Antwort.

Der Mann vom Gesundheitsamt sagte: »Wir haben es noch nicht kontrolliert, Wassili Grigorjewitsch. Wir hatten vordringlichere Arbeiten zu erledigen.«

»Mir scheint«, sagte Schubin, »dass Sie sich hier mit Unsinn beschäftigen.«

»Was?« Silantjew stoppte.

»Sie denken darüber nach, wie das alles herunterzuspielen und zu verheimlichen sei … Sogar über das Mittagessen haben Sie sich Gedanken gemacht.« Indem er dies sagte, fühlte Schubin eine Last von sich abfallen. Die Angst, die ihn als kleinen Mann angesichts dieser eingespielten, wenn auch im Augenblick etwas gestörten, durch ihn aber in keiner Weise beeinflussbaren Maschinerie gelähmt hatte, schwand dahin wie die Aufregung eines unerfahrenen Redners nach den ersten erfolgreichen Sätzen von der Tribüne. »Wen wollen Sie denn betrügen? Die Vorgesetzten vom Bezirk? Und dann? Wenn das Ausmaß der Katastrophe klar wird?«

»Was für eine Frechheit«, sagte der Arzt vom Gesundheitsamt voller Abscheu.

»Sie regieren jetzt eine tote Stadt!«, schrie Schubin. »Eine Stadt, deren Häuser voller Leichen sind, begreifen Sie das? Sie wollen den Anfahrtsweg herrichten lassen? Wozu? Um morgen die Stadt erneut vergiften zu können? Um morgen das ganze Land zu vergiften? Die ganze Welt?«

»Die Nerven, die Nerven«, sagte Nikolaitschik, während er versuchte, Schubin wegzuziehen.

»Warte, sprechen wir uns aus«, sagte Silantjew.

»Ich werde mich hier nicht aussprechen«, sagte Schubin. »Ich spreche mich in Moskau aus.«

Und in diesem Moment registrierte er eine Veränderung in dem Raunen, das den Saal ausfüllte.

Bis zu dieser Sekunde war es ein zustimmendes Raunen gewesen, denn fast jeder, der hier stand, wie morsch sein moralisches Fundament auch sein mochte, war von dem Unglück erschüttert. Und Schubin hatte von ihrer schweigenden Zustimmung profitiert. In dem Augenblick aber, in dem er das Wort ›Moskau‹ ausgesprochen hatte, war er zu einem Fremden geworden.

»Nun denn«, sagte Silantjew. »Sprich dich in Moskau aus. Fragt sich nur, wem von uns man dort glauben wird.«

»Man wird mir glauben«, sagte Schubin. »Das wird man.«

»Ich würde erst einmal gut nachdenken, bevor ich irgendwelche Schlüsse ziehe«, sagte Silantjew, der sich immer noch unter Kontrolle hatte. »Was hast du hier gesehen? Wo hattest du dich verkrochen, während wir in gemeinsamer Anstrengung die Folgen der Havarie beseitigten?«

»Ich bin da gewesen, wo Ihr Genosse Gronski war«, entgegnete Schubin.

»Alles klar«, sagte Silantjew. Er lächelte sogar. »Vom Dach aus haben sie zugeschaut, unsere Touristen. Ein Glück wenigstens, dass wir einen Hubschrauber für sie organisieren konnten. War es da, wo Spiridonow umgekommen ist?«

Diese Frage war nicht an Schubin gerichtet, sondern an Gronski.

Gronski straffte sich, als erinnerte er sich der Rolle, die er vor dem Publikum zu spielen hatte.

»Die Umstände des Todes des Genossen Spiridonow sind unklar«, berichtete er. »Während ich die Rettung der Frauen organisierte, sollte der Genosse Schubin mit einer Gruppe Männer den verletzten Spiridonow aufs Dach tragen. Schubin erschien auf dem Dach. Schubin erschien allein auf dem Dach. Mit seiner Geliebten.«

»Ach, er hat sich eine Geliebte zugelegt! Na ja, das ist ja ein moralisches Niveau.«

Silantjew schaute auf die Uhr.

»Bildet euch eure Meinung«, sagte er. »Gott sei Dank sind wir hier nicht in einem Feuer. So etwas verzeihe ich keinem, Schubin. Du magst dich feige verhalten, du magst dich nach Moskau flüchten und dort Denunziationen vom Stapel lassen … Aber den Tod meines alten Freundes Spiridonow werde ich dir nie verzeihen.«

»Das ist doch alles Lüge«, sagte Schubin. »Und Sie wissen, dass das Lüge ist.«

»Ich weiß nur, was man mir berichtet hat«, sagte Silantjew.

Er ging zum Ausgang. An der Schwelle stieß er auf eine dort vergessene Puppe, die er mit seinem blitzenden Schuh beiseiteschoss.

»Das ist doch alles völliger Unsinn!« Schubin folgte Silantjew, unfähig dazu, sein Verlangen zu beherrschen, sich zu rechtfertigen, zu erklären.

Niemand hielt Schubin auf. Als er an dem General vorbeiging, sagte dieser: »Ich würde mich an Ihrer Stelle hier nicht weiter aufhalten.« Und noch ehe Schubin ihm etwas zu antworten vermochte, war er schnell weg von ihm und hin zu den Offizieren gegangen, die an der Tür zum Videosalon standen.

Schubin folgte Silantjew in der sich lichtenden Menge der »Stabsangehörigen«, und mit jedem Schritt nahm der Drang ab, mit Silantjew zu reden, ihn zu überzeugen. Silantjew würde ihn nicht anhören. Aber was war zu tun? Vielleicht einen Güterzug entern – die fuhren hier durch. Und versuchen, auf der Ladefläche die nächste Stadt zu erreichen. Nein, besser, er versuchte es auf dem Flughafen. Dort kamen Flugzeuge an, der Flughafen war also geöffnet. Er musste zu einer Besatzung vordringen und sie überzeugen …

Während er diese Überlegungen anstellte, betrat Schubin die Treppe und sah, dass Silantjew, Gronski und das Gefolge bereits im Erdgeschoss waren und auf den Ausgang zusteuerten.

Aber wie sollte er zum Flughafen gelangen? Mit irgendeinem Wagen? Er musste mit dem General sprechen. Jetzt, solange

Silantjew fort war, konnte der General helfen. Er dürfte kaum irgendwelche persönlichen Konsequenzen aus der Katastrophe zu befürchten haben. Im Gegenteil, er hatte sofort gehandelt, und Schubin konnte das bestätigen …

Schubin wollte zurück in den Videosalon, als er von unten Schreie vernahm.

Vom Bahnhofseingang her stürzte eine junge Frau mit wehenden Mantelschößen Silantjew und Gronski entgegen. Ungeschickt hielt sie ein Messer in der ausgestreckten Hand. Schwarzes zerzaustes Haar umgab wie eine Mähne ihr kleines Gesicht. Das Licht der Leuchter spiegelte sich in großen Brillengläsern.

Gronski sprang zurück, hinter den Rücken Silantjews, der hinter einem großen Aktenkoffer in Deckung ging, den er in der Hand trug. Das Messer stieß kraftlos in den Koffer, glitt darüber und fiel klirrend auf den Steinboden. Jetzt eilten von allen Seiten Männer auf die junge Frau zu und warfen sie nieder. Sie fuchtelten derart durcheinander, dass unklar blieb, was sie eigentlich wollten – die Frau schlagen, sie festhalten oder fortstoßen.

Einander dabei behindernd, richteten sie die Frau auf und drehten ihr die Arme auf den Rücken. Sie versuchte sich zu wehren, schrie irgendetwas. Schubin erkannte in ihr die schüchterne Natascha aus der Buchhandlung.

Er konnte nicht verstehen, was sie schrie, weil alle schrien. Doch die Worte Silantjews, den man um seine Beherrschung nur beneiden konnte, drangen zu Schubin: »Eine Verwirrte. So etwas kommt vor … Seid vorsichtig mit ihr. Die nervliche Anspannung. Ruft einen Arzt!«

Und damit setzte Silantjew seinen Weg zum Wagen fort. Gronski blieb zurück. Er war offenbar sehr mitgenommen von dem Vorfall. Nikolajew musste umkehren und ihn holen. Er führte Gronski untergehakt zum Ausgang. Bei Natascha waren inzwischen schon die beiden Mediziner, mit denen Schubin vorhin geredet hatte. Sie führten sie irgendwohin beiseite. Der Saal leerte sich, nur der Handlanger Plotnikow unterhielt sich mit einem Milizionär über irgendetwas.

Schubin konnte nichts machen. Zumindest bestand keine Gefahr für Nataschas Leben. Sie war wohlbehalten, alles andere würde sich klären …

Nachdem er sich etwas beruhigt hatte, ging Schubin zurück. Der Zutritt zum Videosalon wurde ihm von einem Soldaten verwehrt, der hinter der Tür stand.

»Ich muss General Melkonjan sprechen«, sagte Schubin.

»Das geht nicht.«

Schubin versuchte, über die Schulter des Soldaten hinweg in den Raum zu spähen.

»Melkonjan!«, rief er. »Ich muss mit Ihnen reden.«

In diesem Augenblick riss ihn eine starke Hand von der Tür weg. Er konnte sich kaum auf den Beinen halten. Vor ihm stand ein Milizleutnant, genauso unrasiert wie Schubin selbst. Daneben noch ein Milizionär und der Handlanger Plotnikow.

»Der hier?«, fragte der Leutnant Plotnikow.

»Ja, der.«

»Auf geht's, Bürger, Sie sind verhaftet«, sagte der Leutnant.

»Warum?«, fragte Schubin.

»Na gehen Sie schon, das klären wir dann.«

Schubin wandte sich um, aber Melkonjan kam nicht. Der Soldat mit der Maschinenpistole vor der Brust blickte Schubin gleichmütig hinterher. Über sein Gesicht lief der Widerschein des fröhlichen Schriftzuges »Videosalon«.

Auf der Milizstation widmete der Leutnant Schubin drei Minuten. Er war hinreichend instruiert worden. Er verlangte Schubins Papiere. Schubin hatte keine Papiere bei sich, weil er sie nicht von dem Unteroffizier zurückbekommen hatte. Das schien der Leutnant bereits zu wissen. Dann erklärte der Leutnant, dass der Genosse, der sich Schubin nenne, festgenommen sei, da er unter Verdacht stehe, in der vergangenen Nacht im Hotel »Sowjetskaja« den leitenden Funktionär S.I. Spiridonow ermordet zu haben. Eine gewisse Logik war dieser Anschuldigung nicht abzusprechen. Die Idee jedoch, so war sich Schubin sicher, stammte von Silantjew persönlich. Man konnte es abstreiten und als dummes Zeug abtun, wenn man des Randalierens, einer Schlägerei oder sogar der Beleidigung hochstehender Persönlichkeiten beschuldigt wurde. Aber bei Mord hörte der Spaß auf, zumal wenn Ausnahmezustand herrschte.

Schubin versuchte, den Leutnant von seiner Unschuld zu überzeugen, doch der hörte ihn gleichgültig und müde an. Er schien nur darauf zu warten, dass Schubin schwieg, um endlich einschlafen zu können.

Er sagte: »Ich hätte Sie an die Wand gestellt.«

Da verstummte Schubin. Es war nicht auszuschließen, dass jemand dem erschöpften Leutnant empfohlen hatte, diesen Vagabunden bei einem Fluchtversuch zu erschießen.

Der Leutnant selbst brachte Schubin in die Zelle, die einzige Zelle der Milizstation auf dem Bahnhof. Er ging hinter ihm, mit gezogener Pistole, und Schubin schien es, dass der Leutnant überlegte, ob er die Anzahl der Katastrophenopfer nicht um eines erhöhen sollte. Nie würde der Leutnant ihm glauben, dass sein Gefangener eine Geisel Silantjews, Gronskis, dieser ganzen ehrenwerten Bande war, die nicht von Schuld und Schmerz gepeinigt wurde, sondern allein von der Angst um ihre eigene Haut.

Die Zellentür schlug krachend zu. An der Decke brannte ein mattes Lämpchen, vor der Pritsche lag ein menschlicher Körper auf dem Boden. Und Schubin nahm auch keinen sonderlichen Anstoß daran, denn er verstand sehr gut, dass der Leutnant und die übrig gebliebenen Milizionäre in der Stadt andere Sorgen hatten, als eine Leiche aus der Arrestzelle zu entfernen.

Ein Fenster gab es nicht. Nur ein kleines vergittertes Fensterchen in der Tür, die Glühlampe und in der Ecke eine Toilettenschüssel mit Deckel. Schubin ging zur Toilette und betätigte die Spülung. Nichts. Das Wasser war noch nicht wieder angestellt. Aber beim Landhaus gab es wahrscheinlich eine Bergquelle, dort würden sich auch die Inspektoren erholen, die lieber auf die Schönheit der Natur blickten als auf stinkende Leichen.

Da erinnerte sich Schubin, dass Boris ihn ja schon lange erwartete. Und wenn ihm plötzlich etwas zugestoßen war? Wusste Boris, dass

Natascha sich mit einem Küchenmesser auf die Führungsspitze der Stadt gestürzt hatte? Gut möglich, dass sie sich Boris geschnappt hatten. Silantjew war schließlich ein vorrausschauender Mann, und er wusste gewiss von den Briefen und Unterlagen Brunis. Und wenn sie davon wussten, dann würden sie danach suchen. Waren ihnen diese Papiere gestern noch nur ein unangenehmes Ärgernis gewesen, so konnten sie sich heute als ihr Todesurteil erweisen.

Und wie als Antwort auf seine Gedanken erklangen Schritte im Flur, die vor der Tür stoppten, und Schubin stellte sich vor, wie gleich der Leutnant in die Zelle treten und gleichmütig verkünden würde: »Auf der Grundlage des Gesetzes über den Ausnahmezustand wurde die Todesstrafe über Sie verhängt. Die Vollstreckung erfolgt unverzüglich.«

Als die Tür aufging, wich Schubin unwillkürlich an die entgegengesetzte Wand zurück. Er war nun bereits überzeugt, dass der Leutnant diese Worte aussprechen würde.

Der Leutnant trat ein und blieb an der Tür stehen. Mit ihm war ein zweiter Milizionär gekommen. Plotnikow war im Flur geblieben. Seine abstehenden Ohren schimmerten rot.

»Ich habe Zeugen!«, rief Schubin plötzlich. Er wusste in diesem Augenblick selbst nicht, was er sich davon erhoffte. Doch er fuhr fort: »Ihr Kollege, Sergeant Wassiltschenko, er war dabei, er weiß alles.«

»Mit dem Gesicht zur Wand«, sagte der Leutnant.

»Warum? Weshalb? Ich habe nichts getan!«

»Stellen Sie sich einen Schritt vor der Wand auf«, sagte der Leutnant müde. »Legen Sie die Hände auf die Wand, stützen Sie sich darauf ab.«

Er sprach fast wie ein Arzt, und Schubin ging auf, dass sie ihn wohl nicht erschießen würden, denn warum sollte er denn dazu die Hände an die Wand legen? Um sich fügsam und ungefährlich zu zeigen, drehte er sich daher eilig zur Wand und streckte die Arme vor. Der Handlanger lachte. Feste Hände tasteten Schubin grob ab – die Seiten, die Hose, die Pelzjacke. Dann verharrten sie für einen Augenblick auf den Taschen.

»Zurücktreten!«, sagte der Leutnant.

Eilige Schritte waren zu hören – der Milizionär und Plotnikow brachten sich in Sicherheit. Was hatte den Leutnant erschreckt?

Der Leutnant steckte eine Hand in die Jackentasche.

»Das ist Kaffee«, sagte Schubin. »Löslicher Kaffee.«

»Schweigen Sie«, sagte der Leutnant. »Das sehe ich selbst, dass das keine Granate ist. Boitschenko, sieh mal nach, was da drin ist.«

»Ich schaue selber nach«, erklang die Stimme Plotnikows.

Schubins Hände begannen in der unbequemen Stellung zu schmerzen.

»Drehen Sie sich mit dem Gesicht zu mir«, sagte der Leutnant. Schubin stieß sich von der Wand ab, straffte sich und wandte sich um. Der Leutnant stand vor ihm, der Milizionär einen Schritt dahinter. Plotnikow stand in der Tür und war dabei, die Kaffeebüchse wieder zuzuschrauben.

Nachdem er die Brieftasche an sich genommen hatte, beendete der Leutnant die Untersuchung.

Im Weggehen berührte er mit dem Fuß den Liegenden. Der brummelte irgendetwas.

»Geben Sie her«, wies Plotnikow den Leutnant an. Der übergab die Brieftasche. Der Handlanger steckte die Brieftasche ein.

»Das ist alles?«, fragte er.

»Das ist alles«, bestätigte der Leutnant.

Der Leutnant ging zur Tür. Schubin hatte wieder etwas Mut gefasst: »Und wann bekomme ich die Sachen zurück?«

»Wenn Sie sie brauchen, dann bekommen Sie sie zurück.«

»Der will auch noch streiten«, rief Plotnikow mit gespielter Empörung aus.

Schubin bedauerte, den Kaffee nicht bei Elja gelassen zu haben. Der Lump würde ihn ganz gewiss nicht zurückgeben. Es war schließlich Mangelware.

Nachdem sich die Tür geschlossen hatte, setzte Schubin sich auf den Rand der Pritsche. Der Mann zu seinen Füßen, der also doch nicht tot war, sondern nur stockbesoffen, drehte sich in eine gemütlichere Lage.

Ganz klar, sie suchten die Aufzeichnungen Brunis. Plotnikow hatte nicht gleich daran gedacht. Dann war er zurückgekommen und hatte eine Leibesvisitation gefordert.

Schubin saß auf dem Rand der Pritsche. Nach Schlafen war ihm nicht zumute. Ihm war nach überhaupt nichts zumute, außer aus dieser Zelle herauszukommen. Doch ihm war klar, dass jetzt in diesem Durcheinander niemand nach ihm suchen würde. Elja? Elja würde sich natürlich Sorgen machen, aber wer war sie denn – eine Fahrerin. Eine Zufallsbekanntschaft. Boris? Den werden sie zu isolieren versuchen. Wenn es ein Fenster gäbe, dann hätte er eine Nachricht für General Melkonjan schreiben können. Von wegen! Sie hatten ihm ja die Brieftasche und das Notizbuch abgenommen. Jetzt saß der Handlanger bei dem Leutnant oder in irgendeinem gesonderten Raum, und sie studierten seine Papiere.

»Hast du vielleicht etwas zu rauchen?«, fragte ihn der Zellengenosse mit nüchterner Stimme.

»Augenblick«, sagte Schubin. Die Zigaretten hatten sie ihm gelassen.

Doch als er Zigaretten und Streichhölzer hervorgeholt hatte, war der Kamerad schon wieder eingeschlafen.

Schubin zündete sich eine Zigarette an. Hinter der Tür erklangen Stiefelschritte.

Dann wieder Stille. Schubin ging an die Tür, legte den Kopf an das Gitter und lauschte. Von weit her drangen Stimmen durch den Gang. Dann schlug eine Tür zu. Schubin spürte die Stille in dem Posten noch stärker, als er sie hörte. Aber was hatte er denn erwartet? Dass sie hier sitzen und ihn bewachen würden?

Schubin klopfte an die Tür. Warum, das wusste er selber nicht, aber er klopfte. Immer stärker. Es drängte ihn, an die Tür zu klopfen, auf sie einzuhämmern, denn in diese Schläge konnte er seinen Zorn über die eigene Ohnmacht hineinlegen.

»Hör auf zu lärmen«, sagte der Zellengenosse. »Das stört.« Schubin besann sich. Sein Verhalten war tatsächlich dumm. Sollte er sich nicht lieber Gedanken über die weitere Vorgehensweise

machen? Sollte er vielleicht Reue heucheln? Versprechen zu schweigen?

Weit entfernt klappte eine Tür.

Jemand betrat den Posten. Die Schritte verklangen. Dann setzten sie wieder ein. Sie näherten sich der Tür. Schubin trat zur Seite. Die Schritte waren langsam, vorsichtig, bedrohlich.

Das Schloss klackte. Die Tür ging auf. Schubin stand an die Wand gelehnt.

»Bist du hier?«, hörte er die Stimme Koljas. Kolja trat in die Zelle.

»Keine Angst«, sagte er. »Ich bin's.«

Kolja war ebenfalls unrasiert, doch er hatte helles Haar, sodass das nicht so auffiel. Auf der Stirn hatte er eine Schramme.

»Kolja!« Schubin wollte zu ihm stürzen und ihn umarmen wie einen alten Freund, doch Kolja war ernst und abweisend.

»Komm raus«, sagte er.

Dann reichte er Schubin dessen Brieftasche. Schubin dachte: Den Kaffee hat der Handlanger also tatsächlich unterschlagen.

»Beeil dich«, sagte Kolja. »Ich habe keine Lust, wegen dir vor Gericht gestellt zu werden.«

»Sofort.« Aus irgendeinem Grunde machte Schubin sich erst einmal daran, den Reißverschluss seiner Jacke zuzuziehen.

Kolja blickte in den Gang.

»Dort ist niemand«, sagte Schubin.

»Das weiß ich selber. Nein, nicht da entlang, in die andere Richtung.«

Er führte Schubin durch den Gang, öffnete mit seinem Schlüssel eine weiße Tür, und sie kamen auf dem Bahnsteig heraus.

»Geh voraus, und dreh dich nicht um«, sagte Kolja.

Für einen Uneingeweihten musste es so aussehen, als führte der Milizionär einen Verhafteten ab. Der Bahnsteig war leer. Auf einem weiter entfernten Gleis bewegte sich eine Rangierlok.

Aus den geöffneten Türen eines Güterwaggons luden Soldaten irgendwelche Säcke aus. Ein entgegenkommender Eisenbahner streifte Schubin mit einem gleichgültigen Blick.

»Nach rechts«, sagte Kolja.

Sie hielten in einem dunklen Durchgang zwischen dem Bahnhof und einem eingeschossigen Gebäude.

»Menschenskind«, sagte Kolja, nun mit anderer Stimme. »Das ist ja ein schöner Schlamassel.«

»Woher wusstest du, dass die mich eingesackt haben?«

»Ich habe es gehört«, sagte er. »Man hat es mir gesagt.«

»Und hast du begriffen, warum?«

»Was soll daran nicht zu begreifen sein?«, sagte Kolja. »Sie wollten dir den Mord an Spiridonow anhängen. Du hättest keine Chance gehabt.«

»Aber du weißt doch, wie alles war.«

»Ich bin im Dienst«, sagte Kolja. »Geh jetzt gleich links um die Ecke, dreh dich nicht um, du kommst auf dem Platz heraus, geh zu den Kiosken. Hinter dem dritten bleibst du stehen. Hast du verstanden?«

»Ja.«

»Ich muss jetzt los. Man muss mich nicht unbedingt mit dir zusammen sehen.«

»Wir werden uns ganz bestimmt noch einmal sehen«, sagte Schubin.

»Kann sein«, entgegnete Kolja und verschwand hinter der Ecke des Bahnhofs.

Schubin blickte sich um. Es war niemand da. Er durchquerte den dunklen Durchgang und befand sich auf dem Bahnhofsplatz.

Schubin ging zügig zu den Kiosken. Hinter dem dritten wartete er und schaute aufmerksam über den Platz.

Der Wind hatte sich gelegt, der Schnee fiel nur mehr spärlich. Der Platz war deutlich bevölkerter als noch vor einer Stunde. In der Stadt wusste man offenbar schon, dass der Stab seinen Sitz im Bahnhof hatte. Sowohl in Gruppen als auch einzeln standen die Menschen vor der Abriegelung und begehrten Durchlass. Die einzelnen Stimmen waren so gut wie gar nicht zu hören, der allgemeine Lärm mit schrillen Ausrufen dafür umso deutlicher.

Schubin kam hinter dem Kiosk hervor, und in diesem Augenblick bog ein Wagentross auf den Platz – der vom Flugplatz.

Vorneweg fuhr nilpferdgleich wie verabredet ein gepanzerter Truppentransporter, der von drei Wolgas gefolgt wurde – zwei schwarzen und einem, sozusagen, normalen. Am Ende noch ein Truppentransporter. Ein Panzer wäre besser gewesen, dachte Schubin. Beeindruckender.

Die verschneite Grünfläche umfahrend, zog der Tross ganz nah an Schubin vorbei. Im dritten Wagen saß Gronski am Fenster. Er blickte Schubin an. Schubin erschrak nicht. Er begegnete dem Blick, und Gronskis Verwunderung belustigte ihn sogar. Die Frauen an der Absperrung stürmten auf die Autos zu.

Er hatte ein seltsames Gefühl der Distanz zu diesen Ereignissen. Als wäre er verzaubert, auf wundersame Weise immun gegen diese Krankheit.

»Juri Sergejewitsch!«, sprach Boris ihn an.

Boris schaute aus einer Einfahrt neben einem Kommissionsladen.

»Hierher!«

Schubin ging zu der Einfahrt.

»Ich dachte schon, ich kriege Sie da nicht heraus«, sagte er.

»Das war ein einfach unwahrscheinlicher Glücksfall.«

»Worin bestand das Glück?«

»Ich habe dem Sergeanten Geld angeboten, da hätte er mich um ein Haar mitgenommen. Als er aber erfuhr, dass Sie das waren, den man festgenommen hatte, da sagte er, ich soll warten. Ich wusste, dass er Sie herausholt. Woher kennt der Sie?«

»Wir waren beide die Nacht über im Hotel«, sagte Schubin.

»Es gibt doch einen Gott«, sagte Boris.

»Haben Sie die Briefe dabei?«

»Glauben Sie mir nun?«

»Ich glaube Ihnen schon lange. Ich weiß nur nicht, wie wir Sie hier herausbringen sollen. Es ist doch bestimmt bereits alles abgeriegelt, oder?«

»Die Kräfte reichen nicht aus. Morgen, mit der Hilfe vom Bezirk, ganz gewiss. Aber heute kommt man noch durch.«

Hinter ihnen begann jemand zu weinen.

»Was ist das?«

»Auch hier gibt es ein Erdgeschoss und einen ersten Stock. Jemand ist zu den seinen gekommen – und hat sie gefunden. Lass dich nicht ablenken. Hör zu. Ich habe einen Wagen geklaut.«

»Wie, geklaut?«

»Nichts leichter als das. Jetzt stehen in der Stadt bestimmt tausend Autos ohne Fahrer herum. Und die Schlüssel stecken im Schloss, verstehst du?«

»Ich verstehe.«

»Der Wagen steht um die Ecke. Ich bringe dich aus der Stadt, ich kenne eine Strecke, auf der keine Absperrungen sind. Ich bring dich bis Sinewa, das ist ein Haltepunkt. Dort hält der Zug nach Moskau. In zwei Stunden bist du in Perm. Weiter musst du allein sehen. Hast du Geld?«

»Hab' ich. Nur keinen Personal- und keinen Presseausweis.« Sie liefen um die Ecke, wo ein Shiguli auf sie wartete.

»Ohne Ausweis ist es schlecht«, sagte Boris. »Einen Ausweis brauchst du. Nimm meinen.«

Er ließ den Motor an und machte sich daran, den Wagen zu wenden.

»Wir sehen uns überhaupt nicht ähnlich.«

»Als ich ihn bekommen habe, da schon. Ich hatte eine zivilisierte Frisur und keinen Bart. Schau.«

Mit einer Hand zog Boris den Ausweis aus der Tasche und warf ihn Schubin auf den Schoß.

»Hör mal«, sagte Schubin. »Können wir nicht vorher schnell noch wo vorbeischauen?«

»Nein«, antwortete Boris. »Wir haben keine Zeit. Die Jagd auf dich wird jeden Moment eröffnet. Es herrscht Ausnahmezustand, ein Mörder ist entflohen, ein Verrückter. Du würdest dich und die Sache gefährden.«

»In Ordnung«, sagte Schubin. »Aber es ist sehr wichtig, dass eine junge Frau eine Notiz von mir bekommt.«

»Schreib ihr einen Brief.«

»Ich habe mir die Adresse nicht gemerkt.«

»Das ist dumm. Wenn du jemandem schreiben willst, dann musst du dir zuerst die Adresse notieren.«

»Die Umstände waren nicht danach«, sagte Schubin, doch Boris bemerkte die Ironie nicht.

Er war noch immer mit dem Wenden beschäftigt. Platz war genügend, aber Boris erwies sich als kein sonderlich geübter Fahrer.

»Lass mich fahren«, sagte Schubin.

»Es kann sein, dass du dich verstecken musst. Ich möchte nicht, dass dein Kopf im Blickfeld ist.«

Schubin schlug den Ausweis auf. In der Tat, wenn man nicht sonderlich genau hinsah, dann mochte es gehen. Boris Aschotowitsch Melkonjan.

»Ich dachte, du bist Jude. Ist der General ein Verwandter von dir?«

»Jeder Idiot fragt mich das. Nein, nein, wir sind nicht verwandt. Da würde der sich auch schön bedanken!«

Boris hätte es nun beinahe geschafft, den Wagen zu wenden, doch da schrillte die Sirene eines Rettungswagens auf, und er musste bremsen.

»Hast du Natascha gesehen?«, erinnerte sich Schubin.

»Ich habe dir doch gesagt – ich weiß nicht, was mit ihr ist!«

»Aber ich habe sie gesehen!«

»Was?« Boris trat wieder auf die Bremse. Der Wagen schlitterte über den glatten Schnee.

»Reg dich nicht auf, sie lebt und ist wahrscheinlich auch nicht verletzt«, sagte Schubin. »Dreh lieber endlich den Wagen um, damit wir nicht noch bis zum Abend hier herumrangieren.«

»Mach ich, mach ich, aber erzähl mir, was du gesehen hast.«

Schubin berichtete. Boris fauchte und fluchte, wobei unklar blieb, wem die Flüche galten – Natascha oder Gronski.

Schubin schaute auf den Platz, als wollte er sich von ihm verabschieden. Links die verkohlten Überbleibsel des Hotels, rechts der wiederbelebte Bahnhof.

An einem der Wolgas, die an der Bahnhofstreppe standen, herrschte aufgeregtes Treiben. Die Türen standen offen. Von einer Seite stieg der gewisse Leutnant ein, von der anderen der Handlanger Plotnikow.

»Ach, verdammt!«, fluchte Schubin.

»Was ist? Hast du mir etwas verschwiegen? Wohin haben die sie gebracht? In welches Krankenhaus?«

»Das wirst du schon rauskriegen. Mich ärgert etwas anderes – ich habe wohl eine Dummheit gemacht.«

»Nun red schon, was denn noch?«

»Als die vom Flugplatz zurückgekommen sind, da hat Gronski mich wohl erkannt.«

»Und?«

»Siehst du den Wolga dort? Der ist auf uns angesetzt.«

»Woraus schließt du das?«

»Bekannte Gesichter.«

»Dann fahre ich lieber in die andere Richtung, durch die Seitenstraßen.«

»Bis du gewendet hast, haben die uns längst geschnappt. Los, vorwärts!«

Boris fügte sich. Es war vielleicht nicht die beste Entscheidung. An diesem Morgen herrschte so gut wie kein Verkehr in der Stadt. Der grüne Shiguli, der so rasant vor dem Bahnhof vorbeijagte, musste daher zwangsläufig auffallen. Und Schubin hätte sich wohl auch besser ducken sollen. Doch dann hätte sich den Verfolgern immer noch der Blick auf das ihnen nicht weniger bekannte Profil von Boris eröffnet.

»Macht nichts, wir biegen da vorne ab«, sagte Boris, als er sah, dass der schwarze Wolga vom Bahnhof losfuhr.

Er bog nach rechts ab, und nachdem er sich vergewissert hatte, dass die Verfolger noch nicht zu sehen waren, bog er in die Toreinfahrt eines großen Hauses ein. Doch hier musste er stoppen. Im Hof, die Einfahrt blockierend, lagen Leichen.

»Verdammt, ich wusste das doch«, fluchte Schubin. »Und habe nicht daran gedacht.«

Boris wollte sofort wieder zurückstoßen, doch Schubin hielt ihn zurück.

»Duck dich«, sagte er. »Lass sie vorbeifahren.«

In den Sitz gekauert, schaute er nach hinten. Und in der Tat – kurz darauf jagte der schwarze Wolga vorbei. In ihm saßen der Milizleutnant, noch irgendjemand in Zivil und der Handlanger Plotnikow. Den grünen Wagen in der Toreinfahrt bemerkten sie nicht.

Boris setzte zurück. Sie kehrten zum Bahnhofsplatz zurück und bogen dort in eine andere Straße ein.

»Gib mir die Briefe«, sagte Schubin. »Es könnte sein, dass wir uns ganz plötzlich trennen müssen.«

»Du hast recht. Da, nimm und steck es gut weg.«

Schubin ergriff den dicken Umschlag. Er war zugeklebt, aber unbeschriftet.

Boris bremste an einer Kreuzung. Die automatische Ampelanlage war in Betrieb.

Schubin kramte einen Stift aus der Tasche hervor, und während der Wagen stand, schrieb er in großen Druckbuchstaben auf das Kuvert:

Beim ZK der KPdSU abzugeben – Eilt!

Dann stopfte er den Umschlag mit Mühe in die Innentasche seiner Jacke.

»Richtig«, sagte Boris, der Schubin beim Schreiben zugesehen hatte. »Daran habe ich nicht gedacht. Aber wir müssen jede Eventualität in Betracht ziehen.«

Die Ampel machte keine Anstalten, auf Grün umzuschalten. Rechter Hand stand im Erdgeschoss ein Fenster offen, durch das zwei Männer den Körper einer Frau hinausbugsierten. Die Frau war lediglich mit einem Nachthemd bekleidet, ihre Beine waren bleich und dick. Der Mann, der an den Füßen zog, machte sich nicht die Mühe, das Hemd zurechtzurücken.

»Pfeif auf die Ampel«, sagte Schubin.

»Hä?« Boris hatte ebenfalls auf die Szene am Straßenrand geschaut. »Natürlich, natürlich«, sagte er.

Mit einem Kavalierstart setzte er über die Kreuzung.

Schubin fiel auf, dass auf den Bürgersteigen in dieselbe Richtung, in die sie fuhren, Leute gingen – schnell, geschäftig, als wären sie unterwegs zur Arbeit. Der Wagen überquerte Eisenbahngleise, dahinter lag eine offene Fläche, die sich zum Fluss hin absenkte.

Und da bremste Boris bestürzt.

Das ganze Feld bis hinunter zum Wasser war mit Körpern übersät. Am Rand standen mit heruntergeklappten Seitenwänden drei oder vier Lastwagen, von denen aus Soldaten mit gleichmäßigen, routinierten Bewegungen Leichen auf die Erde warfen.

Doch zwischen diesen Leichen, vielen Tausenden, gingen Menschen entlang. Und weitere eilten dorthin, strömten aus allen Richtungen zusammen. Einige blickten in die Gesichter der Toten, andere wagten sich nicht näher heran, hielten Abstand. Eine Frau hockte auf den Knien vor dem Körper eines Mannes und schlug sich mit den Fäusten gegen die Brust.

»Hierhin müsste man das ganze Bezirkskomitee bringen«, sagte Schubin.

»Sobald du in Sicherheit bist«, sagte Boris, »werde ich das machen. Ich schwöre es bei meiner toten Frau, das mache ich …«

Sie setzten ihre Fahrt fort. Sie fuhren zwischen eingeschossigen Häuschen entlang. Die Straße war völlig leer, und Schubin begriff, warum sie leer war. In diesen Häusern hatte niemand überlebt. Auf der Fahrbahn lag ein platt gefahrener Hund. Zwei Hühner pickten seelenruhig irgendetwas an einem Zaun. Entweder hatten sie das Unglück auf der Hühnerstange überstanden, oder aber die Vögel waren immun.

»Bück dich jetzt mal für alle Fälle«, sagte Boris. »Da vorn ist ein Posten der Verkehrspolizei. Ich denke zwar, dass da niemand sein wird, falls aber doch, dann könnten sie auf einen besonders gefährlichen Verbrecher hingewiesen worden sein.«

Schubin tat wie ihm geheißen. Auf dem Fahrzeugboden lag zu seinen Füßen eine Haarnadel.

»Du kannst wieder hochkommen. Wir sind vorbei«, sagte Boris.

»Was ist mit dem Eigentümer dieses Autos?«, fragte Schubin.

»Eine Eigentümerin. Sie hat im Nachbarhaus gewohnt. Ich bringe den Wagen dann wieder zurück, du brauchst nicht zu denken …«

»Denke ich ja gar nicht.«

An den Straßenrändern zogen Schuppen vorbei, dann passierten sie einen Kuhstall.

»Selbst hierhin ist es gekommen«, konstatierte Boris.

Die Tore des Stalles standen offen, drinnen lagen die Kadaver der Tiere. Sie ließen das verödete stadtnahe Dorf hinter sich zurück.

»Es wird nicht leicht für Silantjew werden, das unter den Teppich zu kehren«, sagte Schubin.

»Er hat starken Rückhalt beim Bezirk«, sagte Boris. »Deshalb war es ihm wohl relativ egal, was wir unternahmen. Er ist erst das zweite Jahr hier, ein sogenannter Hoffnungsträger. Und beim Bezirk sind sie auch nicht scharf auf Ärger.«

Sie fuhren in einen Wald. Die Straße begann anzusteigen. Sie stieg gleichmäßig an und war auf mehrere Kilometer voraus einzusehen. Sie umfuhren einen am Straßenrand stehenden Bus und dann noch einen quer stehenden Moskwitsch.

»Das ist keine Hauptstraße«, sagte Boris. »Sie geht nur bis Sinewa. Deshalb kutschiere ich dich hier entlang. Die werden glauben, dass wir zum Flugplatz oder Richtung Swerdlowsk fahren.

Der Shiguli hatte keine Probleme mit der Steigung.

»Freu dich nicht zu früh«, warnte Schubin. Er hatte in den Rückspiegel geschaut. Weit hinter ihnen fuhr ein schwarzer Wagen.

»Es kann doch auch jemand anders sein, oder?« Boris' Blick pendelte zwischen der Fahrbahn und dem Rückspiegel.

»Ich habe ja gesagt – freu dich nicht zu früh. Wie groß ist die Wahrscheinlichkeit, dass ein anderer schwarzer Wolga ausgerechnet zu dieser Zeit auf dieser Straße fährt? Ist da etwas in der Richtung, ihre Residenz vielleicht?«

»Nein, zur Residenz geht es über die Swerdlowsker Chaussee.«

»Dann gib Gas«, sagte Schubin. »Das gilt uns.«

Und Boris gab Gas, er holte das Letzte aus dem Wagen heraus. Die Straße war schneebedeckt und schon lange nicht mehr gesäubert worden, sodass der Shiguli zuweilen derart ins Schleudern kam, dass Schubin schon nicht mehr damit rechnete, dass sie wieder auf den Asphalt kommen würden. Schubin bereute bitter, dass er sich nicht hinter das Lenkrad gesetzt hatte, denn er war ein weitaus besserer Fahrer als Boris, aber jetzt war keine Zeit, anzuhalten und die Plätze zu wechseln.

»Hör zu, Boris«, sagte Schubin. »Eine Bitte musst du mir aber doch erfüllen. Kennst du Nikolaitschik von der ›Wissen‹?«

»Kenn ich.«

»Bei Nikolaitschik arbeitet eine Elja als Fahrerin.«

»Kenn ich auch«, sagte Boris. »Die hat mit einem aus meiner Klasse zusammengelebt.«

»Wann?«

»Nun, das ist schon ein Weilchen her, so vor zwei Jahren etwa.«

»Hier ist meine Karte. Sie soll mir schreiben. Und dann brauche ich noch deine Adresse. Du willst doch sicher erfahren, was ich ausrichten kann?«

Der schwarze Wolga kam allmählich näher. Da saß ein Profi am Steuer.

»Schreib«, sagte Boris. »Gogol 16, 23.«

Schubin notierte die Adresse auf einer seiner Karten. Er steckte sie ein. Eine zweite steckte er Boris in die Tasche.

Der Wolga war bereits bedrohlich nah.

»Wir müssen irgendwas tun«, sagte Schubin. »Ist es noch weit bis zum Haltepunkt?«

»Dreißig, fünfunddreißig Kilometer.«

»Die holen uns ein«, sagte Schubin.

»Das sehe ich auch so. Wie sind die nur darauf gekommen?«

»Sie haben wohl genauso gedacht wie du.«

»Ich weiß was!«, rief Boris. »Nach etwa einem Kilometer kommt eine Kurve, dahinter ist ein kleiner Weg, der durch den Wald führt. Sechs Werst oder vielleicht auch etwas mehr. Der führt zum Haltepunkt Lichy. Da halten die Güterzüge manchmal.«

»Alles klar.«

»Mit dem Wagen kommt man dort nicht durch. Die Straßenzufahrt dorthin kommt aus der entgegengesetzten Richtung, von Lowtschaja.«

»Was schlägst du vor?«

»Ich bremse. Nur für einen Augenblick. Und du siehst zu, dass du wegkommst, damit sie nicht merken, dass du raus bist. Ich locke sie hinter mir her, so weit, wie es geht. So haben wir eine Chance, nicht wahr?«

»Ja, so könnte es gehen«, bestätigte Schubin.

Die Kurve lag vor ihnen. Schubin wandte sich um. Bis zum Wolga waren es etwa vierzig Meter.

»Brems nicht zu scharf«, sagte Schubin, »sonst hören sie es.«

Er legte die Skimütze mit den olympischen Ringen auf die Lehne des Sitzes, damit es von hinten so aussah, als säße dort jemand.

»Mach dich fertig!«, rief Boris.

Hinter der Kurve begann er zu bremsen und fuhr gleichzeitig dichter an den Straßenrand.

Schubin öffnete die Tür. Die Bäume reichten bis dicht an die Straße heran. Die Verfolger konnten ihren Wagen nicht mehr sehen. Als der Shiguli seiner Meinung nach genügend abgebremst hatte, stieß Schubin sich ab und flog mit vorgestreckten Armen in den Straßengraben.

Ein Stoß. Er achtete nicht auf den Schmerz, denn er wusste – er musste fort. Er erhob sich, aber die eine Hand tat ihm derart weh, dass er wieder hinfiel. Er kroch tiefer in den Graben und erstarrte, denn er hörte deutlich, wie der Wolga mit quietschenden Bremsen in die Kurve ging. Schubin presste das Gesicht in den kalten, harten Schnee. Er wusste nicht einmal, ob der Graben tief genug war, um ihn zu verbergen, oder ob er von der Straße aus zu sehen war.

Der Wolga preschte vorbei, doch das besagte noch gar nichts. Es konnte durchaus sein, dass er entdeckt worden war und sie nur Zeit brauchten, um zu wenden.

Schubin stand auf, darauf bedacht, sich dabei nicht auf den schmerzenden Arm zu stützen, und lief zu den Bäumen. Hier lag schon mehr Schnee – knöchelhoch. Schubin begriff, dass man ihn anhand der Spuren leicht ausfindig machen konnte. Nachdem er das Unterholz erreicht hatte, das glücklicherweise recht dicht war, drang er ohne Rücksicht auf die sein Gesicht peitschenden Zweige darin ein. Dann blieb er stehen. Die Straße war gut einsehbar. Sie war leer.

Mit der gesunden Hand berührte er die verletzte, woraufhin ihn ein schier unerträglicher, schneidender Schmerz durchfuhr. Gut, dass ich mir kein Bein gebrochen habe, sagte er sich. Es hätte ja auch ein Bein erwischen können.

Ringsum herrschte eine erstaunliche, unwirkliche Stille. Nur in weiter Ferne hämmerte ein Specht.

Ungeachtet des stechenden Schmerzes riss Schubin einen dichten Fichtenzweig ab und zwang sich zurück an die Chaussee. Sorgfältig glich er die niedergetretenen Stellen im Schnee aus, sodass von einem vorbeifahrenden Auto aus keine Spuren zu sehen waren. Mit seinem Zweig wedelnd ging er zurück zum Wald und dachte daran, dass er noch den Weg finden, dann auf ihm sechs Werst marschieren und an einem ihm unbekannten Haltepunkt auf irgendeinen Güterzug warten musste. All das lag noch vor ihm, all das musste er noch durchstehen.

Und vielleicht auch die wütenden und drohenden Briefe, die, ihn überholend, jetzt aus dem Stadtkomitee und dem Bezirkskomitee gesendet wurden. In ihnen würde man ihn alles Möglichen bezichtigen, inklusive womöglich des Mordes am Chef der Hauptverwaltung, dem Genossen Spiridonow. Schweiz ade!

Er warf den Zweig ins Gebüsch. Auch Boris würde es nicht leicht haben, sagte er sich und kämpfte sich im Gestrüpp die Straße entlang zurück, bis er auf einen halb vom Schnee verwehten Pfad stieß, der ihn oder, besser gesagt, seinen starrsinnigen Schatten zwei Stunden später auf den Haltepunkt Lichy entließ.

»Der Tod im Stockwerk tiefer«
(Смерть этажом ниже, 1989).
Die Übersetzung erfolgte nach der Ausgabe
К. Булычев: Встреча тиранов (1992),
das Vorwort wurde dem Band
К. Булычев: Тайна Урулгана (1996) entnommen.

DER FREIE TYRANN

Obwohl buchstäblich mit dem letzten Tropfen Treibstoff, so landete Udalow doch wohlbehalten. Es ging nichts kaputt, und auch er selbst blieb unverletzt.

Udalow blickte durchs Bullauge: kein Regen, 17 Grad plus. Udalow schlüpfte in sein Jackett, vergewisserte sich, dass er die Brieftasche mit den Papieren dabeihatte, und kletterte über das Fallreep auf den unbekannten Planeten hinab.

Das Raumschiff stand auf einem Stück Ödland inmitten von Sträuchern. Udalow war froh darüber, dass es ihm gelungen war, das angrenzende bestellte Feld unversehrt zu lassen. Auf einem kleinen staubigen Pfad lenkte er seine Schritte in Richtung der Stadt.

An einem Haus am äußersten Stadtrand grub ein älterer Mann in grauer Jacke und grauer Hose einen Garten um.

»Verzeihen Sie«, wandte Udalow sich an ihn in der in der gesamten zivilisierten Galaxis verstandenen Kosmosprache. »Könnten Sie mir wohl sagen, wo bei Ihnen Treibstoff für Raumschiffe verkauft wird?«

»Es gibt bei uns keine Raumschiffe«, antwortete der Einheimische.

»Aber Kerosin vielleicht? Zur Not könnte ich auch Kerosin verwenden.«

»Kerosin gibt es«, antwortete der Einheimische. »Aber man wird Ihnen nichts verkaufen.«

»Warum?«

»Weil Sie die Vorschriften verletzt haben. Sie sind in der Zone gelandet.«

»Ich komme in friedlicher Absicht«, sagte Udalow. »Ich bin nur auf der Durchreise. Meine Papiere sind alle in Ordnung.«

»Das geht mich alles recht wenig an«, entgegnete der Einheimische. »Ich bin nur ein Gefangener.«

Sprach es und wandte sich erneut seiner Gartenarbeit zu. Jetzt erst bemerkte Udalow, dass auf Brust und Rücken eine schwarze siebenstellige Nummer aufgenäht war.

Diese Entdeckung beunruhigte Udalow etwas, doch er setzte seinen Weg fort. Nur vereinzelt begegneten ihm Passanten. Sie betrachteten ihn neugierig, sprachen ihn aber nicht an. Auch er schwieg. Alle Passanten trugen graue Kleidung mit schwarzen Nummern.

Da entdeckte Udalow einen Mann mit einem Stapel Bücher unter dem Arm. Mutig ging Udalow auf ihn zu, weil er der Ansicht war, dass es mit einem Angehörigen der Intelligenz einfacher sein würde, sich zu verständigen. Er stellte ihm die Frage nach dem Kerosin. Der Mann antwortete, dass es schwer sein würde, an Kerosin zu gelangen. Im Lande gebe es keinen Kraftfahrzeugverkehr oder Ähnliches. Vor drei Jahren seien auf Geheiß des Tyrannen alle Motoren zerstört worden, damit keine Bösewichte mit ihrer Hilfe aus der Zone entfliehen könnten.

»Muss ich Ihre Antwort so verstehen, dass ich versehentlich auf dem Gelände eines Konzentrationslagers gelandet bin und Sie alle hier Inhaftierte sind?«

»So ist es«, entgegnete der Intelligenzler.

»Und weshalb sind Sie hier eingesperrt?«, fragte Udalow.

»Dieser für dies, jener für das«, antwortete der Intelligenzler ausweichend.

»Gibt es denn außerhalb der Zone Automobile?«

»Diese Frage vermag ich nicht zu beantworten«, sagte der Intelligenzler, »weil ich nicht weiß, was in der restlichen Welt vor sich geht.«

»Ja, dürfen Sie denn nicht schreiben?«, wunderte sich Udalow. Der Intelligenzler nickte.

»Und Ihre Familie?«

»Ich habe keine Familie«, seufzte der Intelligenzler und eilte davon.

Vielleicht deshalb, weil sich ein Polizist Udalow näherte. Er war an der Mütze zu erkennen, an dem Schlagstock in der Hand und an den hohen Stiefeln. Ansonsten war er wie ein Gefangener gekleidet, und seine Nummer war ebenfalls siebenstellig.

»Was geht hier vor?«, fragte der Polizist.

Udalow gestand sofort alles ein und wurde verhaftet.

Der Polizist führte ihn die Hauptstraße der Lagerstadt entlang. Es gab kaum einen Unterschied zu einer normalen Stadt, nur anstelle von Straßennamen hingen an den Straßenecken Schilder mit Block- oder Zonennummern, und statt Hausnummern gab es Aufschriften wie »Baracke Nr. 456« oder »Zelle Nr. 24«. Doch das störte die Friseure oder die Fuhrleute nicht bei ihrer Arbeit. Allerdings trugen selbst die Pferde Lagernummern.

In der Lagerkommandantur bat man Udalow zu warten. Er ließ sich auf der Bank in dem schmalen Korridor nieder. Zu seiner einen Seite saß ein lebhafter Halbwüchsiger, auf der anderen ein leichtes Mädchen. Ihr Beruf war anhand des verkürzten grauen Rockes und des tiefen Ausschnitts zu erraten.

»Ihr Lager versetzt mich in Erstaunen«, sagte Udalow. »Ein jeder geht seinem Beruf nach, und niemand wird durch besondere Arbeit umerzogen.«

Der Halbwüchsige begann höhnisch zu lachen, und die junge Frau ergriff den Jungen bei den Haaren und begann ihn zu schütteln. Sie schüttelte ihn so lange, bis er Udalows Uhr herausgab. Wie so viele Prostituierte war jene junge Frau im normalen Leben ein sehr mitleidiger Mensch.

Der Polizist kam zurück und führte Udalow zum Kommandanten.

»Wie?«, wunderte sich Udalow. »Auch Sie sind Gefangener?«

»Selbstverständlich«, sagte der Kommandant.

»Und sitzen Sie lange?«

»Lange«, antwortete der Kommandant. »Aber Ihnen wird man noch viel mehr aufbrummen.«

»Wofür?«

»Für die Flucht.«

»Aber ich bin nirgendwohin geflohen.«

»Haben Sie die Zonengrenze überquert? Also sind Sie geflohen.«

»Aber ich bin doch hinein, nicht hinaus!«

»Ist es nicht gleich, in welche Richtung?«

»Was mache ich denn jetzt?«

»Nach dem Mittag wird das Gericht tagen. Bis dahin gehen Sie etwas essen. Rechts um die Ecke ist ein recht ordentliches Café. Ich speise selber dort. Haben Sie Geld?«

»Interplanetare Credits und sowjetische Rubel.«

»Besser Rubel«, sagte der Kommandant. »Die sind wertbeständiger. Ich wechsle Ihnen.«

»Aber wenn ich festgenommen bin«, sagte Udalow, während der Kommandant das Geld wechselte, »wie können Sie mich denn dann laufen und ins Café gehen lassen?«

»Ich lasse Sie nicht laufen«, antwortete der Kommandant. »Sie sind bereits in Gefangenschaft. Und Ihre Frist läuft schon.«

Das leichte Mädchen hatte vor der Kommandantur auf Udalow gewartet.

»Lädst du mich ein, mein Kavalier?«, fragte sie.

Udalow mochte die gutherzige junge Frau nicht abweisen. Sie benahm sich schicklich, und das Café erwies sich als sauber und das Essen als gut.

Sie sprachen über Nichtigkeiten. Udalow informierte über seine Probleme, und die junge Frau erzählte von ihrem unglücklichen Schicksal.

Gerade wollte Udalow, nachdem er den Tee ausgetrunken hatte, mehr über die Gefängnisstadt in Erfahrung bringen, als ein General mit an die Gefangenenkluft genähten Schulterstücken das Café betrat.

Er steuerte geradewegs auf Udalow zu und sagte: »Der fremdplanetare Besucher wird in der Residenz erwartet.«

»Du Glücklicher«, sagte das Mädchen, »du kannst in die Freiheit hinaus.«

Der gefangene General setzte Udalow in einen großen geschlossenen Kutschwagen mit vergitterten Fensterchen, verbot ihm hinauszuschauen, und los ging die Fahrt zur Residenz.

Der Wagen hielt vor einem hohen Gitter, das eine große Rasenfläche in zwei Teile trennte. Zwei Wächter öffneten auf Befehl des Generals eine Pforte im Gitter, nahmen eine Leibesvisitation an Udalow vor und entließen ihn schließlich in das freie Territorium.

Mitten auf dem Rasen stand unter einem kleinen Baldachin ein Schreibtisch. Dahinter befand sich ein goldener Sessel. In dem Sessel saß der Tyrann, der sich deutlich von allen anderen Personen abhob, die Udalow hier bisher zu Gesicht bekommen hatte. Er trug eine prunkvolle, mit Ordenssternen und Achselschnüren geschmückte Uniform.

»Verzeihen Sie mir«, sagte der Tyrann, »dass ich Ihnen nicht anbiete, Platz zu nehmen. Aber ich kann es nicht ausstehen, wenn jemand in meiner Gegenwart sitzt.«

Udalow protestierte nicht.

»Mir wurde gesagt, Sie suchen Kerosin«, sagte der Tyrann. »Doch Sie wurden bei der Verletzung der Lagergrenze gefasst. Und nun droht Ihnen eine lange Haftstrafe. Habe ich das korrekt zusammengefasst?«

Mit Tyrannen streitet man nicht. Udalow nickte.

Der Tyrann erhob sich aus dem Sessel, trat um den Tisch herum und reichte Udalow die Hand.

»Sie haben mein Bedauern«, sagte er. »Ich habe es mit naiven Menschen zu tun. Weil sie selbst ins Lager geraten sind, so meinen sie, dass auch unsere Gäste dort sitzen müssen.«

Der Tyrann brach in schallendes Gelächter aus und schüttelte Udalow die Hand: »Man nennt mich den Gerechten Tyrannen. Komisch, nicht wahr?«

Dann spazierten sie auf dem Rasen einher, und der Tyrann bat Udalow, ausführlich über die Verhältnisse in der Galaxis zu berichten, von Neuigkeiten auf anderen Planeten, zu denen der Tyrann schon lange fliegen wollte, was aber die Arbeit bislang nicht zugelassen hatte.

Es war eine ungezwungene Atmosphäre aufgekommen, und Udalow fragte: »Warum müssen denn so viele Menschen im Lager eingesperrt sein?«

»Die Logik des Lebens führt dazu«, antwortete der Tyrann traurig.

»Verzeihen Sie, aber ich verstehe nicht.«

»Nachdem ich im Kampf um die Macht gesiegt hatte, musste ich die Opposition isolieren. Aber sollte ich sie denn alle umbringen? Bald zeigte sich, dass der Unterhalt von Lagern für die Feinde mein geliebtes Volk sehr teuer kam. Mit allem wollten sie versorgt sein – mit Friseuren, mit Köchen, mit Henkern, und denen allen musste Lohn gezahlt werden.« Der Tyrann warf sich in Positur, klimperte mit den Orden und rief: »Aber nicht umsonst bin ich ein Genie! Ich inhaftierte die benötigte Anzahl von Friseuren, Köchen und Henkern und steckte sie alle ins Lager. Sollen sie ihre Pflichten doch kostenlos erfüllen. Klar?«

Udalow nickte leicht. Der Tyrann gab sich mit dieser Anerkennung zufrieden. Er fuhr fort: »Doch womit sie alle ernähren? In was sie kleiden? Es blieb nichts anderes übrig, als auch die Bauernschaft, die Arbeiter, die Ingenieure und sogar die Schriftsteller nebst den Druckereibetrieben in die Lager umzusiedeln.« Der Tyrann seufzte zufrieden.

»Das Problem war gelöst«, schloss er.

Sie spazierten noch ein wenig einher. Dann teilte der Tyrann dem Gast vertraulich mit: »Die Regierung kommt uns reichlich teuer …«

Und da traf den Tyrannen ein Geistesblitz. Er eilte an den Schreibtisch und begann, einen Erlass zu verfassen. Als er fertig war, rief er den gefangenen General und schrie: »Die Regierung ist festzunehmen! Die Zone wird um den entsprechenden Block erweitert. Und meinen persönlichen Gast führen Sie in die Zone und suchen ihm ein Bett in einer ordentlichen Baracke. Morgen werde ich meine Unterhaltung mit ihm fortsetzen.«

Der General führte Udalow in die Zone, schloss die Pforte ab und wies die herbeigeeilten Wächter an, die Minister zu verhaften.

Dann fuhr er Udalow zurück ins Zentrum und setzte ihn an einem dreigeschossigen Gebäude ab, über dessen Fassade sich ein schwarzer Schriftzug erstreckte: »Baracke Nr. 21«.

Und etwas tiefer stand in Schmuckschrift: »Hotel ›Zur Zwangsarbeit‹«.

Der in Lagerkleidung gehüllte Chef des Hauses wies einen Wärter an, Udalow in den ersten Stock zu bringen. Dort wurde ihm die Tür zur »Einzelzelle Nr. 45« aufgeschlossen. Die Zelle war gemütlich und mit einem Doppelbett ausgestattet.

Noch vor Sonnenaufgang wurde Udalow geweckt. In der Zelle stand der inhaftierte General. Über einem Unterarm hing eine Garnitur grauer Lagerkleidung.

»Der Gerechte Tyrann befielt den Gefangenen Nr. 6789421 zu sich«, bellte er. »Ziehen Sie sich um.«

Udalow tat folgsam wie ihm geheißen. Wahrscheinlich hatte der Tyrann vergessen, dass Udalow noch ein freier Mann war. Er musste ihn daran erinnern.

Als Udalow mit dem General das Foyer durchquerte, schob sich das leichte Mädchen hinter einer Säule hervor.

»Grüß dich«, sagte sie. »Unsere Firmenkleidung steht dir. Ich habe inzwischen Kerosin besorgt. Dreißig Hektoliter. Bis zum Aldebaran sollte das reichen.«

Sie war ein Prachtmädel. Und so selbstlos. Udalow wünschte ihr eine möglichst baldige Entlassung und Glück im Privatleben.

Sie verabredeten, dass das Mädchen das Kerosin zum Raumschiff bringen würde. Dann kehrte Udalow zum General zurück, und sie fuhren zur Residenz.

»Wie sind die Verhaftungen gestern verlaufen?«, fragte Udalow. »Hat alles geklappt?«

»Wie es sich gehört«, antwortete der General einsilbig.

Sie kamen zu dem nämlichen Rasen.

Sein Zentrum war von einem Gitter umgeben. In diesem standen der Schreibtisch und der goldene Sessel. Hinter dem Tisch saß der Tyrann in schöner Uniform und schrieb etwas. Auf dem restlichen Gebiet des Rasens, das jetzt zum Konzentrationslager gehörte, tobten Kinder ausgelassen herum, während sich die inhaftierten Kindergärtnerinnen sonnten.

Udalow blieb am Eingang des Käfigs stehen.

»Tritt ein!« Der Tyrann hatte ihn erkannt. »Fühl dich wie ein freier Mann. Verzeih mir bitte, aber ich musste dich verurteilen. Die Verletzung der Zonengrenze ist ein schweres Verbrechen.«

»Wie denn?«, fragte Udalow. »Jetzt sind nur noch Sie allein frei?«

»Ja!«, antwortete der Tyrann mit fester Stimme.

»Dann werde ich jetzt gehen«, sagte Udalow.

Der Tyrann wurde wütend, konnte sich jedoch nicht dazu entschließen, den freien Käfig zu verlassen.

Die Lagerkleidung mit der Nummer 6789421 hob Udalow sich als Andenken auf.

»Der freie Tyrann« (Свободный тиран).
Erstveröffentlichung in
»Literaturnaja gaseta« vom 24.8.1988 (Nr. 34), S. 16.
Übersetzt nach К. Булычев: Великий Гусляр
(Verlage Chronos und ARME, Moskau 1997)

DER ALTE IWANOW

Natürlich war er nicht immer alt. Das ist er erst in den letzten Jahren geworden. Seine Pritsche im Schutzraum steht neben meiner, und er hat mir seine Kinderbilder gezeigt.

Iwan Iwanowitsch, ernst, schmächtig und aus irgendeinem Grunde in Mädchensachen gekleidet, sitzt auf dem Schoß einer massigen Frau mit großem Hut und einem gewaltigen, schon am Bauch beginnenden Busen.

»Bin ich ihr ähnlich?«, hatte Iwan Iwanowitsch gefragt.

»Ja, durchaus«, hatte ich geantwortet.

»Und das bin ich auch immer geblieben«, sagte Iwan Iwanowitsch. »Das ist meine Mutter. Sie hat mich in Armut, aber Strenge aufgezogen. Vater hat uns verlassen, als ich noch in den Windeln lag.«

Es war auf den ersten Blick ersichtlich, dass sie zu einer anderen Erziehung auch gar nicht fähig gewesen wäre.

Die Geschichte seines interessanten Lebens erzählte Iwan Iwanowitsch mir nicht der Reihe nach. Nach seinem Fortgang habe ich seine Erinnerungen in chronologische Reihenfolge gebracht. Und mir sind dabei einige bemerkenswerte Gesetzmäßigkeiten aufgefallen.

Ins Jahr 1917 trat Iwan Iwanowitsch als Gymnasiast der Abschlussklasse. Er war ein guter Schüler, aber kein genialer, und deshalb mochten ihn die Lehrer. Er war in der Klasse mit niemandem befreundet, denn die Freunde suchte ihm die Mutter aus, er aber wollte andere. Die prägnanteste Erinnerung an jene Zeit war für ihn der Erhalt eines Preises für eine Ovid-Übersetzung.

Zu den Demonstrationen ging Iwan nicht, da die Mutter ein ordentliches Reifezeugnis von ihm verlangte, das, wie sie annahm, unter jeder Macht nützlich sein würde. Zudem hatte Iwan Iwanowitsch seit jeher Angst vor Menschenmengen. Er war klein, schmächtig und Brillenträger. Solche mussten bei jedem Ausbruch des Volkszornes als Prügelknaben herhalten.

1918 begann Iwan Iwanowitschs Arbeitsleben. Das Reifezeugnis brauchte er nicht. Er wurde Schreiber in der für Kultur, Theater und Bildung zuständigen Abteilung der Moskauer Stadtverwaltung, musste jedoch weit zur Arbeit fahren. Er wohnte mit der Mutter in der Sretenka, die Behörde aber war in der Rasguljaja gelegen, und so wechselte Iwan Iwanowitsch zum gegenüber der Sklifosowski-Klinik beheimateten Staatlichen Getreidekontor, als dort ein Schreiber gesucht wurde.

Dort traten dann auch erstmals seine exekutiven Fähigkeiten zutage.

Vorhanden waren diese Fähigkeiten natürlich schon vorher gewesen. Iwan Iwanowitsch war ein akkurater, höflicher und stiller Angestellter. Auf Versammlungen meldete er sich nie zu Wort, und er scheute gesellschaftliche Arbeit. Er hatte jedoch eine Schwäche, die jedermann bekannt war. Der Sinn des Lebens bestand für Iwan Iwanowitsch darin, sich Prämien zu verdienen. Für gewöhnlich machte er seine Arbeit zwar gewissenhaft, aber er machte auch pünktlich Schluss. Wenn er jedoch erfuhr, dass für eine Aufgabe eine Prämie ausgesetzt worden war, dann wurde er sofort ein ganz anderer Mensch. Dann war er bereit, Nächte hindurch zu arbeiten, und fähig, die Berge des Himalaja zu schleifen. Auf die Höhe des ausgesetzten Preises kam es dabei überhaupt nicht an. Das bloße Wort »Prämie« versetzte ihn in einen Zustand innerer Erregung, vergleichbar dem, der einen passionierten Angler ergreift, wenn er das Wort »Hecht« hört, oder einen Alkoholiker, wenn er den Geruch von Wodka wahrnimmt.

In der Zeit des Lebensmittelmangels ereignete sich der erste einer langen Reihe ähnlicher Fälle, der die Aufmerksamkeit der Obrigkeit auf den Vollstrecker lenkte.

»Wenn jemandem von euch etwas einfällt, wie wir den Weizenzug, der auf der Strecke zwischen Belgorod und Moskau verloren gegangen ist, wiederfinden, dann bekommt er eine Prämie«, sagte Unterabteilungsleiter Schirikow, als er den großen, hallenden Raum betrat, in dem seine dreißig Untergebenen saßen.

»Ich finde ihn«, sagte Iwanow leise, während er seinen mageren Hintern über dem Stuhl in die Höhe stemmte. »Aber ich brauche eine schriftliche Vollmacht.«

Die Kollegen lachten, doch der Genosse Unterabteilungsleiter Schirikow, ein einarmiger ehemaliger Matrose von der »Retwisan«, sagte: »Komm zu mir.«

Begleitet vom Kichern der Kollegen setzte Iwanow sich in Bewegung. Schirikow blickte ihn scharf an und sagte: »Wenn du das ernst meinst, dann kriegst du deine Vollmacht. Sieh zu, dass das Getreide in zwei Tagen in Moskau ist. Wenn nicht, dann kommst du vors Revolutionstribunal. Willst du Begleitschutz?«

»Auf keinen Fall«, antwortete Iwanow erschrocken. Der Anblick von Gewehren war ihm zuwider.

Am Abend des zweiten Tages trat Iwanow mit eingefallenem Gesicht, einem Mantel, dem der rechte Ärmel fehlte, und einer blutigen Schramme auf der Wange in das beengte Arbeitszimmer des Genossen Schirikow, der in Ermangelung einer anderen Schlafstelle dort auch nächtigte.

»Der Transport steht auf dem Brjansker Bahnhof«, sagte er und fiel in Ohnmacht.

Schirikow flößte Iwan Iwanowitsch heißen Tee ein. Dann griff er zum Telefonhörer und fragte beim Brjansker Bahnhof nach. Iwanow hatte nicht gelogen. Der Transport war dort. Mag sein, dass Iwanow Schirikow damals erzählte, auf welche Weise er diese revolutionäre Heldentat vollbracht hatte, mir gegenüber aber hat Iwan Iwanowitsch sich nicht über die Einzelheiten ausgelassen. Ich weiß nur, dass Schirikow Iwanow vorschlug, ihn mit einer Ehrenwaffe auszuzeichnen, dieser aber auf der zugesicherten Prämie bestand. Am nächsten Morgen verstaute Iwanow zwei Pfund Plötze, ein Pfund Mehl und ein halbes Pfund Fruchtbonbons in seiner Kunstledertasche. Die anderen Mitarbeiter seiner Unterabteilung hätten ihn vor Neid zu Brei trampeln können.

Das war der Anfang. Wenn fortan eine unlösbare Aufgabe zu lösen war, dann kam Schirikow ins Zimmer und sagte Iwanow, dass er für deren Meisterung eine Prämie bekomme. Und der löste ausnahmslos jedes Problem. Eine missgünstige Kollegin nannte ihn den Butt. Doch dieser Spitzname setzte sich nicht durch.

Zumal sie ihn selbst bald vergaß, denn Iwan Iwanowitsch, inzwischen Stellvertretender Unterabteilungsleiter, hatte ihr einen Heiratsantrag gemacht, und sie war zu ihm in die Sretenka gezogen. Sie lebten zwei Jahre zusammen, doch dann hielt Sonja, so hieß Iwanows Frau, die ständige Bevormundung durch Iwanows Mutter nicht mehr aus, die besonders unerträglich war, da sie sich alle gemeinsam ein Zimmer in einer Gemeinschaftswohnung teilen mussten. Sie zog fort, ohne jedoch die Scheidung einzureichen.

1924 wurde das Staatliche Getreidekontor reorganisiert. Schirikow wurde zur Stadtwirtschaft geholt, um ihr auf die Beine zu helfen, und nahm Iwan Iwanowitsch mit.

So vergingen einige Jahre. Iwan Iwanowitsch fiel durch nichts sonderlich auf, wenngleich er ein paar kleinere Heldentaten vollbrachte, die mit Prämien gewürdigt wurden. Nach zwei Jahren starb die Mutter mit der Überzeugung, dass man ihren Sohn völlig verkenne. Danach kehrte Sonja zu Iwan Iwanowitsch zurück, und sie bekamen eine Tochter. Das Leben verlief nun in geordneten Bahnen.

Iwan Iwanowitsch zeigte mir einige Fotografien aus jener Zeit. Er, noch jung, aber streng blickend, neben seiner Frau Sonja stehend, die das Töchterchen auf dem Schoß hält, das große Ähnlichkeit mit Iwan Iwanowitsch als Kind hat.

Iwan Iwanowitsch erinnerte sich aus diesen Jahren an eine Prämie in Form einer Armbanduhr mit stählernem Gehäuse und Sekundenzeiger, die er dafür erhielt, dass er die Idee des Genossen Schirikow über die Schaffung moderner öffentlicher Baderäume in dem ihm anvertrauten Bezirk ausarbeitete und verwirklichte.

Es war eine schwierige Aufgabe: Es fehlte an geeigneten Räumlichkeiten, aber die Leute wollten sich waschen können. Schirikow wandte sich an Iwan Iwanowitsch und sagte: »Es gibt eine Prämie.«

Iwan Iwanowitsch überlegte drei Tage lang. Er durchstreifte Moskau und untersuchte die Häuser und Gebäude. Schließlich kehrte er befriedigt an seinen kleinen Tisch zurück und begann zu schreiben. Dann erhielt sein Chef eine Entscheidungsvorlage über die Einrichtung von öffentlichen Bädern in einigen Kirchen. Dort gab es dicke Wände und sogar Keller, in denen man Kessel unterbringen konnte.

Schirikow war etwas verunsichert. Er befürchtete, die Lösung Iwanows könnte zu radikal sein. Und er weigerte sich, die Prämie auszuhändigen, bevor die Frage im Moskauer Stadtsowjet besprochen worden war.

Iwanow war gekränkt. Er war es inzwischen gewohnt, dass, wenn eine Prämie versprochen worden war, diese auch ausgehändigt wurde. Das sagte er auch seiner Frau. Seine Frau Sonja sagte, dass es besser sei, ohne die Prämie zu leben, als eine solche Entscheidung zu fällen. Iwanow antwortete seiner Frau nicht, aber noch in derselben Nacht schrieb er einen Brief an die OGPU,* in dem er seiner Unzufriedenheit Ausdruck verlieh und wahrheitsgemäß von der zugesicherten Prämie berichtete. Schirikow kam nicht mehr zur Arbeit, aber da Iwanow nicht in der Partei war, bekam er Schirikows Posten nicht. Er wollte ihn auch gar nicht haben, denn er war ein idealer Vollstrecker, aber kein Organisator.

Der neue Vorgesetzte bestätigte, dass Iwanow die Prämie zustehe, allerdings erst, nachdem der persönlich die Operation der Umwidmung der Kirchen zu Badeanstalten durchgeführt habe. Iwanow setzte das Vorhaben gewissenhaft in die Tat um und erhielt zur Belohnung die Uhr mit Sekundenzeiger, die er bis ins Alter trug.

---

* OGPU: Vereinigte Politische Hauptverwaltung beim Rat der Volkskommissare (das war die Regierung) der UdSSR – politische Geheimpolizei (1922–1934)

Seine Findigkeit brachte Iwan Iwanowitsch noch eine weitere Prämie im Umfang eines Monatsgehaltes ein, als in den Dreißigerjahren bei der Stadtwirtschaft eine von Deutschland finanzierte rechtstrotzkistische Verschwörung entdeckt wurde. Von oben wurde ein Papier heruntergegeben, in dem es nur hieß, dass es im Betrieb achtzehn Beteiligte an dieser Verschwörung gab, die von einem Semjonow geleitet wurde. Genaueres wurde nicht mitgeteilt.

Der Chef wusste sich nicht zu helfen und rief Iwanow zu sich.

Iwanow las den Brief aus der OGPU und fragte, ob er denn wohl mit einer Prämie rechnen dürfe, wenn er den Auftrag erfolgreich ausführe. Nachdem er die entsprechende Zusicherung erhalten hatte, nahm er sich eine Liste der Mitarbeiter vor. Darin fand er siebzehn Semjonows und einundzwanzig Semjonowas. Aus ihnen erstellte er die Liste der Beteiligten an der von Deutschland finanzierten rechtstrotzkistischen Verschwörung. Der Chef hatte Bedenken, denn von ihm wurden ja nur achtzehn Verschwörer verlangt, und wenn er jetzt achtunddreißig ausfindig machte, dann blieben keine Kandidaten für die nächsten Verschwörungen übrig.

Als Iwanow spürte, dass er Gefahr lief, ohne Prämie zu bleiben, übersandte er ein Zweitexemplar der Liste an die OGPU. Am folgenden Tag kam der Chef nicht mehr zur Arbeit, Iwanow aber bekam eine Prämie im Umfang eines Monatsgehaltes.

Seine Frau Sonja äußerte Zweifel daran, ob Iwanow sich richtig verhalte. Der regte sich darüber aber nicht einmal auf.

»Ich habe doch eine Prämie bekommen«, sagte er. »Prämien werden nicht ohne Grund vergeben. Mutter wäre stolz auf mich.«

Sonja verließ ihren Mann für immer. Die Tochter nahm sie mit. Sie zog zu Verwandten bei Saporoshje.

Iwanow schickte seine Alimente für die Tochter, und wenn er eine Prämie bekommen hatte, dann schickte er mehr. Wenn Sonja mehr Geld bekam, als sie erwartet hatte, dann weinte sie immer lange.

1947, am achtzehnten Geburtstag seiner Tochter, schickte Iwan Iwanowitsch zum letzten Mal dreißig Rubel zusätzlich.

Zu dieser Zeit arbeitete er bereits an der Akademie der Wissenschaften, allerdings nicht als Wissenschaftler. Damals ereignete sich folgendes Vorkommnis: In die Sowjetunion kam eine hochrangige Delegation aus dem feindlichen Ausland, um sich mit dem stalinschen Plan der Umgestaltung der Natur bekannt zu machen. Für die Delegation war ein spezielles Gebiet mit von schnell wachsenden Baumsetzlingen umgebenen üppigen Getreidefeldern vorgesehen. Einen Tag vor dem Reiseantritt der Delegation stellte sich jedoch heraus, dass die nach den Prinzipien der innerartlichen Zusammenarbeit und Solidarität geschaffenen Baumpflanzungen verdorrt und die mit durch Kreuzung der jeweiligen Sommerarten erhaltenem Roggenweizen besäten Felder leer waren. Aber die Delegation war auf Regierungsebene weder aufzuhalten, noch gelang es, sie anderswohin umzulenken. Da wandte sich jenes Akademiemitglied, das die Freundschaft zwischen den Pflanzen erdacht hatte, an Iwan Iwanowitsch und versprach ihm eine Prämie.

Iwan Iwanowitsch nahm, wie er mir bekannte, eine Landkarte des Gebietes zur Hand und stellte fest, dass sich oberhalb davon ein großer Staudamm befand. In Abstimmung mit dem Akademiemitglied und anderen Persönlichkeiten schlug er einen Ausweg vor. Er machte sich in eigener Person zum Staudamm auf und öffnete im richtigen Augenblick alle Wehre. Der Fluss, der sich über die Felder und Baumstreifen ergoss, ertränkte unglücklicherweise alle Mitglieder der ausländischen Delegation und ein paar Dörfer. Man entschuldigte sich für die Naturkatastrophe. Weitere Delegationen blieben aus. Iwan Iwanowitsch erhielt seine Prämie, wurde aber für sein eigenmächtiges Handeln streng bestraft und verbrachte drei Jahre in Lagern mit verschärftem Regime.

Geld an seine Familie schickte er von dort nicht mehr, denn die Tochter hatte inzwischen die Volljährigkeit erreicht, und niemand erwartete Nachricht vom Vater. Auch in den Jahren im Lager wurde er viermal mit einer Prämie ausgezeichnet. Das erste Mal dafür, dass er auf Bitte des Lagerkommandanten eine Lösung des Problems der Senkung des Verbrauchs an Wattejacken durch die Häftlinge fand, die innerhalb von fünf Jahren so ein wertvolles Kleidungsstück zu Fetzen trugen. Er schlug vor, den Kampf um den sparsamen Umgang mit Wattejacken mit dem um die Einsparung von Nahrungsmitteln zu verbinden. Die doppelte Sparsamkeit führte bald dazu, dass die Wattejacken doppelt so schnell von ihrem Inhalt befreit wurden, und aus den eingesparten Lebensmitteln konnte Iwanow eine Prämie in Form einer mit Marmelade gefüllten Pirogge zugeteilt werden.

Iwanow wurde vorzeitig entlassen. Er hatte sich nicht verändert. Lediglich die Haare waren ihm ausgefallen. Er hegte gegen niemanden Groll, denn alle Prämien, die ihm in seinem Leben versprochen worden waren, hatte er auch erhalten – sowohl vor der Verhaftung als auch während des Aufenthaltes im Lager.

Ich überspringe nun einige Jahre der fruchtbringenden Tätigkeit Iwan Iwanowitschs. Es soll hier nur gesagt werden, dass er in dieser Zeit mehr als zwanzig Prämien erhielt und eine derartige Reputation erwarb, dass man seine Begabung nun in den allerverschiedensten Wirtschaftsbereichen nutzte.

Einmal führte ihn das Schicksal mit seiner früheren Frau Sonja zusammen.

Das Problem, vor dem die Projektanten eines großen Kombinates in der Saporoshjer Oblast standen, bestand darin, dass das Kombinat große Mengen an Wasser benötigte, von dem aber nur wenig vorhanden war. Man lud Iwanow ein und versprach ihm eine Prämie.

Iwanow beschloss, die Dienstreise zu einem Besuch bei seiner Familie zu nutzen. Die Familie empfing ihn kühl. Die Tochter war verheiratet und erkannte den Vater nicht. Sonja erkannte ihn, war aber nicht sonderlich erfreut. Um kein Geld für ein Hotel zu verschwenden, in dem lediglich Zimmer für drei Rubel die Nacht zu haben waren, während der Spesenplan Iwan Iwanowitschs lediglich anderthalb Rubel dafür vorsah, beschloss Iwanow, in Sonjas Häuschen zu übernachten.

Ihm wurde das Bett auf einem Sofa am Fenster bereitet.

Am Morgen erwachte Iwan Iwanowitsch vom Klirren einer Kette. Seine Frau holte Wasser aus dem Brunnen. Er stand auf, trat an den Brunnen und sah, dass es bis zum Wasserspiegel etwa zehn Meter waren.

Nachdem er sich von Sonja verabschiedet hatte, machte Iwan Iwanowitsch sich nach Saporoshje auf und erfuhr von Fachleuten, dass es in diesem Gebiet eine große unterirdische Wasserlinse gab, aus der die örtliche Bevölkerung ihr Wasser schöpfte. Iwan Iwanowitsch fuhr erfreut nach Moskau zurück und berichtete dort, dass man das für das Kombinat benötigte Wasser finden könne, wenn man in der Umgebung etwa fünfzig Meter tiefe Brunnen grabe und es direkt aus der Linse hochpumpe.

Einige Fachleute hielten dagegen, dass das die gesamte örtliche Landwirtschaft vernichten würde. Sie wussten ja nicht, wie ungemütlich Iwan Iwanowitsch wurde, wenn jemand seine redlich verdiente Prämie infrage stellte. Es gelang ihm, bis zum Minister vorzudringen, und das Kombinat bekam sein Wasser und Iwanow seine Prämie. Die Bevölkerung der vier umliegenden Kreise der Oblast wurde umgesiedelt, da es sich als unmöglich erwies, einhundertfünfzigtausend Familien durch Tankwagen mit Wasser zu versorgen. Als in einem anderen Ministerium, in dem man von den Fähigkeiten Iwan Iwanowitschs erfahren hatte, beschlossen wurde, die Flüsse des Nordens nach Süden umzulenken und auf diese Art die dortigen Felder mit Wasser zu versorgen, wurde Iwanow mit der Ausführung beauftragt. Iwanow war bereits in fortgeschrittenem Alter. Er hatte eine Einzimmerwohnung bekommen, in der ein Foto seiner Mutter und die ihm verliehenen Ehrenurkunden hingen. Geheiratet hatte er nicht wieder.

Wissenschaftler und dem Gestern verhaftete Leute protestierten heftig und suchten den Minister auf, um zu erklären, weshalb man den Norden nicht zur Rettung des Südens zugrunde richten dürfe. Iwan Iwanowitsch erreichte im Ministerium, dass andere Wissenschaftler, die das Gegenteil beweisen würden, ebenfalls Prämien erhielten. Nachdem diese anderen Wissenschaftler von den Prämien erfahren hatten, wiesen sie der Öffentlichkeit nach, dass die Befürchtungen der ersten Wissenschaftler unbegründet waren. Während sich nun niemand mehr in diesem Streit zurechtfand, setzte Iwanow die Bulldozer und Bagger nach Norden in Marsch, wo sie zügig mit dem Bau der Kanäle begannen. Dieser Kampf, der mit dem Sieg Iwan Iwanowitschs endete, dauerte drei Jahre. Und Iwan Iwanowitsch hatte nicht umsonst gekämpft. Er erhielt eine Prämie in Höhe von einhundertzwanzig Rubel und konnte sich eine schöne Import-Stehlampe kaufen.

Weitere fünfzig Rubel Prämie erhielt er dafür, dass es ihm gelang, den Baikalsee zu beseitigen, und fünfundsechzig für die Liquidierung des Aralsees.

Die Zeitungen und Zeitschriften entfachten einen Sturm der Empörung gegen die Minister und Akademiemitglieder in der Meinung, dass diese es waren, die die Natur und die Kulturschätze zerstörten. Dass aufgrund ihres gedankenlosen, eigennützigen und geradezu kriminellen Handelns unsere Kinder nichts mehr zu essen und zu atmen haben werden. Doch niemand beschwerte sich über Iwan Iwanowitsch, denn der war völlig unauffällig. Und niemand kam auf den Gedanken, dass dessen leidenschaftliche Jagd nach kleinen, redlich erarbeiteten Prämien die Hauptursache für den Niedergang unserer Zivilisation war.

Zu Beginn der Neunzigerjahre schickte Iwan Iwanowitsch, vom Alter gezeichnet, sich an, in den Ruhestand zu treten. Doch da ließ ihn Petrischtschew höchstpersönlich zu sich bestellen.

»Iwan Iwanowitsch«, sagte Petrischtschew, »wie du weißt, ist das Volk bei uns in den letzten Jahren recht aufrührerisch geworden. Es wird immer schwieriger, die neuen Werke zu errichten, die unser Ministerium zur Planerfüllung doch so dringend braucht. Natürlich haben wir beide nichts gegen den Schutz der Umwelt.«

»Nein, haben wir nicht«, bestätigte Iwanow.

Petrischtschew kippte aus einer Karaffe Wasser in ein Glas, trat ans Fensterbrett und goss die dort stehenden Topfpflanzen.

»Ich habe Angst, dass man uns das Slatogorsker Kombinat nicht in Betrieb nehmen lassen wird.«

»Das wäre schlecht«, sagte Iwanow.

»Ich möchte dir eine Prämie geben, Iwanow«, sagte Petrischtschew. »Und keine kleine. Einhundert Rubel. Was hältst du davon?«

»Und wofür?«

»Das ist nicht der Rede wert. Die übliche Demagogie. Angeblich würde der Rauch dieses Kombinates die Luft über dem europäischen Teil unseres Landes verpesten. Das ist natürlich übertrieben.«

»Und wann gibt es die Prämie?«, erkundigte sich Iwanow.

»Sobald die Schornsteine des Kombinates zu rauchen beginnen.«

Eine erstaunliche Geisteskraft und Beharrlichkeit steckte in diesem so gebrechlich aussehenden Alten. Es waren keine sechs Monate vergangen, als ungeachtet aller Proteste der Öffentlichkeit, dreier spezieller Regierungsbeschlüsse und sogar einer UN-Resolution das Slatogorsker Kombinat den ersten Rauch ausstieß. Bald darauf war die Hälfte der Menschheit genötigt, in Gasschutzräumen Zuflucht zu suchen.

Zusammen mit seiner Prämie erhielt Iwanow eine Gasmaske.

Er legte sich das Geld für schlechte Zeiten zurück und zog in einen Gasschutzraum um.

Dort lernte ich ihn kennen.

An den langen Abenden erzählte Iwan Iwanowitsch mir mit zitternder Stimme aus seinem Leben, und allmählich hatte ich zu verstehen begonnen, welche gewaltige, unschätzbare Rolle er im Leben unseres Staates gespielt hat. Ich habe ihm das gesagt, und Iwan Iwanowitsch hat befriedigt genickt. Und in der folgenden Woche, als wegen der Säureregen niemand den Schutzraum verlassen konnte, haben wir beide einmal zusammengerechnet. Es stellte sich heraus, dass Iwan Iwanowitsch insgesamt einhundertundzweiundvierzig Prämien im Gesamtwert von 8032 Rubel erhalten hatte. Das neben den normalen Gehaltszahlungen. Danach rechneten wir aus, wie teuer seine Tätigkeit dem Land zu stehen gekommen war. Ohne falsche Bescheidenheit stimmte Iwanow meinem unvollständigen Resultat zu: achtzehn Trillionen und ein bisschen. Und an jedem neuen Tag, wie viele davon auch noch verbleiben mochten bis zum allerletzten, kamen nicht weniger als sechzehn Milliarden hinzu.

»Ganz schön beeindruckend«, sagte der alte Iwanow. Mir scheint allerdings, dass diese letzten Zahlen in Wahrheit keinen allzu großen Eindruck auf ihn gemacht haben, weil sie zu abstrakt sind. Ich glaube das deshalb, weil er in den letzten Tagen nicht ein einziges Mal auf sie zurückgekommen ist. Stattdessen hat er mich einmal am frühen Morgen aus dem Schlaf gerüttelt und dabei fast von der Pritsche gestoßen: »Hören Sie«, hatte er geflüstert, »wir haben uns vertan. Ich habe drei Prämien vergessen. Die Gesamtsumme beträgt 8336 Rubel.«

Vor drei Tagen hat Iwan Iwanowitsch uns verlassen.

Gegen Mittag waren drei Männer mit Krawatten und Gasmasken in den Schutzraum gekommen. Sie haben lange mit Iwan Iwanowitsch geflüstert. Schließlich war zu verstehen, wie einer von ihnen sagte: »Die Prämie garantieren wir Ihnen.«

Iwan Iwanowitsch zwinkerte mir zu, setzte sich die Gasmaske auf und ging mit den Männern davon.

Drei Tage nun schon warte ich auf das Ende der We…

»Der alte Iwanow« (Старенький Иванов).
Erstveröffentlichung in der
Zeitschrift »Огонек«, Nr. 32/1989, S. 30 f.
Übersetzt nach К. Булычев: Встреча тиранов (1992).

Ivo Gloss

KIR BULYTSCHOW – PHANTAST

Kir Bulytschow, dessen bürgerlicher Name Igor Moshejko lautet, gehört in seiner russischen Heimat zu den meistgelesenen einheimischen Science-Fiction-Autoren.

Er wurde am 18.10.1934 in Moskau geboren, schloss 1957 ebenda ein Studium am Pädagogischen Fremdspracheninstitut ab und war danach als Dolmetscher und als Korrespondent für die Zeitschrift RUND UM DIE WELT in Birma (heute Myanmar) tätig. Von dort brachte er eine gute Kenntnis der US-amerikanischen SF und mehrere Koffer dieser Lektüre mit. In den 1960er-Jahren war er wohl einer der besten Kenner der angloamerikanischen SF in der Sowjetunion. Es war die Zeit, in der dort SF aus dem Westen mehr als nur vereinzelt zu publizieren begonnen wurde, und Kir Bulytschow gehörte zu jenen, die sie ins Russische übersetzten.

Moshejkos 1961 erschienene erste Erzählung zählte noch nicht zur Phantastik, wohl aber die beiden 1965 folgenden nächsten beiden Veröffentlichungen. Die Erzählung »Ein Gebot der Gastfreundschaft« brachte der clevere beginnende Autor unter dem Pseudonym Maun Sein Dshi als angebliche Übersetzung aus dem Birmanischen in der Zeitschrift ASIEN UND AFRIKA HEUTE unter. Im selben Jahr erschien mit »Das Mädchen, dem nie etwas zustößt« (dt. 1977, vollständig 1984) auch Bulytschows erste Geschichte des an Kinder adressierten SF-Zyklus um das Mädchen Alissa. ›Alissa‹ ist übrigens nicht nur die russische Form von ›Alice‹, jener ins Wunder- und ins Spiegelland gelangenden Heldin des von Moshejko sehr verehrten Lewis Carrol, sondern auch der Name von Moshejkos 1960 geborener Tochter.

Auch bei der ersten Alissa-Geschichte bediente Igor Moshejko sich eines Pseudonyms. Er erachtete es bei allem verständlichen Stolz auf die Veröffentlichung doch als notwendig, speziell den Kollegen und Vorgesetzten an seinem nunmehrigen Arbeitsort, dem Institut für Orientalistik, seine schriftstellerische Nebentätigkeit, zumindest soweit sie den Bereich der Belletristik betraf, zu verheimlichen, um zum einen die gebotene Seriosität als Wissenschaftler zu wahren und zum anderen nicht als unterbeschäftigt zu erscheinen. Das Pseudonym lautete: Kir Bulytschow. Das Kir hatte der Autor vom Vornamen seiner Frau abgeleitet (Kira Soschinskaja, in Deutschland den Lesern der Anthologie *Der Weg zur Amalthea* als Autorin bekannt, in Russland aber vor allem als Illustratorin), das Bulytschow vom Familiennamen seiner Mutter.*

SF für Erwachsene aus der Schreibmaschine von Kir Bulytschow erschien erstmals 1967, und das unter reichlich kuriosen Umständen. Kir Bulytschow schrieb auch damals noch Reportagen für die Zeitschrift RUND UM DIE WELT. Diese wiederum brachte alle zwei Monate als Beilage ein Magazin mit Spannungsliteratur, den SUCHENDEN. Der Umschlag der Nr. 2 des Jahrganges bildete einen Stuhl ab, auf dem ein Einweckglas steht, in dem wiederum sich ein Saurier befindet. Er illustrierte die Übersetzung einer amerikanischen SF-Geschichte. Und er war in einer Auflage von 300.000 Stück mehrfarbig gedruckt worden, während der

---

* Warum steht nun aber auf den deutschen Ausgaben von Bulytschows SF für Erwachsene der Vorname Kirill statt Kir? Die Sache soll auf einen Mitarbeiter eines sowjetischen Kinderbuchverlages zurückgehen, der diese Änderung Anfang der 1970er-Jahre irrtümlich oder absichtlich herbeigeführt hat. Er war wohl der Meinung, dass Kir kein richtiger Vorname eines Autors sein könne und es stattdessen Kirill heißen müsse oder solle. (Kyrill hieß ja schon einer jener beiden Mönche, die im 9. Jahrhundert das russische oder eben kyrillische Alphabet schufen.) Die betroffenen russischen Bücher waren meines Wissens sämtlich Kinderbücher.

entsprechenden Erzählung die Freigabe durch die Zensur verwehrt worden war. Es galt also ein gewisses Problem zu lösen, wozu sich die anwesenden Mitarbeiter bei der Besprechung am Abend zunächst einmal durch ein landesübliches alkoholhaltiges Getränk in einen inspirierten Zustand zu versetzen suchten. Man einigte sich darauf, ein jeder möge sich nach Hause begeben, dort eine zur Illustration passende Geschichte verfassen und diese dann am nächsten Tag zur Auswahl der besten stellen. In einer frühen Fassung von Bulytschows Autobiographie wird sogar angedeutet, von ihm selbst stamme sowohl der Vorschlag hinsichtlich des Selberverfassens als auch der bezüglich des Alkoholgenusses, wobei er im durch einige bereits in seiner Schublade liegende Geschichten gestärkten Vertrauen auf seine schriftstellerischen Fähigkeiten dafür gesorgt habe, dass die Kollegen über das inspirative Maß hinaus genossen. Wie dem auch sei, Bulytschow brachte am nächsten Tag eine passende Erzählung mit, die »Wann starben die Dinosaurier aus?« hieß, die einzige war und umgehend in Satz ging.

Die Geschichten um Alissa ziehen sich durch Bulytschows gesamte Karriere als SF- und Phantastik-Autor. Wie seine erste Phantastik-Veröffentlichung, so gehörte auch seine letzte zu Lebzeiten erschienene neue Geschichte zu diesem Zyklus: Eine Woche vor dem Tode des Autors begann der Zeitschriftenabdruck der neuen Novelle »Alissa und Alissija«. Der Zyklus besteht damit nunmehr aus über 40 Novellen und etwa 10 Erzählungen. Die Alissa-Bücher erschienen in einer russischen Gesamtauflage von bislang rund 5 Millionen Exemplaren* und dienten als Grundlage für mehrere Kino- und Fernsehfilme, von denen sich insbesondere die nach der Novelle *Alissa jagt die Piraten* (1978, dt. 1988) entstandene fünfteilige Fernsehserie *Gäste aus der Zukunft* (UdSSR 1984) enormer Beliebtheit erfreute. Der Gerechtigkeit halber sollte allerdings angemerkt werden, dass der größere Teil der Fanpost nicht an Kir Bulytschow, sondern an die Hauptdarstellerin

---

* Auflagenangabe nach: John Costello: »Obituary Kir Bulychev«. Stand 2003. Auf http:// www.fossickerbooks.com/obit.html (nicht mehr existent)

Natascha Gussewa ging. Diese Film-Alissa wurde mit einem Schlag zum Schwarm wohl jedes sowjetischen Schuljungen, und die Mädchen bemühten sich, so zu sein wie sie. Der Alissa-Zyklus ist sicher die Basis für Bulytschows große und lang anhaltende Popularität. Die ehemals jungen Leser kaufen nun ihren eigenen Kindern diese ihnen in guter Erinnerung gebliebenen Bücher und halten wohl oft auch selbst ihrem Lieblingsschriftsteller aus Kindertagen die Treue, wenn sie entdecken, dass es von ihm auch ein umfangreiches Angebot für Erwachsene gibt.

Dieses Angebot für Erwachsene bestand zunächst einmal insbesondere aus den Geschichten um die Einwohner des fiktiven Provinzstädtchens Guslar, Verzeihung: Groß Guslar. Die erste Guslar-Geschichte war die 1970 erschienene Erzählung »Persönliche Beziehungen« (dt. 1976). Ein russischer SF-Kritiker bemerkte einmal, andere schrieben über *Menschen wie Götter*, Bulytschow aber über *Ganz gewöhnliche Leute*.* Dies wird im Guslar-Zyklus ganz besonders augenfällig. Auch demonstrieren diese Geschichten, in denen märchenhafte Wunder wie sprechende und wunscherfüllende Goldfische gleichberechtigt neben dem üblichen SF-Instrumentarium von A wie außerirdischer Besuch bis Z wie Zeitmaschine stehen – manchmal sogar in ein und demselben Text –, wie wenig der Autor von einer strengen Trennung der unterschiedlichen Spielarten der phantastischen Literatur hielt. Bulytschow bemühte sich meist nicht eben sonderlich darum, dem Leser die Technik und Wissenschaft in seiner SF plausibel zu machen. Warum auch – entweder hatten ältere Kollegen das längst getan, oder aber es wäre einfach wenig erfolgversprechend gewesen. Bulytschows Stärken waren das Erzählen der Geschichte und der Blick für die Details der Charaktere und Schauplätze. Bulytschows Geschichten – ob nun in Guslar oder andernorts angesiedelt – beginnen selten mit einem Knall, sondern eher mit

---

* Ersteres ist eine sehr populär gewesene Space Opera von Sergej Snegow, Letzteres der Titel von Bulytschows 1975 erschienenem zweiten Erzählband für Erwachsene.

einer glaubwürdig beschriebenen Alltagssituation, die sich dann durch den Einbruch des Phantastischen zuspitzt. Nun ist die im Hier und Heute angesiedelte Alltags-SF ohne exotische Welten, ohne die Romantik der Weltraumfahrt und des Erfinder- und Entdeckertums, ohne übermächtige Superhelden und im Kampf aufeinanderprallende Sternenflotten und normalerweise auch ohne Weltuntergänge nicht für jeden Science-Fiction-Freund die bevorzugte Spielart seines Lieblingsgenres.*

Fast gänzlich im Kosmos und in der Zukunft angesiedelt sind die nur lose miteinander verknüpften Texte des Zyklus um den Weltraumarzt Pawlysch und seine Kameraden Bauer, Gussew

---

* Ich entsinne mich, wie ich in einem Alter, in dem ich noch auf den Buchbestand der örtlichen Stadtbibliothek angewiesen war, nach der Rückgabe von Lothar Weises Roman *Das Geheimnis des Transpluto* (1962), der von Eberhard Binder-Staßfurt mit fotoähnlichen Darstellungen gewaltiger Explosionen, metallisch schimmernder Raumschiffe und ferner Planeten inmitten der unendlichen Schwärze des Alls versehen worden war, bedauernd feststellen musste, dass dergleichen zumindest momentan nicht weiter vorrätig war und es nun mit dem bislang stets verschmähten Rest der zwei Regalbretter kleinen Abteilung mit wissenschaftlicher Phantastik vorliebzunehmen galt. Der Rest, das waren jene Bücher, die schon durch ihre Gestaltung signalisierten, dass wohl auch der Autor sich nicht die Mühe gemacht hatte, auch nur wenigstens so zu tun, als würde er das, was er da schrieb, ernst nehmen. Von diesem Rest griff ich mir damals Bulytschows Erzählungsband *Ein Takan für die Kinder der Erde* (Originalzusammenstellung, DDR 1976) und fand mich dann, soweit es die Buchabschnitte »Irdische Begebenheiten« und »Wunder in Guslar« betraf, in meinen Befürchtungen vollauf bestätigt. Auch der Abschnitt »Kosmische Begegnungen« enthielt keine kosmischen Abenteuergeschichten. Es ging hier vorrangig um für mich damals weniger interessante moralische Themen. In der Erzählung »Teile mit mir« (1970) zum Beispiel gelangt der Erzähler auf einen Planeten, dessen Bewohner nicht nur seelisches Leid, sondern auch körperlichen Schmerz durch Anteil- und Übernahme zu lindern vermögen und dies auch stets und gegenüber jedem Bedürftigen tun; eine Eigenschaft, die ihnen den Aufenthalt auf anderen Welten unmöglich macht. Wenn sie mich damals auch nicht sonderlich beeindruckten, so hielt ich den Erzählungen des Abschnittes »Kosmische Begegnungen« dennoch zugute, dass sie im Gegensatz zu den Guslar-Geschichten zumindest im Kosmos und in der Zukunft spielten.

und andere (1968–1988). Der Zyklus umfasst die beiden Romane *Der letzte Krieg* (1970) und *Überlebende* (1988, dt. 1995) sowie sieben Novellen und Erzählungen. Der Pawlysch-Zyklus gehört nicht zum humoristischen Schaffen Bulytschows. Er ist solide sowjetische wissenschaftliche Phantastik. Mal präsentiert er sich recht aktionsbetont wie zum Beispiel mit *Der letzte Krieg*, mal kommt er besinnlich-nachdenklich daher wie in der Erzählung »Das halbe Leben« (1973), mal steht die moralische Entscheidung seiner Helden im Brennpunkt, wie das in der Novelle »Dreizehn Jahre Weg« (1985) der Fall ist. In *Der letzte Krieg* haben sich die menschlichen Bewohner auf einem fernen Planeten in einem Atomkrieg gerade selbst den Garaus gemacht. Zwei Angehörige einer fortschrittlichen Alienrasse werden von ihren Juniorpartnern, den Erdenmenschen, zum Ort des Geschehens gebracht. Die Aliens vermögen es, aus Resten biologischen Materials das jeweilige Individuum komplett samt Gedächtnisinhalt wiederauferstehen zu lassen. Ein paar doch noch übrig gebliebene Militärs, die zudem auch noch über Kernwaffen verfügen, machen den unbewaffnet angereisten Gutmenschen der Zukunft dann das Überleben schwer und sorgen für ein dramatisches Geschehen. Schon in diesem frühen Buch Bulytschows taucht ein in späteren Werken immer wieder zu findendes Motiv auf: Die technisch und moralisch überlegenen Menschen der Zukunft lassen sich von verschlagenen und skrupellosen Vertretern rückständiger Gesellschaftssysteme in fataler Weise überrumpeln. Das geschieht zum Beispiel auch in den beiden auf fremden Planeten angesiedelten Andrej-Brjus-Romanen *Ein Agent der Kosmoflot* (1984) und *Die Höhle der Hexen* (1987).

Doch zurück zum Pawlysch-Zyklus. In der Erzählung »Das halbe Leben« steht eine Frau mit Namen Nadeshda Sidorowa im Mittelpunkt. Nadeshda Sidorowa, Jahrgang 1923, im Krieg und auch danach Krankenschwester, eine Tochter, früh verwitwet, ist im Sommer 1956 spurlos verschwunden. Ein etwas außer Kontrolle geratenes unbemanntes Erkundungsschiff einer außerirdischen Zivilisation hat sie als Exemplar der Fauna des dritten

Planeten unseres kleinen gelben Sterns eingesammelt. Den Rest ihres Lebens fristet sie in dem Raumschiff, oft darüber nachsinnend, was wohl ihre Tochter über ihr Verschwinden denken wird. Sie kommt schließlich um, als sie die Flucht fremdartiger vernunftbegabter Leidensgenossen unterstützt, mit denen sie sich inzwischen angefreundet hat. Das alles können Pawlysch und Gefährten später unter anderem anhand von Aufzeichnungen der Entführten rekonstruieren, als sie auf das inzwischen völlig tote Schiff gestoßen sind. Hier könnte die Erzählung eigentlich zu Ende sein, doch der Autor lässt noch ein Kapitel folgen. Knapp hundert Jahre nach Nadeshda Sidorowas Entführung kommt eine Expedition irdischer Raumfahrer vom Planeten der aus dem Schiff entkommenen Aliens zur Erde zurück, und der Enkelin Nadeshdas wird ein Foto überreicht, das ein ihrer Großmutter von den Außerirdischen errichtetes Denkmal zeigt.

In der Novelle »Dreizehn Jahre Weg« schließlich ruht der Fokus auf der moralischen Entscheidung der handelnden Figuren. 106 Jahre bereits ist das Raumschiff »Antäus« unterwegs, und noch dreizehn weitere müssen vergehen, bis es als erstes Schiff der Menschheit einen der Nachbarsterne unserer Sonne erreicht haben wird. Dieser Flug ist das Großunternehmen der geeinten Erde und über all die Jahre hinweg in aller Munde geblieben. Er konnte schon allein deshalb nicht in Vergessenheit geraten, weil er auch und gerade nach dem Start des Raumschiffes ein beständiger gewaltiger wirtschaftlicher Kraftakt ist, der jeden Menschen auf der Erde zu Einschränkungen zwingt. Trotz der langen Dauer des Fluges handelt es sich bei der »Antäus« nämlich nicht um ein Generationenraumschiff, und die Besatzung liegt auch keineswegs im Tiefschlaf. Die »Antäus« transportiert eine Teleportationsstation zu einem hoffentlich vorhandenen geeigneten Planeten im Zielsystem. Die Besatzung wird alle Jahre unter Einsatz riesiger, jedes Mal größer werdender Energiemengen ausgetauscht. Das Absolvieren einer Schicht auf der »Antäus« ist der Traum eines jeden Kosmonautenschülers, übertroffen nur noch von der Vorstellung, gar bei der Zieletappe dabei zu sein. Doch nun reißt just während eines

Besatzungswechsels die Verbindung zur Erde ab. Ist es ein vorübergehendes technisches Problem in der »Bodenstation«? Oder stimmt sie doch, jene bislang nicht ernst genommene Theorie, nach welcher der der Teleportation zugrunde liegende Wirkungsmechanismus eine nun überschrittene begrenzte Reichweite hat? Diese Fragen stellen sich die Besatzungsmitglieder. Die Instruktionen sehen bei einem Abbruch der Verbindung die Umkehr vor. Damit wäre das Jahrhundertunternehmen gescheitert, denn für ein zweites Wendemanöver nach einer möglichen Beseitigung der eventuell nur zeitweiligen Probleme ist kein Treibstoff vorhanden. Soll man stattdessen in der Hoffnung auf die Wiederherstellung der Verbindung weiter dem Zielstern entgegenfliegen und schlimmsten- oder bestenfalls nach dreizehn Jahren selbst den ersten Schritt der Menschheit zu den Sternen vollenden, die Teleportationsstation auf einem möglicherweise völlig öden Planeten installieren oder – wenn der Kontakt dann noch immer nicht wiederhergestellt ist – mit ihr zurückfliegen und nach weiteren dreizehn Jahren wieder in den Reichweiteradius der irdischen Station eintreten? Und wie soll die Entscheidung gefällt werden? Darf eine Mehrheit, die weiterfliegen will, über das Schicksal derer entscheiden, die umkehren wollen? Ist der Minderheit, die umkehren will, mit einem Vetorecht gedient, das die Verantwortung für das Scheitern der Mission ihren wenigen Schultern aufbürdet? Dies haben Menschen mit den unterschiedlichsten Beweggründen für sich und andere zu klären – der alte Raumbär, der die Heimkehr möglicherweise gar nicht mehr erleben würde, die junge Frau, die sich darauf gefreut hatte, in wenigen Stunden ihren Liebsten auf der Erde in die Arme schließen zu können, der junge Neuankömmling, der über jede zusätzliche Minute froh ist, die ebenjene Frau noch an Bord bleibt, und andere.

Die neue Offenheit in der sowjetischen Gesellschaft der Gorbatschow-Zeit und der nachsowjetischen Zeit spiegelte sich in Bulytschows Schaffen deutlich wider. So halten Glasnost und Perestroika auch in Guslar Einzug. Es existiert eine Bürgerbewegung, die der Guslarer Obrigkeit in Sachen Denkmal- und Umweltschutz auf die Finger klopft, und eine Reise mit der

Zeitmaschine offenbart in der Erzählung »Vergangenheit« (geschrieben 1988, veröffentlicht 1989), dass der alte Loshkin als junger Mann im Jahr 1948 unter den entsprechenden gesellschaftlichen Verhältnissen durchaus das Zeug zum Schurken hatte, der um ein Haar seine zukünftige Frau denunziert und ins Lager gebracht hätte. Der Gestus der Guslar-Geschichten wandelt sich vom harmlosen Humor zur Satire. Düsterere Töne tauchen auf. Die Powest »Die Senkrechtwelt« (1989) beginnt mit einem Blick auf die durchweg erfreulichen Veränderungen, die in Guslar unter dem in der zweiten Hälfte der 80er-Jahre an die Macht gekommenen neuen demokratischen und bürgernahen Stadtoberhaupt Beloselski vor sich gegangen sind. In jener Parallelwelt aber, in die sich Bulytschows Lieblings-Guslarer Korneli Udalow begibt, hat Beloselskis Vorgänger Pupykin seine Macht nicht nur behauptet, sondern auch mit diktatorischen Mitteln zementiert. Udalow findet sich in einer Welt der Unterdrückung und Einschüchterung, der Günstlings- und Mangelwirtschaft, der rücksichtslosen Umweltverschmutzung und eines grotesken Personenkultes wieder.

Letzten Endes jedoch schuf der Autor sich für seine finsteren Phantasien einen neuen Schauplatz. Insgesamt neun Erzählungen und Powesti sind es, die in der fiktiven Stadt Werjowkin oder ihrer Umgebung angesiedelt sind. Jenseits der Konventionen der wissenschaftlichen Phantastik schlagen hier zum Beispiel in der Erzählung »Der Bericht der Olja N.« (1988) allerorts von Gleichgültigkeit und Bosheit genährte und nur durch Mitleid und Güte zu bekämpfende Flammen aus dem Boden. Insgesamt überwiegen jedoch im Zyklus die Science-Fiction-Motive. In »Aschenputtel auf dem Markt« (1999) ist die Rahmenhandlung gar in der lichten Zukunftswelt aus Iwan Jefremows großer kommunistischer Utopie *Das Mädchen aus dem All** angesiedelt.

* Gekürzte Zeitschriftenfassung 1957, vollständig 1958, dt. 1957 zunächst als Zeitungsabdruck der gekürzten Fassung, Buchausgabe 1958, vollständige Buchausgabe 1967, 1983 auch unter dem wörtlich übersetzten Originaltitel *Andromeda-Nebel*.

Auch außerhalb Guslars sind die späten 80er- und die frühen 90er-Jahre die Zeit des politischen Bulytschow. Für die Schublade geschriebene Texte können nun publiziert werden. Das Tagesgeschehen spiegelt sich in den Erzählungen wider, die dementsprechend oft auch zeitnah in Zeitungen erstveröffentlicht werden, und die nun ansprechbaren dunklen Seiten der sowjetischen Geschichte werden thematisiert oder zumindest am Rande mit einbezogen.

Der vorliegende Band repräsentiert genau diese Phase in Bulytschows Schaffen. Die 1991 erstveröffentlichte witzige Titelerzählung mit der respektlosen Darstellung des greisen Breshnew und seiner Umgebung ist bereits 1986 entstanden, der Kurzroman *Der Tod im Stockwerk tiefer* (1989) ist eine Momentaufnahme der gesellschaftlichen Verhältnisse des Jahres 1987, in dem die bislang uneingeschränkte Macht der Partei bereits etwas zu wanken begonnen hatte, und die groteske Geschichte »Der alte Iwanow« (1989) im Gegensatz dazu eine Reise durch die gesamte Sowjetzeit bis hin in die – vom Zeitpunkt des Entstehens aus gesehen – nahe Zukunft.

Eine Art dem Kindesalter entwachsene, nunmehr jugendliche Alissa wählte Bulytschow sich zur Heldin seines aus vier Romanen und drei Novellen* bestehenden Zyklus *Die intergalaktische Polizei* (1994–1996). Die Heldin Kora Orwat ist für den Geheimdienst tätig. Soweit ich das aus der Kenntnis allein des ersten Bandes beurteilen kann, liegt der Akzent in diesen in der Zukunft angesiedelten Romanen und Novellen auf der spannenden Unterhaltung.

Gemeinsamer, wenn auch nicht in jedem Falle Hauptheld des aus den drei Romanen *Der Blick auf die Schlacht aus der Höhe*, *Altjahr* (beide 1998) und *Operation ›Viper‹* (2000) bestehenden Schattentheater-Zyklus ist Garik Gagarin, um dessen außerirdische

---

* Außerdem war auch in der Novelle »Die Entführung« (1994, auch als »Das Verschwinden des Professors Lu Fu«) zunächst Kora Orwat die Heldin, jedoch trat in der späteren Fassung »Der Gütestrahler« Alissa an ihre Stelle.

Herkunft nur seine engsten Vertrauten wissen. Die Bücher sind zu einem großen Teil im Russland der Gegenwart unserer Welt angesiedelt, was dem Autor die Möglichkeit gibt, seine Helden insoweit vor einem glaubwürdigen Hintergrund agieren zu lassen und die aktuelle gesellschaftliche Situation in seiner Heimat widerzuspiegeln. Der erste Roman enthält Textteile und Ideen aus früheren Projekten Bulytschows. So findet sich im Prolog eine Variante der frühen Erzählung »Die Entscheidung« (1971, dt. 1974) wieder, und das Institut für wissenschaftliche und technische Expertisen, das im gesamten Zyklus eine Rolle spielt, ist samt seiner Belegschaft der Konkursmasse eines Romanprojektes aus der zweiten Hälfte der 70er-Jahre entnommen, von dem einzelne Kapitel schon als Erzählungen veröffentlicht worden waren. In »Der Blick auf die Schlacht aus der Höhe« werden ehemalige Teilnehmer bewaffneter Auseindersetzungen der jüngeren Vergangenheit an einen mysteriösen Ort gebracht, um dort mit antiken Waffen einen Krieg zu führen, der – was sie nicht wissen – eine Art Gladiatorenspiel in größerem Maßstab ist. Der mysteriöse Ort ist in einem phantastischen Schattenreich gelegen, dessen geographische Gegebenheiten denen unserer Welt entsprechen. Über simple Mechanik hinausgehende Technik funktioniert hier jedoch nicht. Die menschlichen Bewohner des Schattenreiches entstammen allesamt unserer Welt, allerdings verschiedenen Zeiten. Nach einer gewissen Aufenthaltsdauer benötigt man keine Nahrung mehr und existiert so lange, bis der Körper irgendwann mechanisch verschlissen ist. Der Autor hat sich noch eine ganze Reihe weiterer Besonderheiten für seine Phantasiewelt einfallen lassen, doch es gelingt ihm letzten Endes nicht, alles zu einem in sich widerspruchslosen Gesamtkonzept zusammenzufügen. Während es im ersten Band ein lokal fixiertes Schlupfloch in die Schattenwelt gibt, irritiert Bulytschow die Leser in *Altjahr*, dem zweiten Band des Zyklus, indem er eine andere, sehr märchenhafte Art des Hinüberwechselns postuliert. In die Schattenwelt kommt demnach, wer just im Augenblick des Jahreswechsels so verzweifelt ist, dass er nicht mit den anderen Zeitgenossen ins neue Jahr schreiten, sondern eigentlich lieber aus dieser Welt scheiden möchte. Er verbleibt dann im alten Jahr, der Schattenwelt, einer Welt ohne Zeit (in der aber trotzdem etwas passiert). In *Operation ›Viper‹*, dem dritten Band, entzieht sich der stalinsche Geheimdienstchef und Innenminister Berija auf diese Art Ende 1953 seiner Hinrichtung, woraufhin es ihm in der Schattenwelt gelingt, wieder in eine Machtposition zu gelangen und sogar erneut zu einer Gefahr für unsere Welt zu werden.

Am meisten am Herzen lag dem Autor nach eigenem Bekunden der unvollendet gebliebene große Romanzyklus *Der Fluss Chronos*. 1992 erschienen unter diesem Titel die ersten drei Teile *Der Erbe*, *Sturm auf den Ai-Todor-Palast* (später als *Sturm auf den Djulber-Palast*) und *Rückkehr aus Trapezunt* in einem Band zusammengefasst. Andrej Berestow und seine Freundin und spätere Frau Lydia haben zu Beginn des 20. Jahrhunderts als junge Leute von Andrejs Stiefvater und dessen Lebensgefährtin, die beide Angehörige einer mysteriösen Geheimgesellschaft waren, je eine Taschenzeitmaschine geerbt, mit deren Hilfe sie sich aus prekären Situationen in die Zukunft retten können. Je größer der Sprung allerdings ist, desto größer ist auch die Gefahr, statt in unserem Hauptstrom der Geschichte in einem allmählich versickernden Nebenfluss zu landen. Aus diesen Alternativwelten muss dann der geheimnisvolle Pan Theodor, der wie Andrejs Stiefvater zu den Hütern der Zeit gehört, die Helden wieder zurückholen.

Die ersten drei Bücher umfassen den Zeitraum von 1913 bis 1917 und spielen in Russland und der Türkei. Sie bilden zusammen einen farbenprächtigen Liebes-, Kriminal-, Abenteuer-, Geschichts- und zum Teil auch Alternativweltroman. Die erste geschichtliche Alternative des Zyklus wird im zweiten Buch vorgestellt. Die russische Schwarzmeerflotte unter Koltschak führt hier im Frühjahr des Jahres 1917 einen Überraschungsangriff auf Istanbul durch, und bei einem Volltreffer mitten in den gerade tagenden Kriegsrat kommt ein Großteil der türkischen Führung ums Leben. Binnen weniger Tage bricht das Osmanische Reich zusammen und scheidet aus dem Krieg aus. Eine der Stärken dieser ersten drei Bände liegt in der Darstellung der unterschiedlichen, sich aber gelegentlich wieder kreuzenden Entwicklungswege, die Andrej Berestow und einige seiner früheren Schulfreunde in dieser unruhigen Zeit einschlagen. Nach den ersten drei Romanen klafft im Handlungsverlauf des Zyklus eine Lücke, die Bulytschow mit Erlebnissen seiner Helden im Bürgerkrieg und auf Reisen in die Mongolei, nach Tibet, Birma und wieder zurück in die Heimat zu füllen beabsichtigte.

Der der Handlungszeit nach nächste abgeschlossen* vorliegende, umfangreiche Roman *Ein Reservat für Wissenschaftler* (1994) ist in der Sowjetunion der 1930er-Jahre angesiedelt. Eigentlich handelt es sich bei seinen beiden Teilen um zwei relativ eigenständige Romane. Teil 1 *Wie es war* ist ein rein realistischer Kriminalroman, der Lydias Erlebnisse in einem Geistesschaffenden vorbehaltenen Erholungsheim in der Umgebung von Moskau in der ersten Hälfte der 1930er-Jahre schildert. Teil 2 *Wie es hätte sein können* versieht den ersten Teil mit einem anderen Ende und ist gänzlich ein Alternativweltroman. Es geht um die Entwicklung der sowjetischen Atombombe, die in dieser Welt 1939 fertiggestellt wird. Kulminationspunkt ist der schließlich erfolgende Abwurf dieser nur in einem Exemplar einsatzbereiten Bombe, doch die längste Zeit über erinnert dieser zweite Teil den Leser an die in der Sowjetunion vom Ende der 1930er- bis in die frühen 1950er-Jahre besonders ausgeprägte Spielart der SF, die eigentlich in der damaligen Gegenwart spielte und die Meisterung jeweils eines großen Projektes zum Wohle des Sowjetvolkes thematisierte. So geht es in *Wie es hätte sein können* unter anderem um auftauchende technische und organisatorische Probleme und natürlich um Spionage und Diversion ausländischer Mächte. Anders als in der alten Sowjet-SF spielen aber auch Konflikte zwischen der technischen und der politischen Führung des Projektes eine Rolle, und authentische Führungspersönlichkeiten der Sowjetunion werden in für sie recht unvorteilhafter Art und Weise dargestellt, ja überhaupt

* 2005 erschien postum der im Jahr 1918 spielende unvollendet gebliebene Roman *Das Attentat*.

ist das Buch alles andere als ein Hohelied auf die Sowjetmacht. Die Geschichte nimmt zwar einen etwas anderen Verlauf, der Charakter des Zeitabschnittes bleibt jedoch unangetastet. Wie so oft brilliert Bulytschow mit einer überzeugenden Darstellung der Motivation seiner Helden und durch Liebe zum Detail, und der Leser fragt sich schließlich, welche Variante der Geschichte der Dreißigerjahre wohl die weniger aberwitzige ist – die des Autors oder die historische.

Aberwitzig und jenseits dessen, was man noch irgendwie zur Science Fiction zählen könnte, ist die Prämisse des im Jahr 1992 angesiedelten Romans *Der Säugling Frey* (2001). Bulytschow nimmt das geflügelte Wort vom unsterblichen Genie hier sehr direkt auf und lässt Lenin auf seinem Sterbebett sich selbst als Säugling wiedergebären. Lenin II ist vorsichtig genug, sich unauffällig zu verhalten und keine politischen Ambitionen zu offenbaren. 1992 jedoch hält er die Zeit für gekommen, aktiv zu werden. Zunächst will er sich, um sich eine materielle Basis zu schaffen, in den Besitz einer Schatulle mit Wertsachen setzen, die von den Bolschewiki 1918 für den Fall einer Niederlage im Bürgerkrieg als Notgroschen im Ausland deponiert wurde. Diese Jagd nach dem Schatz macht den Hauptteil des Buches aus, bevor es zum Ende hin wieder phantastisch wird. Ferner sind aus dem *Chronos*-Zyklus noch drei ebenfalls in den 1990er-Jahren handelnde realistische Kriminalromane und eine entsprechende Novelle mit Lydia Berestowa als Heldin erschienen. Ursprüngliche Absicht Bulytschows war es, einen einzigen großen vielbändigen Roman zu schreiben, dessen Handlungszeitraum sich vom Beginn des 20. Jahrhunderts bis in die Zukunft hinein erstrecken sollte. Die Arbeit am der Handlungszeit nach vierten Band geriet jedoch ins Stocken, weil Bulytschow Probleme hatte, ihn zufriedenstellende Verbindungen zu den bereits verfassten später spielenden Bänden herzustellen und die dort bereits eingebauten Rückbezüge abzudecken. So ist *Der Fluss Chronos* nach Bulytschows Tod statt des geplanten einen großen Romanes nun ein Zyklus mit zwar gemeinsamen Helden, aber ohne durchgehende Handlung geblieben.

Die Anerkennung, die Bulytschows Schaffen über die Grenzen des Genrepublikums hinaus genießt, zeigt sich unter anderem auch daran, dass verschiedene Texte des Autors Eingang in Schullesebücher fanden. Übrigens auch in ein (west-) deutsches der 1980er- und 1990er-Jahre.

Bulytschows Science Fiction ist aber nicht nur zwischen Buchdeckeln, sondern auch auf Leinwand und Bildschirm präsent. Ein Verzeichnis* der Filme, die im Zeitraum 1976 bis 2001 nach seinen Werken entstanden sind oder an deren Drehbuchentstehung er direkt beteiligt war, zählt zehn Kinofilme, acht Kurzfilme, acht Fernsehfilme bzw. Fernsehspiele sowie acht Trickfilme aus der Sowjetunion und ihren Nachfolgestaaten sowie aus Polen und der Tschechoslowakei auf.**

Angesichts des Schaffensumfanges des Phantastik-Autors Bulytschow muss vielleicht noch einmal daran erinnert werden, dass er dieses Arbeitspensum zu einem großen Teil parallel zu seiner Tätigkeit am Institut für Orientalistik bewältigte. Zudem veröffentlichte er, meist unter seinem bürgerlichen Namen, auch noch mehr als dreißig Sachbücher. Themen dieser Sachbücher, die in fünfzehn Sprachen veröffentlicht wurden, sind vorrangig die Geschichte und Gegenwart Südostasiens und die Phaleristik, ein Hobby Bulytschows, dem er sich sehr engagiert widmete. Letzteres fand seinen Niederschlag in Publikationen wie *Ehrenzeichen des Russischen Imperiums* (1993) und *Auszeichnungen* (1998). Postum erschien 2004 *Die Stieftochter der Epoche*, ein Sammelband mit sekundärliterarischen Arbeiten zur Science Fiction, deren titelgebender Hauptbeitrag der sowjetischen wissenschaftlichen Phantastik der Jahre 1917–1941 gewidmet ist. *Wie man zum Phantasten wird* (vier verschiedene Fassungen zwischen 1999 und 2003) jedoch ist kein

---

* Михаил Ю. Манаков (составитель): *Фильмография Кира Булычева*. Челябинск 2002.

** In der DDR liefen meines Wissens die beiden Kinderfilme *Das Geheimnis des dritten Planeten* (Trickfilm, 1981) und *Die lila Kugel* (1987) sowie *Die Frau aus dem All* (auch als *Durch Dornen zu den Sternen*, 1980 / neue Fassung 1981).

Ratgeber für beginnende SF-Autoren, sondern Bulytschows Autobiographie, ein sehr interessant zu lesendes Buch, in welchem dem Leser die Phantastik der sowjetischen Realität vor Augen geführt wird. In der DDR sind von den Sachbüchern 1981 *Am Mast der Totenkopf* über Piraterie im Indischen Ozean und 1988 *7 und 37 Wunder der Welt* über Kulturdenkmale des Altertums erschienen.

Die belletristischen Bücher Bulytschows erlebten bis zu seinem Tode – Nachauflagen mitgerechnet – mehr als 550 Veröffentlichungen in 24 Sprachen. Kir Bulytschow starb am 5.9.2003.*

---

* Ergänzend zum vorliegenden Artikel sei auch auf Erik Simons ausführlichen Nachruf »Das Leben Igor Moshejkos, Kir Bulytschows Werk« in *Das Science Fiction Jahr 2004* verwiesen.

DEUTSCHSPRACHIGE VERÖFFENTLICHUNGEN VON KIR BULYTSCHOW (IGOR MOSHEJKO)

Chronologisch nach der ersten deutschen Veröffentlichung
zusammengestellt von Ivo Gloss

1. Selbstständige Publikationen

1.1. Science Fiction für Erwachsene als selbstständige Veröffentlichungen

1.1.1. Kirill Bulytschow: EIN TAKAN FÜR DIE KINDER DER ERDE. Phantastische Erzählungen.
Verlage MIR und Das Neue Berlin, Moskau bzw. Berlin (Gemeinschaftsausgabe) 1976 [20.000 Expl.]. [2]1977 [20.000] (Originalzusammenstellung [von Leonore Weist u. Erik Simon] von Texten aus den Jahren 1967–1974). Ü: Leonore Weist* und Gisela Frankenberg**. Ill. Leinen mit ill. Schutzumschlag. Ill. v. Günter Lück. 304 S.

Enthält:

Kosmische Begegnungen:
- Teile mit mir* (Поделись со мной. 1970)
- Hochwasser kommt* (Так начинаются наводнения. 1967)
- Das leere Haus** (Пустой дом. 1972. Pawlysch-Geschichte)
- Ein Takan für die Kinder der Erde* (Такан для детей земли. 1972)
- Ich habe euch zuerst entdeckt!** (Я вас первым обнаружил! 1970)

Irdische Begebenheiten:
- Defekt in der Leitung* (Поломка на линии. 1968)
- Die Geschichte vom häßlichen Bioform** (О некрасивом биоформе. 1974. Pawlysch-Zyklus
  Die Erzählung zählt nur insofern zum Pawlysch-Zyklus, als sie später auf Russisch auch als 1. Kapitel von »Aschenbrödels weißes Gewand« veröffentlicht wurde.
- Die Kunst, den Ball zu werfen** (Умение кидать мяч. 1973)

Wunder in Guslar:
- Persönliche Beziehungen* (Связи личного характера. 1970. 1. Guslar-Geschichte)
- Wie ihn erkennen?* (Как его узнать? 1972. Guslar)
- Born der Weisheit* (Кладезь мудрости. 1970. Guslar)
- Goldfische eingetroffen* (Поступили в продажу золотые рыбки. 1972. Guslar)
- Gegenliebe** (Ответное чувство. 1972. Guslar)

Rez.: Michael Nagula in Perry-Rhodan-Magazin 4/1981

1.1.2. Kirill Bulytschow: DAS MARS-ELIXIER ODER DIE RECKEN AM KREUZWEG. Phantastische Erzählung
Vlg. Das Neue Berlin, Berlin 1980 [20.000 Expl.] [2]1983 [10.000] (Витязи на перекрестке (Originalmanuskript) / Марсианское зелье. 1971). Ü: Aljonna Möckel. Ill. Pappband mit ill. Schutzumschlag. Ill. v. Peter Muzeniek. 260 S. (Guslar-Geschichte)

1.1.3. Kirill Bulycov: EIN TAKAN FÜR DIE KINDER DER ERDE. Science Fiction-Erzählungen
Heyne-Vlg., München 1981 (Heyne-SF 3798).
Ill. v. Günter Lück. 240 S. (Inhaltsgleiche Taschenbuchausgabe der 1976 bei MIR/Das Neue Berlin erschienenen Sammlung (1.1.1.))

1.1.4. Kir Bulytschow: BESUCH AUS DEM KOSMOS. (C/OA, Guslar-Geschichten)
Vlg. Neues Leben, Berlin 1982 (Das neue Abenteuer 428).
Ü: Aljonna Möckel. Ill. Heft, ill. v. Günther Lück. 32 S.
Enthält:
- Besuch aus dem Kosmos (Космический десант. 1978)
- Von der Liebe zur stummen Kreatur (О любви к бессловесным тварям. 1977)
- Eine Dampflok für den Zaren (Паровоз для царя. 1977)

1.1.5. Kirill Bulytschow: DER GEBIRGSPASS. Phantastische Erzählung (Pawlysch-Zyklus)
Vlg. Das Neue Berlin, Berlin 1986 [15.000 Expl.] (Перевал. 1980). Ü: Aljonna Möckel. Ill. Pappband mit ill. Schutzumschlag. Ill. v. Roswitha Grüttner. 200 S. (Diese Erzählung wurde später überarbeitet zum 1. Teil des Romans »Überlebende« (1.1.6.))

1.1.6. Kirill Bulytschow: ÜBERLEBENDE. Roman (Pawlysch-Zyklus)
Heyne-Vlg., München 1995 (Heyne-SF 5371)
(Поселок. 1988. Ü: Aljonna Möckel und Erik Simon). Ill. TB, 448 S.
Besteht aus den beiden Teilen:
- Der Gebirgspaß (Перевал. 1980/1988. Ü: Möckel und Simon)
- Überm Berg (За перевалом. 1988. Ü: Simon)

Rez.: Stefan Puschmann in Andromeda Nachrichten 160 (1996), S. 96–98

1.1.7. Kir Bulytschow: DER EINHEITLICHE WILLE DES GESAMTEN SOWJETVOLKES. (Roman u. Erzählungen/OA)
Herausgegeben, aus dem Russischen übersetzt und mit einem Nachwort versehen von Ivo Gloss. Memoranda Verlag, Berlin 2020. Klappenbroschur. Einbandgestaltung: s.BENeš. Textill.: Renate Gloss. 304 S.
Teilauflage in festem Einband (Pappband)
Enthält:
- Der einheitliche Wille des gesamten Sowjetvolkes (Единая воля советского народа. 1991)
- Vorwort des Autors [zu »Der Tod im Stockwerk tiefer«]
- Der Tod im Stockwerk tiefer (Смерть этажом ниже. 1989. Roman)
- Der freie Tyrann (Свободный тиран. 1988)
- Der alte Iwanow (Старенький Иванов.1989)
- Ivo Gloss: Kir Bulytschow – Phantast [Nachwort]
- Ivo Gloss: Deutschsprachige Veröffentlichungen von Kir Bulytschow (Igor Moshejko) [Bibliographie]

1.2. Science Fiction für Kinder als selbstständige Veröffentlichungen

1.2.1. Kir Bulytschow: DAS MÄDCHEN VON DER ERDE. (C/Alissa-Zyklus)
Der Kinderbuchverlag, Berlin 1984
(Auswahl aus: Девочка с Земли. 1974. Ü: Aljonna Möckel). Ill. Pappband. Ill. v. Regine Schulz und Burckhard Labowski. 224 S.
Enthält:
- Das Mädchen, dem nie etwas zustößt (Девочка, с которой ничего не случится. 1965)
– Alissas Reise (Путешествие Алисы. 1974)

Rez.: Angela Huber in Beiträge zur Kinder- und Jugendliteratur, Nr. 79 (1986), S. 75

1.2.2. Kir Bulytschow: DIE LILA KUGEL. (Alissa-Geschichte)
Der Kinderbuchverlag, Berlin 1986
(Лиловый шар. 1983/1984. Ü: Aljonna Möckel). Ill. Pappband. Ill. v. Karl-Heinz Döring. 128 S.

1.2.3. Kir Bulytschow: DAS MÄDCHEN AUS DER ZUKUNFT. (C/Alissa-Zyklus)
Der Kinderbuchverlag, Berlin 1987
(Auswahl aus: Девочка из будущего. 1984. Ü: Aljonna Möckel). Ill. Pappband. Ill. v. Heinz Handschick. 176 S.
Enthält:
- Alissas Geburtstag (День рождения Алисы. 1974)
- Die Gefangenen des Asteroiden (Пленники астероида. 1984)

1.2.4. Kir Bulytschow: ALISSA JAGT DIE PIRATEN. (Alissa-Zyklus)
Der Kinderbuchverlag, Berlin 1988
(Сто лет тому вперед [gekürzte Fassung]. 1978. Ü: Aljonna Möckel). Ill. Pappband. Ill. v. Heinz Handschick. 240 S.

1.2.5. Kir Bulytschow: JULKA UND DIE AUSSERIRDISCHEN. Zwei phantastische Geschichten
Der Kinderbuchverlag, Berlin 1989
(Auswahl aus: Девочка из будущего. 1984. Ü: Aljonna Möckel). Ill. Pappband. Ill. v. Günter Wongel. 136 S.
Enthält:
- Julka und die Außerirdischen (Два билета в Индию. 1981)
- Die schwarze Reisetasche (Черный саквояж. 1983)

1.3. Sachbücher

1.3.1. Igor Moshejko: AM MAST DER TOTENKOPF. Piraterie im Indischen Ozean
Verlag Das Neue Berlin, Berlin 1981
(В Индийском океане. 1977. Ü: Klaus-Dieter Goll). Ill. Leinen mit ill. SU, Textill. (alle Ill. von Günter Lück). 392 S.

1.3.2. Igor Moshejko: 7 UND 37 WUNDER DER WELT
Verlage MIR und Urania, Moskau und Leipzig/Jena/Berlin (Gemeinschaftsausgabe) 1988
(7 и 37 чудес. 1980/1983. Ü: Emilia Crome). Leinen mit ill. SU. Ill. v. Werner Ruhner. 360 S.

2. Gesamtliste der deutschsprachigen SF- und Phantastik-Veröffentlichungen Kir Bulytschows

(Chronologisch nach dem Jahr der ersten deutschen Veröffentlichung)

1974

2.01. *Die Entscheidung* (Выбор. 1971. Ü: Juri Elperin. Schattentheater-Zyklus). In: Sputnik, Nr. 10/1974, S. 164–173
Diese SF-Erzählung ging 1998 in das 1. Kapitel des phantastischen Romans »Der Blick auf die Schlacht aus der Höhe« ein. Die Erzählung wurde in der UdSSR zweimal (1981 und 1987) für das Fernsehen verfilmt. Ebenfalls 1987 erschien dort eine Comic-Adaption.

2.02. *Hochwasser kommt* (Так начинаются наводнения. 1967. Ü: Leonore Weist)
Russisch 1967 zunächst als »Мир странный, но добрый« [»Eine seltsame, aber gute Welt«]. Ab 1968 unter dem obigen Titel.
- 2.02.1. In: Herbert Krempien (Hrsg.): Fenster zur Unendlichkeit. 16 Begegnungen mit der Zeit. Anthologie sowjetischer Phantastik. DNB, Berlin, S. 28–49
- 2.02.2. Dass. 1975 in der 2. Auflage
- 2.02.3. Dass. 1976 in K. B.: Ein Takan … (MIR/DNB), S. 21–32
- 2.02.4. Dass. 1977 in der 2. Auflage
- 2.02.5. Dass. 1981 in K. B.: Ein Takan … (Heyne), S. 18–27

1975

2.03. *Licht in dunkelgrüner Nacht* (Избушка. 1972. Ü: Leonore Weist. Pawlysch-Zyklus)
Es handelt sich um das zunächst separat veröffentlichte 1. Kapitel der längeren Erzählung »Великий Дух и беглецы« (1972) [»Der Große Geist und die Flüchtlinge«].
- 2.03.1. In: Freie Welt, Nrn. 40–44/1975, jeweils S. 28 f.
- 2.03.2. Dass. 1976 als »Die Schutzhütte« in: Hannelore Menke (Hrsg.): Fluchtversuch. Phantastische Erzählungen. Vlg. Volk & Welt, Berlin, S. 274–303
- 2.03.3. Dass. 1977 als »Die Schutzhütte« in der 2. Auflage
- 2.03.4. Dass. 1978 als »Die Schutzhütte« in der 3. Auflage
- 2.03.5. Dass. 1980 als »Die Schutzhütte« in: Dr. Herbert W. Franke (Hrsg.): SF International I. Science Fiction Stories. Goldmann-Vlg., München (Goldmann-SF 23345), S. 213–241

1976

2.04. *Born der Weisheit* (Кладезь мудрости. 1970. Ü: Leonore Weist. Guslar-Zyklus)

In der Sowjetunion 1991 für das Fernsehen als Trickfilm verfilmt. In Deutschland erschienene russische Fassung der Erzählung → 5.2.

- 2.04.1. In: K. B.: Ein Takan … (MIR/DNB), S. 224–242
- 2.04.2. Dass. 1977 in der 2. Auflage
- 2.04.3. Dass. 1981 in K. B.: Ein Takan … (Heyne), S. 177–191

2.05. *Defekt in der Leitung* (Поломка на линии. 1968. Ü: Leonore Weist)

- 2.05.1. In: K. B.: Ein Takan … (MIR/DNB), S. 83–102
- 2.05.2. Dass. 1977 in der 2. Auflage
- 2.05.3. Dass. 1981 in K. B.: Ein Takan … (Heyne), S. 66–81

2.06. *Ein Takan für die Kinder der Erde* (Такан для детей земли. 1972. Ü: Leonore Weist)

- 2.06.1. In: K. B.: Ein Takan … (MIR/DNB), S. 50–62
- 2.06.2. Dass. 1977 in der 2. Auflage
- 2.06.3. Dass. 1981 in K. B.: Ein Takan … (Heyne), S. 41–52

2.07. *Gegenliebe* (Ответное чувство. 1972. Ü: Gisela Frankenberg. Guslar-Zyklus)

- 2.07.1. In: K. B.: Ein Takan … (MIR/DNB), S. 271–302
- 2.07.2. Dass. 1977 in der 2. Auflage
- 2.07.3. Dass. 1981 in K. B.: Ein Takan … (Heyne), S. 214–240

2.08. *Die Geschichte vom häßlichen Bioform* (О некрасивом биоформе. 1974. Ü: Gisela Frankenberg. Pawlysch-Zyklus)

Die Erzählung zählt nur insofern zum Pawlysch-Zyklus, als sie später auf Russisch auch als 1. Kapitel von »Aschenbrödels weißes Gewand« (→ 2.29.) veröffentlicht wurde. Die übersetzte russische Erstveröffentlichung der Erzählung in einer Zeitschrift soll gegenüber den späteren Abdrucken in Büchern gekürzt sein.

- 2.08.1. In: K. B.: Ein Takan … (MIR/DNB), S. 103–128
- 2.08.2. Dass. 1977 in der 2. Auflage
- 2.08.3. Dass. 1981 in K. B.: Ein Takan … (Heyne), S. 81–102

2.09. *Goldfische eingetroffen* (Поступили в продажу золотые рыбки. 1972 [verfasst 1969]. Ü: Leonore Weist. Guslar-Zyklus)

In der UdSSR 1981 als Kurzfilm verfilmt.

- 2.09.1. In: K. B.: Ein Takan … (MIR/DNB), S. 243–270
- 2.09.2. Dass. 1977 in der 2. Auflage
- 2.09.3. Dass. 1981 in K. B.: Ein Takan … (Heyne), S. 192–214

2.10. *Ich habe euch zuerst entdeckt!* (Я вас первым обнаружил! 1970. Ü: Gisela Frankenberg)

- 2.10.1. In: K. B.: Ein Takan … (MIR/DNB), S. 63–79
- 2.10.2. Dass. 1977 in der 2. Auflage
- 2.10.3. Dass. 1981 in K. B.: Ein Takan … (Heyne), S. 52–65

2.11. *Die Kunst, den Ball zu werfen* (Умение кидать мяч. 1973. Ü: Gisela Frankenberg)
Zwei Verfilmungen in der UdSSR (1976 und 1988) und eine in Polen.
- 2.11.1. In: K. B.: Ein Takan … (MIR/DNB), S. 129–190
- 2.11.2. Dass. 1977 in der 2. Auflage
- 2.11.3. Dass. 1981 in K. B.: Ein Takan … (Heyne), S. 102–151

2.12. *Das leere Haus* (Пустой дом. 1972. Ü: Gisela Frankenberg. Pawlysch-Zyklus)
- 2.12.1. In: K. B.: Ein Takan … (MIR/DNB), S. 33–49
- 2.12.2. Dass. 1977 in der 2. Auflage
- 2.12.3. Dass. 1981 in K. B.: Ein Takan … (Heyne), S. 28–41

2.13. *Persönliche Beziehungen* (Связи личного характера. 1970. Ü: Leonore Weist. Guslar-Zyklus)
Die erste Geschichte des Guslar-Zyklus.
- 2.13.1. In: K. B.: Ein Takan … (MIR/DNB), S. 193–205
- 2.13.2. Dass. 1977 in der 2. Auflage
- 2.13.3. Dass. 1981 in K. B.: Ein Takan … (Heyne), S. 152–162

2.14. *Teile mit mir* (Поделись со мной. 1970. Ü: Leonore Weist)
- 2.14.1. In: K. B.: Ein Takan … (MIR/DNB), S. 7–20
- 2.14.2. Dass. 1977 in der 2. Auflage
- 2.14.3. Dass. 1981 in K. B.: Ein Takan … (Heyne), S. 7–17

2.15. *Wie ihn erkennen?* (Как его узнать? 1972 [verfasst 1970]. Ü: Leonore Weist. Guslar-Zyklus)
- 2.15.1. In: K. B.: Ein Takan … (MIR/DNB), S. 206–223
- 2.15.2. Dass. 1977 in der 2. Auflage
- 2.15.3. Dass. 1981 in K. B.: Ein Takan … (Heyne), S. 163–176

1977

2.16. *Das kleine Mädchen, dem nichts geschehen kann.* Ein phantastisches Märchen (Девочка, с которой ничего не случится. 1965. Alissa-Zyklus)
Novelle in 8 Kurzgeschichten
- 2.16.1. [Auszüge: Abschnitte 2 und 6] Ü: Werner Kämpfe. In: Lola Debüser (Hrsg.): Russische Kunstmärchen von Gorki bis Schukschin. Vlg. Volk & Welt, Berlin, Bd. 2, S. 243–250
- 2.16.2. Dass. 1980 in der 2. Auflage
- 2.16.3. 1983 [Auszüge: Abschnitte 1, 3, 7 und 8] als »Die Kleine, der nichts passiert. Begebenheiten aus dem Leben eines kleinen Mädchens im 21. Jahrhundert, von ihrem Vater aufgezeichnet.« (Ü: Bernhard Steier) In: Sowjetliteratur, Nr. 8/1983, S. 137–150

- 2.16.4. 1984 [vollständig] als »Das Mädchen, dem nie etwas zustößt. Berichte über das Leben eines kleinen Mädchens aus dem 21. Jahrhundert, aufgeschrieben von ihrem Vater.« (Ü: Aljonna Möckel) in: K. B.: Das Mädchen von der Erde, S. 5–33

2.17. *Schneewittchen* (Снегурочка. 1973. Pawlysch-Zyklus)
Für das sowjetische Fernsehen 1981 als Fernsehspiel umgesetzt.

- 2.17.1. [Gekürzt] Ü: N. N. In: Sputnik, Nr. 1/1977, S. 122–127
- 2.17.2. 1984 (Ü: Rita Schick) in: Sowjetliteratur, Nr. 2/1984, S. 49–57
- 2.17.3. Dass. 1984 in: Das Magazin, Nr. 10/1984, S. 12–15 und 73

1979

2.18. *Die Dompteuse* (Жильцы. 1979. Ü: Juri Elperin. Guslar-Zyklus). In: Sputnik, Nr. 12/1979, S. 83–93

1980

2.19. *Der Dialog über Atlantis* (Диалог об Атлантиде. 1974. Ü: Ulrike Stephan)

- 2.19.1. In: [Ekkehard Redlin und Erik Simon (Hrsg.):] Lichtjahr 1. Ein Phantastik-Almanach. DNB, Berlin, S. 145–152
- 2.19.2. Dass. 1981 in: Wochenpost, Nr. 24/1981, S. 14
- 2.19.3. Dass. 1986 in: [Erik Simon (Hrsg.):] Lichtspruch nach Tau. Erzählungen aus »Lichtjahr«. DNB, Berlin, S. 57–61

2.20. *Eine Lokomotive für den Zaren* (Паровоз для царя. 1977 [verfasst 1976]. Guslar-Zyklus)
In der UdSSR 1991 als Zeichentrickfilm »Wunder in Guslar« verfilmt.

- 2.20.1. Als Kir Bulyčev. Ü: Winfried Petri. In: Wolfgang Jeschke (Hrsg.): Eine Lokomotive für den Zaren. Science Fiction-Erzählungen. Heyne-Vlg., München (HSF 3725), S. 7–18
- 2.20.2. 1982 als »Eine Dampflok für den Zaren« (Ü: Aljonna Möckel) in: K. B.: Besuch aus dem Kosmos, S. 20–30
- 2.20.3. 1983 wie zuvor als »Eine Lokomotive für den Zaren« in: Hannelore Menke (Hrsg.): Notlandung auf dem Tschompot. Phantastische Erzählungen aus der Sowjetunion. Der Kinderbuchverlag, Berlin, S. 82–96
- 2.20.4. 1983 [gekürzte und zudem auf die ersten ¾ beschränkte Fassung von 2.20.1.] als »Die Rakete im Hinterhof« in: Lesebuch Deutsch 8. Ausgabe 1. Westermann Schulbuchverlag, Braunschweig, S. 52–56
ISBN 3-14-112058-7, Nachdrucke dieser Ausgabe 1 offenbar

bis 1999 (4. Druck war 1991), jedoch unter unverändertem Ausweis als 1. Auflage

2.20.5. a) 1984 dass. wie 2.20.4. in der Ausgabe 2, S. 107–111
ISBN 3-14-112018-8
b) [Schluss] in: Lesebuch Deutsch 8. Lehrerband. Westermann Schulbuchverlag, Braunschweig, S. 38–40
ISBN 3-14-192058-3.

2.20.6. 1985 in der 2. Auflage von 2.20.3.

2.20.7. 1986 in der 3. Auflage von 2.20.3.

2.21. DAS MARS-ELIXIER ODER DIE RECKEN AM KREUZWEG. Phantastische Erzählung. Vlg. Das Neue Berlin, Berlin. (Витязи на перекрестке (Originalmanuskript) / Марсианское зелье. 1971. Ü: Aljonna Möckel. Guslar-Zyklus). 260 S.
Die Übersetzung erfolgte nach der gekürzten russischen Erstveröffentlichung und dem Originalmanuskript. In der UdSSR 1984 als »Die Chance« verfilmt.

2.21.1. 1. Auflage [20.000 Expl.]

2.21.2. 2. Auflage 1983 [10.000 Expl.]

1982

2.22. *Besuch aus dem Kosmos* (Космический десант. 1978 [verfasst 1975]. Ü: Aljonna Möckel. Guslar-Zyklus). In: K. B.: Besuch aus dem Kosmos, S. 3–10

2.23. *Chichaco in der Wüste* (Чичако в пустыне. 1981. Ü: Rita Schick). In: Sowjetliteratur, Nr. 1/1982, S. 77–89

2.24. *Das Märchen von der Rübe* (Сказка о репе. Erstveröffentlichung 1974 als Сказка про репку. Ü: Aljonna Möckel)

2.24.1. In: Wl. Gakow (Hrsg.): Gut eingerichtete Planeten. Phantastische Erzählungen. Vlg. DNB, Berlin, S. 46–65 [20.000 Expl.]

2.24.2. 1984 in der 2. Auflage [20.000 Expl.]

2.24.3. 1987 in: Trommel, 44/1987, S. 12 f., 45/1987, S. 12 f., 46/1987, S. 12 f., 47–48/1987, S. 21

2.24.4. 1988 in der 3. Auflage von 2.24.1., S. 49–68 [Neusatz. 7000 Expl.]

2.24.5. 1988 in der Lizenzausgabe von 2.24.4. im Hohenheim-Vlg., Hamburg, S. 49–68 [3000 Expl.]

2.25. *Nach der Methode Bombards* (По примеру Бомбара. 1975. Ü: Hannelore Menke. Guslar-Zyklus). In: Hannelore Menke (Hrsg.): Genie auf Bestellung. Humoristisch-phantastische Erzählungen. Vlg. Volk & Welt, Berlin, S. 165–177

2.26. *Von der Liebe zur stummen Kreatur* (О любви к бессловесным тварям. 1977 [verfasst 1975]. Guslar-Zyklus). In: K. B.: Besuch aus dem Kosmos, S. 10–20

2.27. *Zwei Tropfen auf ein Glas Wein* (Две капли на стакан вина. 1974. Ü: Lisbeth Hoffmann. Guslar-Zyklus). In: Hannelore Menke (Hrsg.): Genie auf Bestellung. Humoristisch-phantastische Erzählungen. Vlg. Volk & Welt, Berlin, S. 29–49

1984

2.28. *Alissas Reise* (Путешествие Алисы. 1974. Ü: Aljonna Möckel. Alissa-Zyklus)
Verfilmungen 1984 in der UdSSR als Trickfilm und 1991 als dreiteiliges Fernsehspiel »Das Geheimnis der drei Kapitäne« für das tschechische Fernsehen. Deutsche Comic-Adaption → 3.1.
- 2.28.1. In: K. B.: Das Mädchen von der Erde. Der Kinderbuchverlag, Berlin, S. 33–223
- 2.28.2. 1984 Auszug als »Alice auf Reisen« (Ü: Bernhard Steier) in: Sowjetliteratur, Nr. 9/1984, S. 171–185

1986

2.29. *Aschenbrödels weißes Gewand* (Белое платье Золушки. 1980 [verfasst 1974]. Ü: Nina Letnewa. Pawlysch-Zyklus). In: Sowjetliteratur, Nr. 12/1986, S. 118–169
In der Übersetzung sowie in der russischen Erstveröffentlichung ohne das 1. Kapitel. Dieses erschien jedoch sowohl auf Russisch (1974) als auch auf Deutsch bereits gesondert vorab (1976: »Die Geschichte vom häßlichen Bioform«. → 2.08.).

2.30. DER GEBIRGSPASS. Phantastische Erzählung. (Перевал. 1980. Pawlysch-Zyklus)
In der UdSSR 1988 als Trickfilm umgesetzt.
- 2.30.1. Vlg. DNB, Berlin. (Ü: Aljonna Möckel). 200 S. [15.000 Expl.]
- 2.30.2. 1995 in inhaltlich leicht überarbeiteter Fassung (Ü: Aljonna Möckel, an die neue Version angepasst von Erik Simon) als 1. Teil des Romans in: K. B.: Überlebende. Heyne-Vlg., S. 7–146 (1.1.6.)

2.31. DIE LILA KUGEL. KBV, Berlin. (Лиловый шар. 1983/1984. Ü: Aljonna Möckel. Alissa-Zyklus). 128 S.
In der UdSSR 1987 für das Kino als »Die lila Kugel« verfilmt. Lief auch in der DDR.

2.32. *Die Tür im Sumpf* (Журавль в руках. 1976 [verfasst 1975]. Ü: Leonore Weist). In: Hannelore Menke (Hrsg.): Der Traumsender. Phantastische Erzählungen. Vlg. Volk & Welt, Berlin, S. 21–102

1987

2.33. *Alissas Geburtstag* (День рождения Алисы. 1974. Ü: Aljonna Möckel. Alissa-Zyklus). In: K. B.: Das Mädchen aus der Zukunft, S. 3–88

2.34. *Die Gefangenen des Asteroiden* (Пленники астероида. 1984. Ü: Aljonna Möckel. Alissa-Zyklus). In: K. B.: Das Mädchen aus der Zukunft, S. 89–175
Überarbeitete Fassung der unter Beteiligung der Leser der Kinderzeitung Пионерская правда verfassten und 1981 auch dort erschienenen Nicht-Alissa-Geschichte »Ловушка« [»Die Falle«].

2.35. *Zwei Fahrkarten nach Indien* (Два билета в Индию. 1981)
In der UdSSR 1985 als Trickfilm verfilmt.
- 2.35.1. In: Sowjetliteratur, Nr. 6/1987, S. 76–108 (Ü: Rita Schick)
- 2.35.2. 1989 als »Julka und die Außerirdischen« in K. B.: Julka und die Außerirdischen, S. 5–86 (Ü: Aljonna Möckel)

1988

2.36. ALISSA JAGT DIE PIRATEN. Der Kinderbuchverlag, Berlin. (Сто лет тому вперед [gekürzte Fassung]. 1978. Ü: Aljonna Möckel. Alissa-Zyklus). 240 S.
In der UdSSR 1984 als 5-teiliger Fernsehfilm »Gäste aus der Zukunft« verfilmt.

2.37. *Neueste Nachrichten aus dem kommenden Jahrhundert* (Новости будущего века. 1988. Ü: Rita Schick. Alissa-Zyklus). In: Sowjetliteratur, Nr. 10/1988, S. 187–192
Ging 1991 als 1. Kapitel in den Roman Ржавый фельдмаршал (Der rostige Feldmarschall) ein. Comic-Adaption des Romans → 3.2.

1989

2.38. *Die schwarze Reisetasche* (Черный саквояж. 1983. Ü: Aljonna Möckel)
- 2.38.1. In: Sowjetliteratur, Nr. 9/1989, S. 139–150 [Nur die ersten anderthalb Kapitel. Leicht bearbeitet gegenüber 3.38.3.]
- 2.38.2. 1989 in: Technikus, Nrn. 10/1989 bis 5/1990, jeweils S. 10 f. [Bearbeitete und gekürzte Fassung von 3.38.3.]
- 2.38.3. 1989 in: K. B.: Julka und die Außerirdischen, S. 87–136 [ungekürzt]

1990

2.39. *Der gerechte Tyrann* (Свободный тиран. 1988. Guslar-Zyklus)
- 2.39.1. Gekürzt in: Sowjetunion heute (Bonn), Nr. 3/1990, S. 54–55
- 2.39.2. 2020 ungekürzt als »Der freie Tyrann« (Ü: Ivo Gloss) in: K. B.: Der einheitliche Wille des gesamten Sowjetvolkes. Memoranda Verlag, S. 249–256

2.40. *Die Geschichte vom Kontakt* (Повесть о контакте. 1989 [verfasst 1988]. Guslar-Zyklus)
- 2.40.1. In: Ivo Gloss (Hrsg.): Moskau 2042. Zehdenick (Science Fiction für Fans, Nr. 11) [Fanzine], S. 22–31 (Ü: Ivo Gloss)
- 2.40.2. 1990 als »Erzählung von einem Kontaktversuch« in: Sowjetliteratur, Nr. 10/1990, S. 181–192 (Ü: A. F.)

1995

2.41. ÜBERLEBENDE. Roman. Heyne-Verlag, München (Heyne-SF 5371) (Поселок. 1988. Ü: Aljonna Möckel und Erik Simon. Pawlysch-Zyklus). 448 S.
Besteht aus den beiden Teilen:
- Der Gebirgspaß (Перевал. 1980/1988. Ü: Möckel und Simon. → 2.30.)
- Überm Berg (За перевалом. 1988. Ü: Simon)

Rez.: Stefan Puschmann in Andromeda Nachrichten 160 (1996), S. 96–98

1996

2.42. *Die Tinktur des Vergessens* (Настой забвения. 1989. Ü: Erik Simon. Guslar-Zyklus). In: Alien Contact, Nr. 25, S. 27–31

2.43. *Das Treffen der Tyrannen bei Rowno* (Встреча тиранов под Ровно (zunächst als »Встреча под Ровно« [»Das Treffen in Rowno«]. 1990. Ü: Erik Simon)
- 2.43.1. In: Freundeskreis Science Fiction e. V. (Hrsg.): Elstercon 1996. Begleitheft. Leipzig, S. 10–15
- 2.43.2. Dass. 1997 in: Wolfgang Jeschke (Hrsg.): Die säumige Zeitmaschine. Internationale Science Fiction Erzählungen. Heyne-Vlg., München (Heyne-SF 5645). S. 173–184

1999

2.44. *Stalins Trumpf* (Auszug aus dem Roman »Заповедник для академиков« [»Ein Reservat für Wissenschaftler«]. 1994 [verfasst 1991]. Ü: Erik Simon. Zyklus Der Fluss Chronos). In: Erik Simon (Hrsg.): Alexanders langes Leben, Stalins früher Tod. Heyne-Vlg., München (Heyne-SF 6311). S. 301–320

Der übersetzte Auszug stammt aus dem 2., dem Alternativwelt-Teil des Romans. Der 1. Teil, ein in sich abgeschlossener realistischer Kriminalroman, erschien unter dem Titel des Gesamtromans separat bereits 1992.

2020

2.45. *Der alte Iwanow* (Старенький Иванов.1989. Ü: Ivo Gloss). In: K. B.: Der einheitliche Wille des gesamten Sowjetvolkes. Memoranda Verlag, Berlin, S. 257–268

2.46. *Der einheitliche Wille des gesamten Sowjetvolkes* (Единая воля советского народа. 1991 [verfasst 1986]. Ü: Ivo Gloss). In: K. B.: Der einheitliche Wille …, S. 7–24

2.47. *Der Tod im Stockwerk tiefer.* Roman (Смерть этажом ниже. 1989. Ü: Ivo Gloss). In: K. B.: Der einheitliche Wille …, S. 25–248

3. Comic-Adaptionen in deutscher Sprache

3.1. *Das Geheimnis der »Blauen Möwe«* [nach »Alissas Reise«, vgl. 2.28.]. Farbige Zeichnungen von Anatoli Dubowik, Text N. N. In: Mischa, Nr. 6/1988, S. 10 f., 7/1988, S. 2 f. und 8/1988, S. 10 f.

3.2. *Die Insel des verrosteten Generals* [nach dem Roman »Der rostige Feldmarschall«]. Farbige Zeichnungen von Igor Olejnikow, Text N. N. In: Mischa, Nr. 12/1988, S. 2–5

4. Interview und Kir Bulytschow über SF

1984

4.1. Kirill Bulytschow: *Warum sind wir so streitbar?* (Почему мы спорим? Manuskript, OA. Ü: Aljonna Möckel). In: [Erik Simon (Hrsg.):] Lichtjahr 3. Ein Phantastik-Almanach. Vlg. DNB, Berlin 1984, S. 243–245 (in der Rubrik »Hundert Zeilen über SF«)

1986

4.2. *Gespräch mit Kir Bulytschow.* In: Sowjetliteratur, Nr. 12/1986, S. 169–174
Von Alexander Fjodorow geführtes Interview.

5. Abgrenzung

Nicht erschienen:

5.1. Kir Bulytschow: EINE HOCHVEREHRTE MIKROBE ODER GUSLAR IM KOSMOS. Verlag Neues Leben, Berlin ca. 1990 (Kompass-Reihe)
Das Buch war vom Verlag angekündigt, ist aber wendebedingt nicht mehr erschienen.

Nicht auf Deutsch, sondern auf Russisch:

5.2. *Кладезь мудрости*. По К. Булычеву [Born der Weisheit. Nach K. Bulytschow]. In: Sergej Filippowitsch Schatilow, Wolfgang Steinbrecht und Andrej Sergejewitsch Schatilow (Hrsg.): Ты меня слышишь? [Hörst du mich?] Ein russisches Lesebuch für den Anfang. Vlg. Volk und Wissen, Berlin 1996, S. 83–89
Stark bearbeitet. Deutsche Fassung → 2.04.

Nicht von K. Bulytschow, obwohl eine russische Erstveröffentlichung in der Zeitung »Guslarer Banner« angegeben wird:

5.3. W. G. Inomerski [Pseudonym]: *Alte russische Uchronik*. In: Erik Simon (Hrsg.): Alexanders langes Leben, Stalins früher Tod. Heyne-Vlg., München 1999 (Heyne-SF 6311), S. 153–173
Lt. S. 423: Originaltitel: Русская зимопись. Aus der Zeitung Гуслярское знамя (22./23.7.95, 29.30.7.95, 5./6.8.95, 26./27.8.95 und nach dem Manuskript). © 1995, 1999 by Gorst Walterowitsch Inomerski.
Ü: Erik Simon.
Inomerski ist ein Pseudonym von Erik Simon. Die Wiederveröffentlichung in: Erik Simon: *Zeitmaschinen, Spiegelwelten*. Shayol-Vlg., Berlin 2013 erfolgte ohne das Pseudonym und die fingierte Quellenangabe.

6. Sekundärliteratur zu Kir Bulytschow

- GALINA, Maria: *Das Macondo, das uns entgangen ist* (Макондо, который мы потеряли. 2012. Aus dem Russischen von Erik Simon). In: Franz Rottensteiner (Hrsg.): Quarber Merkur 115. Verlag Lindenstruth, Gießen 2014. S. 52–59
Über Groß-Guslar
- GLOSS, Ivo: *Kir Bulytschow – Phantast* [Nachwort]. In: Kir Bulytschow: Der einheitliche Wille des gesamten Sowjetvolkes. Memoranda Verlag, Berlin 2020 (→ 1.1.7.). S. 269–284
- SIMON, Erik: *Das Leben Igor Moshejkos, Kir Bulytschows Werk. Zum Tod eines großen russischen Science-Fiction-Autors*. In: Sascha Mamczak und Wolfgang Jeschke (Hrsg.): Das Science-Fiction-Jahr 2004. Heyne-Vlg., München 2004 (Heyne-SF 6450). S. 370–380

Abkürzungen:

DNB: Verlag Das Neue Berlin
KBV: Der Kinderbuchverlag (Berlin)

Index der bibliographierten Texte und Bücher von Kir Bulytschow

7 und 37 Wunder der Welt: 1.3.2.
Alice auf Reisen: 2.28.
Alissa jagt die Piraten: 1.2.4., 2.36.
Alissas Geburtstag: 1.2.3., 2.33.
Alissas Reise: 1.2.1., 2.28., 3.1.
Am Mast der Totenkopf: 1.3.1.
Aschenbrödels weißes Gewand: 2.08., 2.29.
Besuch aus dem Kosmos: 1.1.4., 2.22.
Born der Weisheit: 1.1.1., 1.1.3., 2.04., 5.2.
Chichaco in der Wüste: 2.23.
Das Geheimnis der »Blauen Möwe«: 3.1.
Das kleine Mädchen, dem nichts geschehen kann: 2.16.
Das leere Haus: 1.1.1., 1.1.3., 2.12.
Das Mädchen aus der Zukunft: 1.2.3.
Das Mädchen, dem nie etwas zustößt: 1.2.1., 2.16.
Das Mädchen von der Erde: 1.2.1.
Das Märchen von der Rübe: 2.24.
Das Mars-Elixier: 1.1.2., 2.21.
Das Treffen der Tyrannen bei Rowno: 2.43.
Defekt in der Leitung: 1.1.1., 1.1.3., 2.05.
Der alte Iwanow: 1.1.7., 2.45.
Der Dialog über Atlantis: 2.19.
Der einheitliche Wille des gesamten Sowjetvolkes: 1.1.7., 2.46.
Der freie Tyrann: 1.1.7., 2.39.
Der gerechte Tyrann: 2.39.
Der Gebirgspaß: 1.1.5., 1.1.6., 2.30., 2.41.
Der Tod im Stockwerk tiefer: 1.1.7., 2.47.
Die Dompteuse: 2.18.
Die Entscheidung: 2.01.
Die Gefangenen des Asteroiden: 1.2.3., 2.34.
Die Geschichte vom häßlichen Bioform: 1.1.1, 1.1.3., 2.08.
Die Geschichte vom Kontakt: 2.40.
Die Insel des verrosteten Generals: 3.2.
Die Kleine, der nichts passiert: 2.16.
Die Kunst, den Ball zu werfen. 1.1.1., 1.1.3., 2.11.
Die lila Kugel: 1.2.2., 2.31.
Die Rakete im Hinterhof: 2.20.
Die Schutzhütte: 2.03.
Die schwarze Reisetasche: 1.2.5., 2.38.
Die Tinktur des Vergessens: 2.42.
Die Tür im Sumpf: 2.32.
Eine Dampflok für den Zaren: 1.1.4., 2.20.
Eine hochverehrte Mikrobe: 5.1.
Eine Lokomotive für den Zaren: 2.20.
Ein Takan für die Kinder der Erde: 1.1.1., 1.1.3., 2.06.
Erzählung von einem Kontaktversuch: 2.40.
Gegenliebe: 1.1.1., 1.1.3., 2.07.
Gespräch mit Kir Bulytschow: 4.2.
Goldfische eingetroffen: 1.1.1., 1.1.3., 2.09.
Hochwasser kommt: 1.1.1., 1.1.3., 2.02.
Ich habe euch zuerst entdeckt! 1.1.1., 1.1.3., 2.10.
Julka und die Außerirdischen: 1.2.5., 2.35.
Licht in dunkelgrüner Nacht: 2.03.
Nach der Methode Bombards: 2.25.
Neueste Nachrichten aus dem kommenden Jahrhundert: 2.37.
Persönliche Beziehungen: 1.1.1., 1.1.3., 2.13.
Schneewittchen: 2.17.
Stalins Trumpf: 2.44.
Teile mit mir: 1.1.1., 1.1.3., 2.14.
Überlebende: 1.1.6., 2.41.
Überm Berg: 1.1.6., 2.41.
Von der Liebe zur stummen Kreatur. 1.1.4., 2.26.
Warum sind wir so streitbar?: 4.1.
Wie ihn erkennen? 1.1.1., 1.1.3., 2.15.
Zwei Fahrkarten nach Indien: 2.35.
Zwei Tropfen auf ein Glas Wein: 2.27.

Die besten Erzählungen von Michael Marrak in zwei Bänden

Band 1

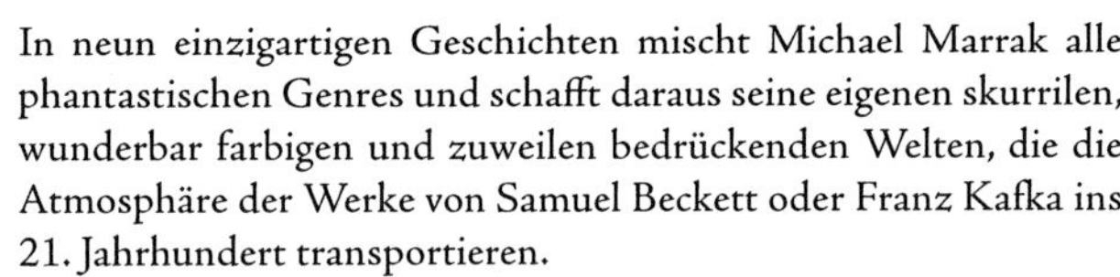

In neun einzigartigen Geschichten mischt Michael Marrak alle phantastischen Genres und schafft daraus seine eigenen skurrilen, wunderbar farbigen und zuweilen bedrückenden Welten, die die Atmosphäre der Werke von Samuel Beckett oder Franz Kafka ins 21. Jahrhundert transportieren.

Die in diesem Band enthaltene Erzählung »Die Stille nach dem Ton« wurde 1999 mit dem Deutschen Science Fiction Preis ausgezeichnet. »Wiedergänger« erhielt den Deutschen Science Fiction Preis sowie den Deutschen Phantastik Preis 2000.

»Das ist wie *Clockwork Orange* mit Tourette-Syndrom, aber am Ende habe ich geheult!«

– Tobias O. Meißner

Die Stadt Elon ist prächtig und vergnügungssüchtig, herzlos, barock und elegant. Hier lebt Tassilo, ein großer Feigling, der genau deshalb in Elon als Niete gilt. Dann lässt er jedoch die Mumien tanzen und wird bei den feinen Pinkeln zum gefeierten Star.
Doch sein übelwollendes Schicksal hält immer wieder lebensbedrohliche Überraschungen für ihn bereit, wie seine unverschämt intelligente Leibsklavin mit der skandalösen Hautfarbe. Sollten ihm am Ende nicht einmal mehr seine geliebten Drogen helfen können?
Das Zeug zum Romanhelden hat Tassilo nicht. Dumm für ihn, dass er genau das ist …

Memoranda-Bücher
auch als E-Book erhältlich

www.memoranda.eu
www.sf-personality.de

Hardy Kettlitz

DIE HUGO AWARDS

Der Hugo Award ist weltweit der wichtigste und bekannteste Preis für Science-Fiction-Werke. Er wird seit 1953 von den Mitgliedern der World Science Fiction Convention während einer feierlichen Zeremonie in zahlreichen, gelegentlich wechselnden Kategorien vergeben.

In den drei Bänden der Reihe werden die ausgezeichneten Werke und die Preisträger aus dem Zeitraum 1953 bis 2017 gewürdigt und einzeln vorgestellt, und zwar nicht nur die bedeutenden Romane oder Filme, sondern auch Illustratoren, Herausgeber und Fans. Ein umfassendes Lesebuch wie auch ein äußerst nützliches Nachschlagewerk für alle, die sich für die Science Fiction interessieren!

Bei MEMORANDA erscheinen vorwiegend Sachbücher zu den Themen Science Fiction und Fantasy, wie zum Beispiel Werke zur Geschichte des Genres oder neue Titel und ausgewählte Neuausgaben der seit über fünfundzwanzig Jahren existierenden Reihe ›SF Personality‹, aber auch Erzählungen und Romane deutscher Autoren.

Die MEMORANDA-Bücher erschienen von 2015 bis 2019 im Golkonda Verlag und werden seit Januar 2020 von Hardy Kettlitz im Memoranda Verlag herausgegeben.

Sollten Sie von Ihrem Händler die Auskunft erhalten, dass ein Buch nicht lieferbar ist, wenden Sie sich bitte direkt an den Verlag.

Eine Übersicht zu den lieferbaren Titeln finden Sie auf

www.memoranda.eu